KB069057

지속 가능한 다원적 한국 교육의 현재와 미래

K-대학입시
2025

K-대학입시 2025

지속 가능한 다원적 한국 교육의 현재와 미래

초 판 1쇄 2024년 03월 08일

지은이 이건주
펴낸이 류종렬

펴낸곳 미다스북스
본부장 임종익
편집장 이다경
책임진행 김가영, 윤가희, 이예나, 안채원, 김요섭, 임인영, 권유정

등록 2001년 3월 21일 제2001-000040호
주소 서울시 마포구 양화로 133 서교타워 711호
전화 02) 322-7802~3
팩스 02) 6007-1845
블로그 http://blog.naver.com/midasbooks
전자주소 midasbooks@hanmail.net
페이스북 https://www.facebook.com/midasbooks425
인스타그램 https://www.instagram/midasbooks

© 이건주, 미다스북스 2024, *Printed in Korea*.

ISBN 979-11-6910-540-8 03370

값 19,000원

미다스북스는 다음세대에게 필요한 지혜와 교양을 생각합니다.

지속 가능한 다원적 한국 교육의 현재와 미래

K-대학입시
2025

이건주 지음

미다스북스

이 책은 현직 고등학교 선생님이자 [대입나침반] 네이버 카페 운영자가
알기 쉽게 쓴 대학 입시 안내서이다. 복잡한 대학 입시 시스템 속에서 학생
스스로 길을 찾을 수 있도록 도와주는 좋은 나침반이므로 수험생은 물론
이고 예비 고등학생들도 읽었으면 좋겠다.

••• 이용진(서울 문현고등학교 학생)

현직 교사가 오랫동안 학교 현장에서 쌓은 입시지도 경험을 바탕으로 쓴
살아 있는 대학 입시 안내서이다. 학생들의 입시 지도에 큰 도움을 받을 수
있는 책이라 생각한다. 학생과 학부모들에게도 추천하고 싶지만, 무엇보다
학교 현장에서 고생하고 계신 선생님들께 적극 추천하고 싶다.

••• 이기정(서울 구암고등학교 교사, 『학교개조론』 저자)

한국의 교육 개혁을 위한 대타협이 필요한 시기에 반가운 책이다. 경쟁을 거부하면서 평등만을 내세우는 진보 교육과 경쟁을 부추기면서 자유만을 내세우는 보수 교육 사이에서 합리적이고 다원적인 대입 정책을 제안하고 있는 책이므로 일반 시민들뿐만 아니라 정치인들과 정책 담당자들이 꼭 읽어 보기를 추천한다.

♦♦♦ 조기숙(이화여대 국제대학원 교수, 『어떻게 민주당은 무너지는가』 저자)

목차

머리말

또 하나의 한류(韓流) K–대학 입시   014

1장 K-대학 입시, 그것이 알고 싶다

지속 가능한 다원적 K–대학 입시의 역사   025
〈SKY 캐슬〉과 「대입제도 공정성 강화 방안」의 탄생   034
K–대학 입시 2025 나침반   046
특별전형의 핵심 기회균형과 지역인재   055
2025 대학 입시 지원 전략   058
대학 입시 폐지와 추첨제 과연 가능할까?   063

목차

2장 K-학생부교과의 모든 것을 파헤친다

K-학생부교과 2025 나침반   073

지역균형과 지역인재는 아주 달라요   079

K-교과 성적 2025의 모든 것   086

교과 성적 올리기 비법은 엉덩이   096

2025 학생부교과 지원 전략   099

2028 교과 성적은 상대평가 5등급제   104

교과 성적 절대평가가 지속 가능하지 않은 이유   108

K-학생부교과의 빛과 그림자   119

목차

3장 K-학생부종합, 숨겨진 비밀이 드러난다

K-학생부종합 2025 나침반	127
자기소개서가 아니라 자기소설서 폐지	134
5개 대학 학종 공통 평가 요소	137
학종의 비밀은 세특, 세특의 비밀은 탐구 활동	142
비교과는 교과와의 연계성이 핵심	146
2025 학생부종합 지원 전략	151
고교학점제 무엇이 어떻게 달라지나?	156
2022 교육과정 어떻게 바뀌었나?	165
K-학생부종합의 빛과 그림자	169

목차

4장   K-논술 면접에도 길이 있다

K-논술 2025 나침반   179

2025 논술 지원 전략   188

IB 논술로 수능을 대체할 수 있을까?   191

K-면접 2025, 제대로 알고 준비하자   199

면접 준비는 모의 면접이 필수   202

K-논술 면접의 빛과 그림자   206

목차

5장　K-수능으로 역전을 노린다

K-정시 2025 나침반	215
K-수능 2025, 이것은 알아야 한다	224
수능 표준점수의 의미	232
2025 정시 지원 전략	237
2028 수능은 완전 통합형	240
수능에서 킬러 문항을 제외하는 이유	244
수능 절대평가가 지속 가능하지 않은 이유	249
수능을 1년에 두 번 실시하면 안 되나요?	257
AI 평가로 수능을 대체할 수 있을까?	260
K-수능의 빛과 그림자	268

목차

6장 K-대학 입시의 미래를 디자인한다

수시 대 정시, 다원적 균형이 답이다 277

사립대 수시, 국공립대 정시 방안 288

학교 정상화를 위해 수시와 정시모집 시기 통합 294

교과 성적을 5등급 상대평가로 일원화 299

수능에서 심화 수학을 선택과목으로 추가 305

수능에서 통합사회와 통합과학을 선택과목으로 313

사교육비 경감을 위해 수능에서 영어 제외 318

의대 정원 확대, 규모는 신중하게 결정 323

양성평등을 위해 여자대학을 남녀공학으로 326

맺음말

지속 가능한 다원주의 교육을 위하여 331

참고 문헌

기본 자료 334

단행본 336

"한국은 과거 가난한 나라로부터 탈출해서 지금 계속 성장하고 있다. [⋯]
한국의 아이들은 비디오 게임이나 TV를 보는 데 시간을 낭비하지 않고 있
고, 그들은 수학과 과학, 외국어를 공부하고 있고, 그들의 경쟁력을 키우
는 데 노력한다."

– "오바마 '한국 교육열' 연설 단골 메뉴 활용", 〈연합뉴스〉, 성기홍 특파원. 2009. 12. 06.

한국 교육 시스템의 핵심에 대학 입시가 있다는 것은 누구도 부정할
수 없는 우리의 역사이자 엄연한 현실이다. 근대 이후 한국 사회에서 능
력주의가 신분 차별을 대체한 이래로, 치열한 입시 경쟁으로 인한 교육
문제는 현재까지 이어지고 있다.

대학 입시는 기본적으로 대학에서 학생들을 선발하는 시스템이다. 그
래서 선호하는 대학과 학과를 두고 학생들 사이에서 벌어지는 입시 경쟁
은 불가피하다. 과도한 입시 경쟁을 완화하는 것이 교육적 과제인 것은
분명하지만, 입시 경쟁을 아예 없애는 것은 불가능할 뿐만 아니라 바람
직하지도 않다. 그래서 수많은 학생과 학부모들의 가슴에 눈물과 웃음을

함께 자아내면서 매년 불어닥치는 태풍 입시호를 슬기롭게 넘길 수 있도록 방향을 잃지 않고 길을 찾을 수 있게 도와주는 나침반이 절실히 요구된다.

현재 K-대학 입시는 크게 수시와 정시로 나뉘어져 있다. 수시는 다시 학생부교과전형, 학생부종합전형, 논술전형, 실기전형 등으로 나누어지고, 정시는 수능전형과 실기전형 등으로 구분되는 다원적인 시스템이다. 그래서 학생들이 희망하는 대학에 진학하기 위해서는 수많은 선택을 해야 한다. 그런데 해마다 대학 입시 시스템을 제대로 이해하지 못해서 올바르지 못한 선택을 하는 학생들이 있다. 또한 절차상 중대한 실수를 저질러서 낭패를 보는 학생들도 적지 않다.

고등학교에서 30년이 넘도록 대학 입시를 지도하다 보니 이제는 우리나라 대학 입시의 전체적인 윤곽이 보이는 것 같다. 그런데 해마다 신학년이 시작되어 새로운 학생들을 맞이하면 언제나 새롭다. 학생들과 학부모들이 해마다 바뀌는 복잡다기한 K-대학 입시를 제대로 알 수가 없어서 처음부터 하나하나 설명하는 일이 쉽지 않기 때문이기도 하다.

그나마 고등학교 3학년이 되면, 학생들과 학부모들이 대학 입시 시스템에 관심을 가지고 이에 맞춰 대비하기 시작한다. 그런데 워낙 대학 입시가 복잡하다 보니 스스로 탐색하지 못하고 학원이나 사교육 기관에 판단을 쉽게 맡겨 버리는 경우가 대부분이다. 내가 [대입나침반]이라는 네이버 카페를 운영하고 있는 이유도 학생과 학부모들이 스스로 길을 찾을 수 있도록 다양한 대학 입시 정보와 자료를 제공하기 위함이다.

최근 교육플러스가 보도한 한국교육개발원 교육 여론 조사 2022년 결과에 의하면, 국민들은 고등학교 교사에게 가장 우선적으로 필요한 역량으로 진로 진학 지도 역량(49.1%)을 꼽았다. 이런 국민들의 요구에도 불구하고 학교에서 입시 위주 교육을 비판하면서 진로 진학 지도를 경시하거나 외면하는 것은 바람직하지 않다. 학교에서 입시 교육, 진로 진학 지도를 제대로 해 주지 않으면 학생과 학부모들은 학원 등 사교육에 의존할 수밖에 없는 것이 현실이다.

내가 이 책을 쓴 일차적인 이유가 바로 여기에 있다. 이 책은 현직 고등학교 교사이자 [대입나침반] 네이버 카페 운영자로서 30년 동안의 교육과 연구 경험을 바탕으로 학생과 학부모들을 비롯한 일반 시민들에게 K-대학 입시 시스템에 대해 알기 쉽게 설명해 줌으로써 사교육 기관에 의존하지 않고 스스로 대비할 수 있도록 도와주는 K-대학 입시 나침반이다.

이 책은 세계 최고 수준의 한국 교육에 관심이 있는 세계시민들에게 또 하나의 한류(韓流)인 한국 대학 입시의 모든 것을 알기 쉽게 알려 주는 K-대학 입시 소개서이기도 하다. 지금 한국 교육은 세계 최고 수준이라고 해도 과언이 아니다. 한국은 OECD 국제 학업 성취도 평가(PISA)에서 OECD 최고 수준을 기록하고 있다. 따라서 K-대학 입시도 한류(韓流)의 하나로 세계시민들에게 알릴 필요가 있다.

그동안 정치권에서는 진보든 보수든 현재 한국의 교육을 완전한 실패로 규정하면서 교육 혁명이나 대전환을 외쳐 왔다. 하지만 지금 한국 교육은 세계 최고 수준이라는 것이 팩트이다. 최근 PISA 2022 결과 OECD 회원국의 평균 점수가 PISA 2018 대비 전 영역에서 하락했지만, 한국은 오히려 상승하여 수학 2위, 읽기 3위, 과학 2위로 모두 OECD 최고 수준을 기록했다. 수학은 일본에 이어 2위, 읽기는 아일랜드와 일본에 이어 3위, 과학은 일본에 이어 2위인 것이다.

<PISA 2022 OECD 회원국의 영역별 국제 비교 결과>

수학			읽기			과학		
국가명	평균	OECD 국가순위	국가명	평균	OECD 국가순위	국가명	평균	OECD 국가순위
일본	536	1 ~ 2	아일랜드	516	1 ~ 6	일본	547	1 ~ 1
대한민국	527	1 ~ 2	일본	516	1 ~ 6	대한민국	528	2 ~ 5
에스토니아	510	3 ~ 4	대한민국	515	1 ~ 7	에스토니아	526	2 ~ 4
스위스	508	3 ~ 5	에스토니아	511	1 ~ 7	캐나다	515	2 ~ 9
캐나다	497	5 ~ 13	캐나다	507	1 ~ 8	핀란드	511	3 ~ 14
네덜란드	493	4 ~ 20	미국	504	1 ~ 14	호주	507	4 ~ 15
아일랜드	492	5 ~ 18	뉴질랜드	501	3 ~ 12	뉴질랜드	504	4 ~ 20
벨기에	489	5 ~ 20	호주	498	5 ~ 14	아일랜드	504	4 ~ 20
덴마크	489	5 ~ 19	영국	494	6 ~ 17	스위스	503	5 ~ 21
영국	489	5 ~ 20	핀란드	490	6 ~ 20	슬로베니아	500	5 ~ 21
폴란드	489	5 ~ 20	덴마크	489	6 ~ 23	폴란드	500	5 ~ 23
오스트리아	487	5 ~ 20	폴란드	489	6 ~ 24	미국	499	4 ~ 26
호주	487	6 ~ 20	체코	489	7 ~ 23	폴란드	499	5 ~ 23
체코	487	5 ~ 20	스웨덴	487	7 ~ 25	체코	498	5 ~ 24
슬로베니아	485	6 ~ 21	스위스	483	9 ~ 27	라트비아	494	7 ~ 26
핀란드	484	6 ~ 24	이탈리아	482	9 ~ 27	덴마크	494	7 ~ 26
라트비아	483	6 ~ 25	오스트리아	480	10 ~ 28	스웨덴	494	7 ~ 26
스웨덴	482	6 ~ 27	독일	480	9 ~ 29	독일	492	6 ~ 28
뉴질랜드	479	7 ~ 28	벨기에	479	10 ~ 28	오스트리아	491	7 ~ 28
리투아니아	475	16 ~ 29	포르투갈	477	10 ~ 29	벨기에	491	9 ~ 28
독일	475	8 ~ 30	노르웨이	477	11 ~ 29	네덜란드	488	7 ~ 29
프랑스	474	15 ~ 29	라트비아	475	13 ~ 29	프랑스	487	11 ~ 29
스페인	473	18 ~ 29	스페인	474	15 ~ 29	헝가리	486	11 ~ 29
헝가리	473	16 ~ 30	프랑스	474	11 ~ 29	스페인	485	14 ~ 29
포르투갈	472	17 ~ 30	이스라엘	474	11 ~ 29	리투아니아	484	14 ~ 29
이탈리아	471	16 ~ 31	헝가리	473	14 ~ 29	포르투갈	484	13 ~ 29
노르웨이	468	19 ~ 31	리투아니아	472	15 ~ 29	노르웨이	478	18 ~ 30
미국	465	18 ~ 32	슬로베니아	469	17 ~ 29	이탈리아	477	18 ~ 31
슬로바키아	464	20 ~ 32	네덜란드	459	19 ~ 32	튀르키예	476	21 ~ 31
아이슬란드	459	26 ~ 32	튀르키예	456	29 ~ 32	이스라엘	465	27 ~ 31
이스라엘	458	23 ~ 32	칠레	448	29 ~ 32	슬로바키아	462	28 ~ 31
튀르키예	453	28 ~ 32	슬로바키아	447	29 ~ 34	아이슬란드	447	32 ~ 34
그리스	430	33 ~ 33	그리스	438	31 ~ 34	칠레	444	32 ~ 34
칠레	412	34 ~ 34	아이슬란드	436	31 ~ 34	그리스	441	32 ~ 34
멕시코	395	35 ~ 37	멕시코	415	35 ~ 37	콜롬비아	411	35 ~ 37
코스타리카	385	35 ~ 37	코스타리카	415	35 ~ 37	코스타리카	411	35 ~ 37
콜롬비아	383	35 ~ 37	콜롬비아	409	35 ~ 37	멕시코	410	35 ~ 37
OECD 평균	472		OECD 평균	476		OECD 평균	485	

※ PISA 점수는 평균 500이고, 표준편차 100인 척도점수임
※ OECD 평균은 OECD 37개국 각각의 평균에 대한 평균임

출처 : 교육부, 「OECD 국제 학업 성취도 평가(PISA) 2022 결과 발표」, 2023.

세계 최강이라는 미국은 OECD 가운데 수학 28위, 읽기 69위, 과학 12위에 불과하다. 일부에서 최고의 교육 시스템이라고 찬사를 보냈던 핀란드도 수학 16위, 읽기 10위, 과학 5위에 그쳤다. 대학 입시에서 추첨제를 실시하고 있다는 독일도 수학 21위, 읽기 18위, 과학 18위에 불과하다. 그나마 서양에서는 캐나다가 수학 5위, 읽기 5위, 과학 4위로 OECD 최고 수준을 기록했지만, 모두 우리 한국보다는 낮은 수준이다.

이제 미래 국력의 기반인 교육 분야는 미국이나 유럽이 아시아의 한국과 일본을 배워야 하는 시대가 되었다. 지금 K-교육은 서양 교육을 따라가는 추격자에서 서양 교육이 따라오는 선도자가 된 것이다. 물론 현재 한국 교육에 문제가 전혀 없는 것은 아니다. 하지만 한국 교육이 세계 최고 수준의 학업 성취도를 보이고 있다는 객관적인 사실 자체를 부정해서는 안 된다.

한편, 우리나라는 2020년 현재 국내총생산(GDP) 1조 5868억 달러로 세계 10위의 경제 대국이고, 글로벌 수출 6위, 수입 9위의 무역 강국이다. 그래서 유엔무역개발회의(UNCTAD)는 2021년에 한국의 지위를 개발도상국에서 선진국 그룹으로 승격시켰다. 그리고 2022년 US뉴스&월드리포트 등이 발표한 '2022 최고의 국가' 순위에서 한국이 '전세계 국력 랭킹' 부문 6위를 기록했다. 1위는 미국이고, 중국, 러시아, 독일, 영국에 이어 6위를 차지한 것이다. 프랑스는 지난해와 같은 7위이고, 이전에 6위였던 일본은 두 단계 내려가 8위를 기록했다.

문화적으로도 K-팝이 세계적으로 유행하고 있는 것은 오래된 일이다. 방탄소년단은 이미 2018년에 〈러브 유어셀프 전 티어(LOVE YOURSELF 轉 Tear)〉로 K-팝 사상 처음으로 '빌보드 200' 정상에 올랐다. 그리고 2021년에는 '아메리칸 뮤직 어워즈(American Music Awards)'에서 대상이라 할 수 있는 '아티스트 오브 더 이어'(Artist Of The Year)를 수상했다.

K-영화가 세계적으로 주목을 받아 온 지도 이미 오래되었다. 봉준호 감독은 2020년 제92회 아카데미 시상식에서 영화 〈기생충〉으로 감독상, 각본상, 국제 장편 영화상, 최우수 작품상까지 4관왕에 오르면서 한국 영화사를 새롭게 썼다. 그리고 K-드라마 〈오징어 게임〉은 2021년 세계 최대 OTT(온라인 동영상 스트리밍 서비스) 기업인 넷플릭스를 통해 전 세계에 공개된 이후 역대 최고 흥행작으로 기록되면서 K-콘텐트의 위상에 정점을 찍었다. 2022년에는 제74회 에미상(Emmy Awards)에서 비영어권 작품 최초로 감독상과 남우주연상 등 모두 6관왕에 올랐다. 이렇게 한국의 경제력과 문화력 등이 급성장한 것은 세계 최고 수준인 K-교육의 힘과 무관하지 않을 것이다.

21세기 미래 사회에 대비하기 위해 교육 혁명과 대전환이 필요한 것은 사실이다. 하지만 미국의 입학사정관제나 유럽의 바칼로레아(IB) 같은 서양식 교육과 입시 제도가 과연 미래 한국 교육의 대안인지는 의문이다. 오바마 대통령 이후 미국 대통령들은 한결같이 한국 교육의 성과를 극찬하고 있는데, 정작 우리는 실패를 인정하고 있는 서양 교육만 한사코 따라가려고 하는 것 같다.

대학 입시만 하더라도 치열한 입시 경쟁 속에서 깨지고 다듬어진 현재 한국의 입시 제도가 세계 어느 나라보다 합리적이고 효율적이라고 할 수 있다. K-대학 입시는 학교 정상화를 위한 고등학교 학생부, 공정한 변별력을 위한 국가의 수능, 대학 선발권 보장을 위한 대학별 논술 면접 등이 균형을 이루는 다원적 시스템이기 때문이다. 이것은 대학의 자율성이 과도하게 강화되어 기여입학제나 동문 자녀 우대 입학제처럼 불공정한 뒷문마저 용인되고 있는 미국이나 지식 기반 사회에서 창의성의 기반이 되는 폭넓은 지식보다 교육 활동과 서논술형 평가에 매달리고 있는 유럽보다 강력한 K-대학 입시의 힘이라고 할 수 있다.

지금 한국은 일본과 함께 세계교육을 선도하는 교육 선진국이다. 이제는 과도하게 이상화된 서양의 교육만 도입하려고 애쓰지 말고, 우리의 경쟁적 교육 현실에서도 지속 가능한 교육정책을 마련해야 한다. 이것이 또 하나의 한류(韓流)라고 할 수 있는 세계 최고 수준의 K-교육을 유지 발전시킬 수 있는 길이라고 나는 믿는다.

한편, 이 책은 현직 고등학교 교사로서 30년 동안의 학교 현장 경험을 바탕으로 K-대학 입시의 현재와 미래를 종합적으로 살펴보면서 지속 가능한 대학 입시의 방향을 제시하는 K-대입정책 제안서이다. 특히 경쟁을 거부하면서 평등만을 내세우는 극단적인 진보 교육과 경쟁을 부추기면서 자유만을 내세우는 극단적인 보수교육 사이에서 지속 가능한 대학 입시의 미래를 제시하는 다원주의 대입 정책 제안서이다.

이 책에서는 현행 K-대학 입시가 고등학교 정상화를 위한 학생부와 공정한 변별력 확보를 위한 수능 그리고 대학의 선발권 보장을 위한 논술 면접 사이에서 균형을 추구하고 있으므로 지속 가능한 다원적 입시 제도라고 긍정적으로 평가한다.

일찍이 윌리엄 제임스가 『다원주의자의 우주』(1909)에서 제시했던 다원주의는 총체적인 '전체-형식(all-form)'을 유일한 것으로 믿는 일원론적 절대주의와 달리 분산적인 '개별-형식 (each-form)'만이 논리적으로 허용될 수 있고 경험적으로 자명한 것으로 보는 사고방식이다. 그는 직접적인 연결 상태로 통합되어 있는 일원론적 '전체-형식'의 세계인 '유니버스(universe)'와 달리, 개별적인 것들이 연속해 있는 다원주의적 '개체-형식'의 세계를 '멀티버스(multiverse)'라고 불렀다.

나는 K-대학 입시가 유니버스처럼 단일한 통합체가 아니라, 멀티버스처럼 국가고사, 고등학교 학생부, 대학별고사가 균형을 이루는 다원주의적 통합체라고 본다. 이명박 정부에서 다원적인 대학 입시의 초석을 마련하였고, 박근혜 정부에서 학생들이 세 가지 가운데 선택할 수 있도록 개선하였으며, 문재인 정부에서 학생부와 수능 사이의 균형을 맞추어 지속 가능하도록 발전시켜 왔기 때문이다. K-대학 입시는 진보 정부와 보수 정부에서 지속적으로 갈고 다듬어서 탄생한 것으로, 이 책의 부제처럼 지속 가능한 다원적 시스템이다.

민주화 이후 민주주의 시대에는 다양한 가치를 긍정하면서 그 사이에서 조화를 추구하는 다원주의적 태도가 절실히 요구된다. 특히 세계 어느 나라보다 복잡하고 어려운 한국의 교육 문제를 해결하기 위해서는 낡은 경계를 넘나들면서 최선의 해법을 찾으려는 다원주의적 태도가 절실하다. 소설가 최인훈도 이미 『광장』(1961) 서문에서 사회적 광장과 개인적 밀실을 모두 긍정하면서 그 사이에서 균형을 추구하는 다원주의적 사유를 제시했었다.

"우리는 분수가 터지고 밝은 햇빛 아래 뭇꽃이 피고 영웅과 신들의 동상으로 치장이 된 광장에서 바다처럼 우람한 합창에 한몫 끼기를 원하며, 그와 똑같은 진실로 개인의 일기장과 저녁에 벗어 놓은 채 새벽에 잊고 간 애인의 장갑이 얹힌 침대에 걸터앉아서 광장을 잊어버릴 수 있는 시간을 원한다."

앞으로 고교학점제가 실시된다고 해도 수시 대 정시, 학종 대 수능, 상대평가 대 절대평가 등 진보와 보수로 갈라진 이분법적 양자택일에서 벗어나 양극 사이에서 조화와 균형을 추구하는 다원주의적 해법을 찾아야 한다.

여러모로 부족한 이 책이 학생들의 슬기로운 대입 생활을 위한 좋은 나침반이 되어 줄 뿐만 아니라, 또 하나의 한류(韓流)인 다원적 K-대학입시를 더욱 발전시키는 데에 도움이 되길 바랄 따름이다.

2024년 2월
위례호수에서 이건주

1장

K-대학 입시,
그것이 알고 싶다

지속 가능한 다원적 K-대학 입시의 역사　　　　　　　　025

〈SKY 캐슬〉과 「대입제도 공정성 강화 방안」의 탄생　　　034

K-대학 입시 2025 나침반　　　　　　　　　　　　　　046

특별전형의 핵심 기회균형과 지역인재　　　　　　　　055

2025 대학 입시 지원 전략　　　　　　　　　　　　　058

대학 입시 폐지와 추첨제 과연 가능할까?　　　　　　　063

지속 가능한 다원적 K-대학 입시의 역사

과거 일원적 대학 입시 시대

한국 역대 정부의 대학 입시 정책은 강창동 교수의 『K-대학 입시문화사』(2020)라는 책에 의하면, 대학별 본고사에서 국가고사로 그리고 고등학교 학생부로 중심이 이동해 왔다고 할 수 있다. 역대 정부의 대입 정책이 모두 실패했다고 평가받는 이유도 핵심적인 전형 요소 가운데 어느 하나만을 지나치게 강조하는 일원적 시스템이었기 때문이다.

초대 이승만 정부의 대입 정책은 대학별 본고사 중심 시스템이다. 이승만 정부 초기에는 일반 사람들이 대학 진학하기가 경제적으로 매우 어려웠으므로 중고등학교 입시가 교육 문제의 중심에 있었다. 당시에는 중학교와 고등학교가 일류, 이류, 삼류로 구분되어 있어서 이미 국민학교 때부터 입시 전쟁이 시작되었다. 특히 서울고, 경복고, 용산고 등 일류 고등학교 입시는 지금의 대학 입시 못지않게 대단히 치열했다. 하지만 점차 대학이 학력 출세주의 대표적인 상징으로 한국 사회에 자리 잡으면서 입시 경쟁률이 높아지자 '천당 가기보다 좁은 대학 진학의 문'이라는 말이 나오기 시작했다.

이승만 정부에서는 대학의 자율성을 최대한 존중하는 미국의 고등교육 모델에 따라 대학별 단독 시험제인 본고사를 실시했다. 입시 관리는 형식적으로 국가가 관장했지만, 입시 주체는 정부의 별다른 규제 없이 각 대학에서 자율적으로 실시할 수 있도록 대학에 위임되었다.

이후 박정희 정부의 대입 정책은 국가고사인 예비고사와 대학별고사인 본고사 병행 시스템이라고 할 수 있다. 박정희 정부 초기에는 1964년 경기중학교 입학시험에서 '무즙 파동'이 일어나는 등 중학교 입시 경쟁이 심각한 사회적 문제로 대두되었다. 자연 과목 시험 문제가 '엿기름 대신 넣어도 좋은 것을 고르라'였는데, 디아스타제, 꿀, 녹말, 무즙이 보기로 제시되었다. 출제자 측이 요구한 정답은 디아스타제였지만, 무즙에도 디아스타제가 들어 있음을 확인한 불합격생의 부모들이 실제로 무즙으로 엿을 만들어 문교부와 시교육청에 던지고 "엿 먹어라!"를 외치며 항의했다고 한다. 결국 무즙도 정답 처리되어 소송에 참가했던 학생들은 정원 외 입학으로 구제되었다.

이를 계기로 박정희 정부는 1968년에 중학교 입시를 폐지하고 추첨 배정하는 중학교 무시험제를 발표했다. 중학교 무시험제는 아동의 정상적 발달, 국민학교의 정상화, 과열된 과외 공부의 지양 등을 이유로 1969년 서울에서부터 시작되어 1971년에 전국으로 확산되었다. 하지만 입시 경쟁은 사라지지 않고 고등학교 입시를 준비하는 중학교 시기에 집중되면서 '중3병'이라는 말이 나오게 되었다.

결국 박정희 정부는 1973년에 고교 입시를 폐지하고 추첨 배정하는 고등학교 평준화 정책을 발표했다. 고교 평준화는 중학교 교육의 정상화, 사교육비 경감 등을 이유로 1974년 서울과 부산에서부터 시작되어 대도시로 확대되었다.

이와 함께 박정희 정부는 1968년에 고등교육의 질을 높이고 부적격자를 가려낸다는 명분으로 본고사를 보완하는 국가고사인 '대학 입학 예비고사'를 실시했다. 1969학년도 대입에서는 예비고사가 대학별 본고사에 응시할 수 있는 자격만을 부여했지만, 이후 1973학년도 대입에서는 예비고사 성적도 본고사 성적과 함께 반영되었다.

당시에 대학별 본고사는 국어, 영어, 수학 과목을 중심으로 주관식 문항이 50% 이상 출제되었다. 그래서 객관식으로 출제되었던 예비고사에 비해 난이도가 과도하게 높아서 '과외망국론'이 나올 정도로 국민들의 사교육비 부담을 가중시켰다. 그런데 여기에 예비고사 성적까지 추가되면서 고등학생의 입시 부담이 이전보다 배로 늘어남으로써 '고3병'이 사회적 문제로 크게 대두되었다.

이후 전두환 정부의 대입 정책은 국가고사인 학력평가 중심 시스템이라고 할 수 있다. 전두환 정부는 과외망국론으로 대표되는 사교육 문제와 늘어나는 재수생 문제를 해결하기 위해서 출범 직후인 1980년에 과외 금지, 졸업정원제, 대학별 본고사 폐지를 골자로 하는 '7 · 30 교육 개혁 조치'를 발표했다.

먼저, 졸업정원제는 재수생 문제 해결을 위해 대학 입학 정원을 30% 확대해서 선발한 후에 연차적으로 탈락시켜서 정원을 맞추는 제도였다. 하지만 대학의 학사 행정 혼란이 가중되었고, 사실상 대학의 정원이 늘어나서 학력 인플레이션과 취업난의 원인이 되었으며, 재수생은 줄어들지 않고 대학 중도 탈락자인 신종 재수생까지 늘어나는 등의 부작용이 나타났다. 그래서 1984년에 학년별 강제 탈락제가 폐지되고, 대학들이 자율적으로 신입생을 모집할 수 있게 되면서 폐지되었다.

다음으로 과외 금지 조치는 말 그대로 과열 과외 해소를 위한 강압적인 금지 조치이다. 당시에 정부는 경찰과 시도교육위원을 중심으로 과외 금지 합동단속반을 운영했다. 아파트나 고소득층 주택가에 방범대원을 비밀과외 신고 요원으로 배치하고, 과외 예방을 위해 특별 요원을 지역마다 고정 배치하였으며, 해당 지역의 과외를 방지하기 위해 지역책임제를 두었다. 적발된 과외 교사는 구속 수사를 원칙으로 했으며, 학생은 학사 징계, 학부모는 면직 혹은 세무조사, 사설학원은 행정 처분과 함께 세무조사를 받았다. 심지어 고등학생이 과외를 받다가 적발되면 대입 응시 자격을 박탈하는 극약 처방을 내리기도 했다.

전두환 정부에서는 과열 과외를 해소하고 학교 교육을 정상화한다는 명분으로 대학별 본고사를 폐지하였다. 따라서 국가고사인 예비고사가 '대학 입학 학력고사'라는 명칭으로 바뀌어 입시의 핵심이 되었다. 이후

노태우 정부의 대입 정책도 국가고사인 학력고사 중심 시스템이라고 할 수 있다. 당시에는 학력고사의 실시, 채점, 결과 처리 등을 각 대학의 책임 아래 관리하며, 자율적으로 10% 내외에서 과목별 가중치도 줄 수 있었다. 그리고 학력고사의 30% 내외를 주관식 완성형과 단답형으로 출제함으로써 학생들의 입시 부담이 커지고 채점이 공정하지 못하다는 비판이 제기되었다.

이후 김영삼 정부의 대입 정책은 국가고사인 대학수학능력시험과 대학별 본고사 병행 체제라고 할 수 있다. 김영삼 정부는 대학 교육을 수행하는 데에 필요한 학업 능력과 사고 능력을 평가하겠다는 취지로 1994학년도부터 대학수학능력시험을 도입하였다. 시험 과목은 언어, 수리 · 탐구 I, 수리 · 탐구 II, 외국어 네 영역으로 구성되었다.

이와 함께 1994학년도 대입에서부터 대학고사를 사실상 본고사 형태로 실시하였다. 정부는 대학고사를 다양화하면서도 국영수 과목의 배제를 의무화하지 않다. 그래서 주요 대학들이 국영수 과목을 도입하여 주관식 본고사 형태로 실시하면서 다시 전 국민적인 과외 열풍이 일어났다. 결국 과외망국론이 다시 대두되면서 폐지되고, 1997학년도부터는 논술고사로 축소되었다.

이후 김대중 정부의 대입 정책은 국가고사인 수능 중심 체제라고 할 수 있다. 김대중 정부는 1999년에 '기여입학제', '본고사', '고교등급제'의 세 가지를 금지하는 '3불정책'을 실시했다. 그리고 고교 교과 성적도 '5단계 절대평가' 방식(수-우-미-양-가)으로 개편되었다. 그래서 전국의 모든 고등학교에서 대학 입시에 유리한 등급을 학생들에게 보장하기 위해 쉽게 출제하는 교과 성적 부풀리기가 발생하여 심각한 사회적 문제로 대두되었다. 결국 본고사가 폐지되고, 교과 성적도 절대평가로 개편되어 실질적인 반영 비율이 줄어들면서 수능의 비중이 대폭 확대되어 소위 '수능 전성시대'가 시작되었다.

그러자 노무현 정부는 입시경쟁을 완화하기 위해 수능을 등급제로 개편하였다. 그리고 고교 성적 절대평가와 수능 등급제로 인해 약화된 변별력을 보완하기 위해 기존의 대학별 논술고사를 통합교과형 논술고사 형태로 강화하였다. 결국 제2의 본고사라고 불리면서 범국민적인 논술 사교육 광풍을 초래하고 말았다.

지속 가능한 다원적 대학 입시

이명박 정부는 현행 다원적 K-대학 입시의 초석을 놓았다고 해도 과언이 아니다. 국가고사 수능과 고등학교 학생부, 대학별고사 논술의 가치를 모두 인정했다는 점에서 지속 가능한 다원주의 시스템이라고 볼 수 있기 때문이다.

이명박 정부는 점수 위주의 입시 경쟁을 완화해서 학교 교육을 정상화하고자 실시했던 노무현 정부의 수능 9등급제를 폐지했다. 그리고 2009

학년도부터는 표준점수, 백분위가 등급과 함께 제공되는 상대평가로 되돌아갔다.

이명박 정부는 대학의 선발 자율권 보장과 고교 교육의 정상화라는 두 가지 명분을 내세워 '입학사정관제'를 본격적으로 실시하였다. 당시 입학사정관제의 주요 전형 자료는 학교생활기록부, 자기소개서, 추천서, 증빙 자료(포트폴리오), 창의적체험활동 등이었다. 그런데 전국적으로 광범위한 스펙 광풍의 부작용을 초래하여 부모의 특권이 직접적으로 개입되는 '엄마 사정관제'라는 말까지 나오게 되었다.

이와 함께 이명박 정부에서는 교과 성적 절대평가를 폐지하고 다시 상대평가로 환원하였다. 김대중 정부가 입시 경쟁을 완화하기 위해서 2002학년도 대학 입시부터 실시했던 교과 성적 절대평가는 전국적인 교과 성적 부풀리기 문제를 해결하지 못하고 결국 상대평가로 되돌아가고 말았다.

이명박 정부에서 대학별고사로는 논술고사와 면접이 실시되었다. 특히 논술고사는 2008학년도 입시에서 반영 비율이 30% 정도까지 높아지고, 거의 본고사 수준으로 어렵게 출제되었다. 그래서 학생들이 수능, 학생부, 논술 3중고에 시달린다는 의미의 '죽음의 트라이앵글'이라는 말이 생기는 등 국민적 비판에 직면하게 되었다.

이후 박근혜 정부는 지속 가능한 다원적 K-대학 입시의 기틀을 마련했다고 평가할 수 있다. 학생부와 수능, 논술을 각각 다른 전형을 나누어

선택할 수 있도록 열어 둠으로써 학생들을 '죽음의 트라이앵글'에서 벗어나게 해 주었기 때문이다.

박근혜 정부에서 고등학교 교과 성적은 수시 학생부전형의 형태로 실시되었다. 박근혜 정부는 기존의 입학사정관제에서 각종 대회 입상 실적, 공인 외국어 등 학교 밖의 스펙을 강조하여 학생 부담이 가중된다는 비판이 나오자 교내 활동만을 반영하는 등 대폭 축소 개편하였다. 입학사정관제는 박근혜 정부에서 수시 학생부종합전형(학종)으로 간소화되면서 보다 확대되었다. 실제로 입시 경쟁이 치열한 서울 소재 주요 대학들의 경우 80% 이상을 수시 학종으로 선발하면서 '학종 전성시대'가 시작되었다.

하지만 학종에서 교사추천서가 합격을 위한 도구로 활용되면서 과도한 칭찬 일색으로 작성되어 교육적 신뢰감을 떨어뜨렸고, 자기소개서도 학원 대필이 성행하여 사교육비를 증가시키는 등 '자기소설서'라는 비판을 불러왔다. 특히 부모의 특권이 직접 개입할 수 있는 비교과 활동과 스펙의 비중이 대단히 높았기 때문에 '깜깜이 전형'이니 '금수저 전형'이니 하는 국민적인 비판에 직면하게 되었다.

이후 문재인 정부는 다원적인 K-대학 입시를 거의 완성했다고 평가할 수 있다. 수시 학종 비율이 과도하게 높았던 서울 주요 대학들의 정시 수능을 확대하여 수시 학종과의 다원적 균형을 맞추었기 때문이다.

문재인 정부에서도 고교 교과 성적은 박근혜 정부와 마찬가지로 수시 학생부전형의 형태로 실시되었다. 하지만 조국 가족의 입시 부정 사건이 드러나자 수시 학종의 공정성을 높이기 위해 교사추천서와 자기소개서를 폐지하고, 학생부 비교과영역의 대입 반영도 대폭 축소하며, 서울 16개 대학의 정시 수능 비율을 40%로 확대하는 「대입제도 공정성 강화 방안」을 발표했다. 당시 수시냐 정시냐 하는 국민적인 논란 속에서도 어느 한 극단에 치우치지 않고, 양극 사이에서 합리적인 균형점을 찾으려고 노력했던 것이다.

K-대학 입시는 진보 정부와 보수 정부에서 지속적으로 갈고 다듬어서 탄생한 것으로 이 책의 부제처럼 지속 가능한 다원주의 교육 시스템이라고 할 수 있다. 이명박 정부에서 학생부, 수능, 논술의 가치를 모두 긍정하는 다원적인 대학 입시의 초석을 마련하였고, 박근혜 정부에서 학생들이 세 가지 가운데 선택할 수 있도록 개선하였으며, 문재인 정부에서 학생부와 수능 사이의 균형을 맞추어 지속 가능하도록 발전시켜 왔기 때문이다.

우리의 대학 입시 역사는 핵심 전형 가운데 어느 하나를 지나치게 고집하면 심각한 부작용이 발생한다는 사실을 증명해 온 과정이었다. 이런 뼈아픈 역사를 교훈 삼아서 앞으로도 공정한 변별력을 위한 수능, 고등학교 정상화를 위한 학생부, 대학의 선발권 보장을 위한 대학별고사 사이에서 균형점을 찾아 가는 다원적인 K-대학 입시를 유지·발전시켜야 한다.

\<SKY 캐슬>과 「대입제도 공정성 강화 방안」의 탄생

드라마 \<SKY 캐슬>과 숙명여고 사건

지금도 기억이 생생한 드라마 \<SKY 캐슬>은 당시 엄청난 시청률을 기록하면서 교육 드라마로 국민적인 인기를 얻었다. 고교 교과 성적과 스펙 쌓기로 대표되는 수시 학생부종합(학종)에 대한 부정적인 인식을 국민적으로 각인시킨 드라마이기도 했다.

특히 2019년 1월에 방영된 \<SKY캐슬> 16회에서는 주인공 강예서 학생이 그동안 좋은 성적을 낼 수 있었던 이유가 밝혀졌다. 코디네이터 김주영이 학교에서 시험 문제를 사전 유출해서 학생에게 제공한 결과라는 것이었다. 이런 장면은 당시 국민적 관심이 매우 컸던 숙명여고 답안지 유출 사건을 자연스럽게 떠올리게 했다.

이 사건은 2018년에 숙명여고 교무부장이던 아버지가 숙명여고에 재학 중이던 쌍둥이 자매에게 시험지와 답안지를 시험 전에 미리 유출했다는 혐의로 구속 기소된 사건이다. 결국 교무부장 아버지는 대법원에서 징역 3년이 확정되어 복역한 후 2021년 11월에 만기 출소했다.

이 교사 가족의 비극은 여기에 그치지 않고 숙명여고에 재학 중이던 쌍둥이 자매에게까지 이어졌다. 쌍둥이 자매는 2018년 10월 곧바로 고등학교에서 퇴학을 당했을 뿐만 아니라 학교의 업무를 방해한 혐의로 재판에도 넘겨졌다. 애초에 검찰은 아버지를 구속 기소하면서 쌍둥이 자매는 미성년자인 점을 고려해 소년 보호 사건으로 송치했었다. 하지만 심리를 맡은 서울가정법원에서 형사 재판 진행이 필요하다고 판단해 사건을 돌려보내서 검찰이 불구속 기소한 것이다.

이후 2020년 8월 12일 서울중앙지법은 쌍둥이 딸들에게 징역 1년 6개월에 집행유예 3년, 사회봉사 240시간을 선고했다. 언론 보도에 따르면, 1심 재판부는 투명하게 처리되어야 할 고교 내부 시험을 방해해 공정한 경쟁을 방해하고, 공교육에 대한 시민들의 신뢰를 떨어뜨리는 등 죄질이 좋지 않다고 질타했다.

이후 2022년 1월 2심 재판에서도 서울중앙지법은 다소 낮아지기는 했지만 쌍둥이 자매에게 징역 1년 집행유예 3년을 선고했다. 쌍둥이 자매 측은 판결에 불복해 대법원에 상고했다. 하지만 언론 보도에 따르면, 2심 재판부는 쌍둥이 자매가 시험지에 엉뚱한 값을 대입한 흔적이 있는데도 정답을 맞춘 점, 다른 성적 상위권 학생들과 달리 답안이 정정되기 전에 답을 써 낸 점, 유출한 답을 포스트잇에 메모한 흔적이 발견된 점 등 여러 정황과 증거를 바탕으로 1심과 같이 유죄로 판단했다. 그나마 2017년 2학기 기말고사 과목 중 둘째가 치르지 않은 '음악과 생활' 관련 업무

방해 혐의와 전 과목에 대한 공동정범 혐의는 무죄로 판단되었다.

언론 보도에 따르면, 2심 재판부는 피고인들이 정상적인 방법으로 성적을 올리기 위해 노력한 같은 학년 학생들에게 직접적인 피해를 준 것은 물론 공교육의 신뢰를 심각하게 훼손하고도 정당하게 성적을 받았다고 주장하며 뉘우치지 않는다고 지적했다. 다만 이 사건으로 아버지가 징역 3년을 선고받아 복역했고, 범행 당시 고교 1~2학년이었던 피고인들이 숙명여고에서 퇴학 처분을 받은 점, 형사처벌과 별개로 국민적 비난과 지탄을 받은 점 등을 고려했다고 감형 이유를 설명했다.

물론 고등학교 학생들이 학교에서 퇴학당하고 재판까지 받는 것은 학생을 가르치는 교사 입장에서 매우 가슴 아픈 일이다. 문제를 유출한 교무부장 아버지를 처벌하는 것은 당연한 일이지만, 미성년자인 고교생 딸들까지 기소하고 재판을 받게 하는 것은 과도하다는 생각이 든다. 신평 변호사도 『공정 사회를 향하여』라는 책에서 쌍둥이 자매 재판을 '형벌권의 남용' 소지가 있다며 이렇게 물었다.

"아버지가 빼내 온 시험 문제들을 딸에게 한번 풀어 보라고 했을 때, 그 딸이 그래서는 안 된다고 하며 아버지를 만류하도록 기대할 수 있겠는가?"

사실 수시 학종의 공정성 문제는 지난 노무현 정부가 입학사정관제를 도입하여 이명박 정부에서 실시하고, 박근혜 정부가 학생부종합으로 확대한 이후 꾸준히 제기되어 왔다. 이미 EBS는 2017년 5월 22일부터 5월 31일까지 다큐 프라임 〈대학 입시의 진실〉 6부작을 방영했었다. 여기서 EBS는 학생부 중심의 수시가 청소년들 스스로의 힘으로 개천에서 용이 될 수 있는 기회의 문이 아니라, 대한민국의 계층 고착화와 그나마 있는 기회조차 날려 버리는 '사다리 걷어차기'의 닫힌 통과의례라고 비판했다.

EBS 방송에서는 수시 학종이 교과 영역뿐 아니라 비교과 영역에서 학생의 다양한 재능과 잠재력을 두루 평가하겠다는 취지로 만들어졌지만, 도입 배경과 달리 학생의 노력과 능력에 근거한 공정한 전형과는 거리가 멀다고 지적하기도 했다. 지역, 빈부, 부모의 직업에 따라 교육 격차가 발생하며, 실제 능력보다 부풀린 항목 등 평가자의 주관성이 좌우하는 불공정한 경쟁 시스템이라는 것이다.

이런 상황에서 숙명여고 시험지 유출 사건이 터지고, 이를 모티브로 해서 제작된 드라마 〈SKY 캐슬〉이 인기리에 방송되었다. 그래서 당시 서울의 주요 대학에서 80%를 넘게 차지하고 있었던 수시 학종은 국민들 사이에서 불공정한 입시의 주범으로 의심받았다. 오지선다 선택형인 수능의 한계를 극복할 수 있는 대안으로 화려하게 등장했던 수시 학종의 위기가 본격적으로 시작된 것이다.

조국 가족 입시 부정 사건

수시 학종이 전국민적 논란의 한복판에 세워진 것은 대법원에서 정경심 교수의 유죄가 확정된 조국 전 법무부장관 가족의 입시 부정 사건이다. 지난 2022년 1월에 대법원은 업무방해와 사문서 위조, 자본시장법 위반 등의 혐의로 재판에 넘겨진 정경심 전 교수에 대해 징역 4년에 벌금 5,000만 원의 원심을 확정했다. 대법원은 1·2심과 마찬가지로 조국 가족의 소위 '7대 스펙'을 위조 또는 허위로 판단해 자녀 입시 비리 혐의를 모두 유죄로 인정했다.

조국 사태는 조국 민정수석이 법무부 장관 후보자로 지명된 지난 2019년 8월 9일부터 시작되었다. 당시 국회 인사청문회를 앞두고 사모펀드 투자와 딸 표창장 위조 논란 등 조국 일가를 둘러싼 의혹이 연이어 불거지자 그해 8월 27일부터 검찰이 수사에 착수했던 것이다.

당시 검찰은 2019년 9월 6일 인사청문회 당일 공소시효 만료 1시간을 앞두고 부인 정경심 전 동양대 교수를 전격 기소했다. 정 교수가 딸을 부산대 의학전문대학원에 입학시키기 위해 동양대 표창장을 위조했다는 혐의였다. 이후 검찰은 자택을 압수수색하고 가족들을 잇달아 소환하며 일가 전체로 수사를 확대했다. 결국 정경심 교수는 자녀 입시 비리와 사모펀드 논란과 관련해 10여 개 혐의로 구속되었다.

이후 2020년 12월 23일 1심 재판에서 서울중앙지방법원은 정경심 전 교수에게 유죄 판결을 내리고 징역 4년, 벌금 5억 원을 선고했다. 1심 재판부는 단국대 의과학연구소 인턴 및 체험 활동 확인서, 동양대 총장 표창장, 공주대 생명공학연구소 인턴 및 체험 활동 확인서, 서울대 공익인권법센터 인턴 및 확인서, 부산 아쿠아펠리스호텔 실습 수료증 및 인턴 확인서, KIST 분자인식연구센터 인턴 확인서, 동양대 보조연구원 연구 활동 확인서 7대 스펙 모두가 위조됐거나 허위로 쓰인 내용이라고 판결했다.

언론 보도에 따르면, 1심 재판부는 조국 가족의 입시 비리가 죄질이 매우 좋지 않다며, 우리 사회가 입시 시스템에 대해 갖고 있던 믿음과 기대를 저버리게 하는 부정적 결과를 초래했다고 질타했다. 조국 사태의 방아쇠로 꼽히는 고교생 딸의 의학 논문 제1저자 문제는 검찰 기소 내용에 포함되지도 않았는데 말이다.

당시 한영외고 유학반에 재학 중이던 조국 전 장관의 딸은 천안 단국대 의과학연구소에서 2주 정도 인턴을 하면서 연구소의 실험에 참여했다. 이후 단국대 의대 A 교수를 책임 저자로 하여 2008년 대한병리학회에 제출된 논문에 제1저자로 이름을 올렸고, 이 논문은 이듬해 3월 정식으로 국내 학회지에 등재되었다. 그런데 검찰은 고교생 논문 제1저자 문제는 제외하고 단국대 의과학연구소 인턴 및 체험 활동 확인서 위조만 기소했었다.

가장 뜨거운 쟁점이 되었던 동양대 표창장과 관련해서도 1심 재판부는 정 교수가 컴퓨터를 다룰 줄 몰라서 위조가 불가능하다는 주장을 받아들이지 않고, 법정에서 표창장 출력 시연까지 진행하면서 정 교수가 직접 위조했다고 판단했다. 그리고 1심 재판부는 검찰이 해당 PC의 전자파일을 입수한 경위도 위법이 아니라고 보았다. 설사 변호인의 위법 수집 증거 주장을 받아들인다 해도, 다른 증거로 정경심 교수의 동양대 표창장 위조가 입증된다고 덧붙였다. 그리고 최성해 전 총장을 비롯해 동양대

직원과 조교들의 진술, 정 교수가 제출한 동양대 표창장 양식이 총장 직인이 찍힌 다른 표창장 등과 다르다는 점 등을 근거로 제시했다. 결국 대법원도 1·2심과 마찬가지로 검찰이 동양대 조교에게서 임의 제출받은 강사 휴게실 PC의 증거 능력이 인정된다고 최종 판단했다.

이후 서울고등법원은 2021년 8월 11일 2심 재판에서 정경심 교수에게 유죄 판결을 내리고 징역 4년, 벌금 5천만 원을 선고했다. 언론 보도에 따르면, 2심 재판부는 조 장관의 딸이 2009년 서울대 공익인권법센터 주최 세미나를 위해 고등학생 인턴으로 활동한 사실을 당시 공익인권법센터장이 확인했다는 점이 허위라고 판시했다. 그리고 조 장관이 확인서를 작성하는 데 정 교수도 가담했다고 지적했다. 세미나 영상 속 여학생에 대해서는 이미 확인서가 위조인 이상 별도로 판단할 필요가 없다고 설명했다.

부산 아쿠아펠리스호텔 실습 및 인턴 증빙서류 위조에 대해서도 2심 재판부는 실습 수료증 및 인턴십 확인서에 기재된 활동 경력은 모두 허위이고, 조 전 장관이 위 서류들을 작성하는 데 정 교수도 가담했다고 유죄 판단을 내렸다. 그리고 정 교수가 딸의 서울대 의전원에 지원하는 데 허위 스펙을 제출해 입학 사정 업무를 방해한 혐의에 대해서도 유죄 판결을 내렸다.

언론 보도에 따르면, 2심 재판부는 조국 가족의 '7대 스펙' 허위 조작으로 인해 입시 업무의 공정성에 대한 우리 사회의 믿음이 심각하게 훼손되었다고 강하게 질타했다. 정 교수가 단순히 인맥을 이용해 딸이 인턴을 할 기회를 얻은 것이 아니라, 확인서 작성자에게 사실과 다른 내용을 기재할 것을 요구하거나, 조 장관과 함께 딸이 하지도 않은 활동을 넣어 위조했다는 것이다.

2심 재판부는 이로 인해 교육기관 전반에 대한 불신이 초래되었음에도 불구하고 피고인이 재판 내내 입시 제도 자체가 문제라며 범행의 본질을 흐리게 하였다고 나무랐다. 그리고 확인서와 표창장이 진실하다고 믿었을 입학 사정 담당자들에게 책임을 전가했기 때문에 입시 제도의 근본 원칙이자 일반적 행동 규범을 무너뜨린 피고인에게 비난 가능성이 크다고도 적시했다. 결국 대법원은 징역 4년의 실형을 확정했다.

「대입제도 공정성 강화 방안」의 탄생

2018년 숙명여고 시험지 유출 사건과 이를 모티브로 해서 방송된 드라마 〈SKY 캐슬〉 그리고 2019년 '조국 가족 입시 부정 사건'이 연이어 터지면서 수시 학종은 국민들 사이에서 불공정한 입시의 상징으로 각인되고 말았다. 결국 문재인 정부는 2019년 11월 28일에 진보 교육계의 반대에도 불구하고 수시 학종에서 비교과 영역을 대폭 축소하고, 입시 경쟁이 치열한 서울 16개 대학의 정시 수능 비중을 40%로 확대하는 「대입제도 공정성 강화 방안」을 발표하였다.

당시 교육부는 추진 배경으로 대입 전형 간 불균형 심화와 학생·학부모의 지속적인 불신을 제시했다. 학생과 학부모들 사이에서 수시 학종이 학생 본인의 역량이나 노력보다는 출신 고교 유형, 부모 능력 등 외부 환경의 영향력이 크다는 인식이 확산되고 있고, 평가 결과에 대한 불신이 발생하는 등 학종을 불공정한 전형으로 인식하고 있다고 진단한 것이다.

교육부는 실태 조사에서 학종의 불공정 요소를 확인했다고도 밝혔다. 학종 운영 과정에서 고교 프로파일 등을 통해 출신 고교의 영향력이 발생할 수 있고, 입학 사정에서 전형 자료가 10분 내외로 평가되는 등 부실하게 운영된 정황을 확인했으며, 평가 요소 배점 기준 등 평가 정보가 투명하게 공개되지 않고, 입학사정관의 전문성 확보가 미흡한 점 등을 확인했다는 것이다.

이와 함께 교육부는 과학고 〉 외고 · 국제고 〉 자사고 〉 일반고 순으로 서열화된 고교 체제가 학종으로 선발한 결과에 그대로 나타났으며, 소득 지역별 격차도 확인했다고 밝혔다. 수시 학종이 고교 서열화나 소득 격차의 영향을 완화하기는커녕 오히려 심화시키고 있다는 것이다.

교육부는 고교 차원에서 대입 전형 자료의 공정성을 강화하기 위해 수시 학종에서 교사추천서를 2022학년도부터 폐지하고, 자기소개서도 2022~2023학년도에는 4개 문항 5,000자에서 3개 문항 3,100자로 축소했다가 2024학년도부터는 아예 폐지하는 처방을 내렸다.

학교생활기록부는 비교과 활동 반영이 대폭 축소되는 대신에 교과 영역이 확대되었다. 비교과 활동 가운데 자율활동과 담임교사가 작성하는 행동 특성 및 종합 의견은 현행 그대로 유지했지만, 다른 활동들은 대폭 축소되었다. 2024학년도부터 자율 동아리활동은 대입에 반영되지 않는다. 사교육 등으로 비난 여론이 높았던 소논문은 이미 2022학년도 입시

부터 학교생활기록부 기재가 금지되었다.

봉사활동의 경우 특기 사항은 2023년도부터 기재되지 않는다. 개인 봉사활동 실적은 학생부에 기재는 되지만, 2024학년도부터 대입 자료로 대학에 전송되지 않으므로 대입에 반영되지 않는다. 단, 학교 교육 계획에 따라 교사가 지도한 개인 봉사활동 실적은 대입에 반영된다.

수상 경력은 2022~2023학년도에는 교내 수상의 경우 학기당 1건, 3년간 6건만 대입에 반영되지만, 2024학년도부터는 모두 반영되지 않는다. 그리고 독서활동은 현행대로 도서명과 저자만 학생부에 기재되고, 2024학년도부터 대입에 반영되지 않는다. 진로활동은 현행대로 유지되지만, 진로 희망 분야가 2023학년도부터 대입에 반영되지 않는다.

한편, 교과 활동 가운데 방과 후 학교 활동 내용은 2023학년도부터 학생부에 기재되지 않고, 영재 · 발명 교육 실적은 2024학년도부터 학생부에 기재 되지만 대입에 반영되지 않는다. 대신에 2024학년도부터는 교과 '세부 능력 및 특기 사항(세특)' 기재가 모든 학생에게 필수화된다. 따라서 앞으로 수시 학종은 비교과 활동 중심에서 교과 세특 중심으로 개편된다고 볼 수 있다.

구분		現 고2~고3 (20~21학년도 대입)	現 중3~고1 (22~23학년도 대입)	現 중2 (24학년도 대입)
① 교과활동		• 과목당 500자	• 과목당 500자 • 방과후학교 활동(수강) 내용 미기재	• 과목당 500자 • 방과후학교 활동(수강) 내용 미기재 • 영재·발명교육 실적 대입 미반영
② 종합의견		• 연간 500자	• 연간 500자	• 연간 500자
③ 비교과 영역	자율활동	• 연간 500자	• 연간 500자	• 연간 500자
	동아리 활동	• 연간 500자 • 정규·자율동아리, 청소년 단체 활동, 스포츠클럽활동 기재 • 소논문 기재 가능	• 연간 500자 • 자율동아리는 연간 1개 (30자)만 기재 • 청소년단체활동은 단체명만 기재 • 소논문 기재 금지	• 연간 500자 • 자율동아리 대입 미반영 • 청소년단체활동 미기재 • 소논문 기재 금지
	봉사활동	• 연간 500자 • 실적 및 특기사항	• 특기사항 미기재 • 교내·외 봉사활동실적 기재	• 특기사항 미기재 • 개인봉사활동 실적 대입 미반영 단, **학교교육계획에 따라 교사가 지도한 실적은 대입 반영**
	진로활동	• 연간 700자	• 연간 700자 • 진로희망분야 대입 미반영	• 연간 700자 • 진로희망분야 대입 미반영
	수상경력	• 모든 교내수상	• 교내수상 학기당 1건만 (3년간 6건) 대입 반영	• 대입 미반영
	독서활동	• 도서명과 저자	• 도서명과 저자	• 대입 미반영

※ (미기재) 학생부에서 삭제, (미반영) 학생부에는 기재하되, 대입자료로 미전송

출처 : 교육부, 「대입제도 공정성 강화 방안」, 2019.

이와 함께 교육부는 대학의 입학사정관 전형 운영의 투명성을 강화하기 위해 대학에 전송하는 자료에서 출신 고교 정보를 제외하는 블라인드 평가를 대입 전형 전 과정으로 확대하겠다고 발표했다. 그리고 고교 프로파일 전면 폐지를 통해 고교 정보의 평가 반영을 차단하겠다고 밝혔다. 학종이 특목고, 자사고, 일반고 간의 학력 차이와 서울과 지방 일반고 간의 차이를 반영하는 고교등급제로 활용되지 못하도록 예방하겠다는 것이다.

무엇보다 중요한 것은 서울 소재 대학을 중심으로 정시 수능을 2023학년도까지 40% 이상 확대한 것이다. 교육부는 수시 학종과 논술전형으로

쏠림이 있는 서울 소재 16개 대학(건국대, 경희대, 고려대, 광운대, 동국대, 서강대, 서울시립대, 서울대, 서울여대, 성균관대, 숙명여대, 숭실대, 연세대, 중앙대, 한국외대, 한양대)은 2023학년도까지 수능전형을 40% 이상으로 확대하도록 권고했다.

교육부는 대입 전형을 학생부전형과 수능전형으로 단순화하는 방안도 발표했다. 고교에서 준비하기 어려운 문제 풀이식 대학별 논술고사에 기반을 둔 전형의 폐지를 유도하고, 일부 특목고에 유리하고 사교육을 유발한다고 비판받는 어학·글로벌 등 특기자 전형도 폐지를 유도하겠다는 것이다.

이와 함께 '사회통합전형(가칭)'을 법제화하여 사회적 배려 대상자의 고등교육 기회를 확대하고 지역 균형 발전을 도모하겠다고 밝혔다. 사회적 배려 대상자 선발을 10% 이상 의무화하고, 수도권 대학을 대상으로 지역 균형(학교장 추천) 선발도 10% 이상 학생부교과 방식으로 선발할 것을 권고했다. 이로 인해 학종만 있었던 수도권 주요 대학에서도 학생부교과가 실시되기 시작했다. 지금은 일반고 학생들이 수도권 주요 대학에 입학할 수 있는 거의 유일한 통로가 되었다.

지난 이명박 정부에서 초석이 놓이고, 박근혜 정부에서 기본 틀이 마련되었던 다원적인 K-대학 입시가 수시와 정시의 균형을 통해 문재인 정부에서 거의 완성되었다고 할 수 있다.

K-대학 입시는 크게 일반전형과 특별전형으로 구분된다. 일반전형은 일반적인 학생을 대상으로 보편적인 기준에 따라 학생을 선발하는 전형으로서 대학의 교육 목적에 적합한 입학 전형의 기준 및 방법에 따라 공정한 경쟁에 의해서 공개적으로 시행된다.

2025학년도 일반전형은 모집 시기에 따라 수시모집과 정시모집, 추가모집으로 크게 구분된다. 대학에 입학하고자 하는 수험생은 수시모집, 정시모집, 추가모집에 지원할 수 있다. 단, 수시모집 합격자는 등록 여부에 관계없이 합격했다는 사실만으로 정시 및 추가모집에 지원할 수 없다. 정시모집 4년제 일반대학에 등록한 자도 추가모집에 지원할 수 없다.

K-대학 입시에서 수시모집은 일반적으로 9월 중순부터 원서 접수가 시작된다. 대교협의 「2025학년도 대입정보 119」(2023)에 의하면, 2025 수시모집은 2024년 9월 9일부터 9월 13일 가운데 대학별로 3일 이상 실시된다.

정시모집은 대학수학능력시험 이후에 원서 접수가 시작된다. 2025 정시모집은 2024년 12월 31일부터 2025년 1월 3일 가운데 대학별로 3일 이상 실시된다. 2024 대입과 비교하면 전형기간, 등록기간, 미등록 충원 합격통보 마감 등은 별 차이가 없다. 다만, 미등록 충원 등록 마감 일시 가 22시까지로 변경되었다는 점을 유의해야 한다.

구분		2025학년도	2024학년도
수시 모집	원서접수	2024. 9. 9.(월) ~ 13.(금) 중 3일 이상	2023. 9. 11.(월) ~ 15.(금) 중 3일 이상
	전형기간	2024. 9. 14.(토) ~ 12. 12.(목)(90일)	2023. 9. 16.(토) ~ 12. 14.(목)(90일)
	합격자 발표	2024. 12. 13.(금)까지	2023. 12. 15.(금)까지
	합격자 등록	2024. 12. 16.(월) ~ 18.(수)(3일)	2023. 12. 18.(월) ~ 21.(목)(4일)
	수시 미등록 충원 합격 통보 마감	2024. 12. 26.(목) (합격자 발표 18시까지) ※ 홈페이지 발표는 14시까지, 14 ~ 18시까지는 개별 통보만 가능함	2023. 12. 28.(목) (합격자 발표 18시까지) ※ 홈페이지 발표는 14시까지, 14 ~ 18시까지는 개별 통보만 가능함
	수시 미등록 충원 등록 마감	2024. 12. 27.(금) 22시까지	2023. 12. 29.(금)
정시 모집	원서접수	2024. 12. 31.(화) ~ 2025. 1. 3.(금) 중 3일 이상	2024. 1. 3.(수) ~ 6.(토) 중 3일 이상
	전형 기간 가군	2025. 1. 7.(화) ~ 14.(화)(8일)	2024. 1. 9.(화) ~ 16.(화)(8일)
	전형 기간 나군	2025. 1. 15.(수) ~ 22.(수)(8일)	2024. 1. 17.(수) ~ 24.(수)(8일)
	전형 기간 다군	2025. 1. 23.(목) ~ 2. 4.(화)(13일)	2024. 1. 25.(목) ~ 2. 1.(목)(8일)
	합격자 발표	2025. 2. 7.(금)까지	2024. 2. 6.(화)까지
	합격자 등록	2025. 2. 10.(월) ~ 12.(수)(3일)	2024. 2. 7.(수) ~ 13.(화)(7일)
	정시 미등록 충원 합격 통보 마감	2025. 2. 19.(수) (합격자 발표 18시까지) ※ 홈페이지 발표는 14시까지, 14 ~ 18시까지는 개별 통보만 가능함	2024. 2. 20.(화) (합격자 발표 18시까지) ※ 홈페이지 발표는 14시까지, 14 ~ 18시까지는 개별 통보만 가능함
	정시 미등록 충원 등록 마감	2025. 2. 20.(목) 22시까지	2024. 2. 21.(수)
추가 모집	원서접수, 전형일, 합격자 발표, 등록	2025. 2. 21.(금) ~ 28.(금) ※ 합격통보마감: 2025. 2. 28.(금) 18:00까지 ※ 홈페이지 발표는 14시까지, 14 ~ 18시까지 는 개별 통보만 가능함	2024. 2. 22.(목) ~ 29.(목) ※ 합격통보마감: 2024. 2. 29.(목) 18:00까지 ※ 홈페이지 발표는 14시까지, 14 ~ 18시까지는 개별 통보만 가능함
	등록 기간	2025. 2. 28.(금) 22시까지	2024. 2. 29.(목)

출처 : 한국대학교육협의회, 「2025학년도 대입정보 119」, 2023.

대교협의 「2025학년도 대입정보 119」(2023)에 의하면, 2025 전체 모집 인원은 340,934명이다. 학령 인구 감소에 따른 대학 자체 구조조정 등의 영향으로 전년보다 3,362명 감소하였다. 전국적으로 수시가 79.6%인데

반해 정시는 20.4%에 불과하다. 따라서 K-대학 입시에서는 수시가 핵심이라고 할 수 있다. 특히 비수도권에서는 수시 88.9%, 정시 11.1%로 수시 모집인원이 압도적으로 많다.

(단위: 명)

권역	수시모집			정시모집			합계
	정원내	정원외	합계	정원내	정원외	합계	
수도권	75,121	10,725	85,846 (65.0%)	42,701	3,579	46,280 (35.0%)	132,126
비수도권	167,763	17,872	185,635 (88.9%)	22,934	239	23,173 (11.1%)	208,808
합계	242,884	28,597	271,481 (79.6%)	65,635	3,818	69,453 (20.4%)	340,934

출처 : 한국대학교육협의회, 「2025학년도 대입정보 119」, 2023

2025 모집인원을 세부 전형별로 보면, 전국적으로 수시 학생부교과가 45.3%로 가장 많다. 수시 학생부종합은 23.1%이고, 정시 수능은 18.7%이다. 가장 적은 수시 논술은 3.3%에 불과하다. 따라서 K-대학 입시에서는 수시 학생부교과가 핵심이라고 할 수 있다. 학생부교과는 전년 대비 354명 증가하였고, 학생부종합은 434명 감소하였다. 논술은 52명 증가하였고 정시 수능은 2,473명 감소하였다.

구분	전형유형	2025학년도		2024학년도		전년 대비 증감
		모집인원	비율	모집인원	비율	
수시	학생부교과	154,475	45.3	154,121	44.8	354
	학생부종합	78,924	23.1	79,358	23.0	-434
	논술위주	11,266	3.3	11,214	3.3	52
	실기/실적위주	22,531	6.6	22,539	6.5	-8
	기타	4,285	1.3	4,800	1.4	-515
정시	수능위주	63,827	18.7	66,300	19.3	-2,473
	실기/실적위주	5,224	1.5	5,515	1.6	-291
	학생부교과	174	0.1	228	0.1	-54
	학생부종합	183	0.1	162	0.0	21
	기타	45	0.0	59	0.0	-14

※ 전형유형별 선발비율은 모집시기별 인원 대비 전형유형별 선발비율로 소수점 둘째자리에서 반올림

출처 : 한국대학교육협의회, 「2025학년도 대입정보 119」, 2023.

하지만 입시경쟁이 가장 치열한 서울 주요 15개 대학만 정리해 보면, 2025 수시모집 가운데 학생부교과는 11%인 5,548명인데 비해 학생부종합은 33.8%인 17,107명으로 3배 이상 많다. 그리고 가장 적은 논술 전형도 8.7%인 4,375명으로 학생부교과와 비슷한 수준이다. 반면에 정시 수능은 39.9%인 20,152명으로 가장 많다. 서울 주요 15개 대학 입시에서는 수시 학종과 정시 수능이 핵심인 것이다.

대학	수시모집					정시모집				합계
	교과	종합	논술	실기	기타	수능	실기	교과	종합	
건국대	441	1,079	314	28	60	1,453	−	−	6	3,399
경희대	577	1,599	479	319	93	2,180	225	−	−	5,432
고려대	615	1,495	344	65	75	1,765	−	−	−	4,359
동국대	543	817	296	169	54	1,256	−	3	−	3,138
서강대	178	679	173	−	31	717	−	−	−	1,778
서울대	−	1,962	−	70	−	1,421	−	−	20	3,473
서울시립대	194	728	74	8	−	739	86	−	−	1,829
성균관대	391	1,395	381	106	66	1,562	−	−	−	3,901
숙명여대	251	732	217	125	46	987	99	−	−	2,457
연세대	500	1,126	351	158	68	1,560	122	−	−	3,885
이화여대	400	1,167	290	212	61	1,167	126	−	−	3,423
중앙대	411	1,215	430	49	87	1,578	−	−	−	3,780
한국외대	369	1,190	468	−	67	1,537	−	−	−	3,631
한양대	333	1,217	174	117	56	1,330	97	−	−	3,324
홍익대	345	706	384	348	48	900	2	−	20	2,753
합계	5,548	17,107	4,375	1,774	812	20,152	757	3	46	50,562

교육부는 2025학년도부터 학생들의 전공 선택권을 폭넓게 보장하고, 미래 사회에 필요한 융합형 인재를 키우기 위해 무전공 선발 확대를 추진하고 있다. 재정지원 연계를 통해서 수도권 대학은 모집 정원의 20%, 국립대는 25%를 무전공으로 선발하도록 권장하고 있는 것이다. 이에 따

라 서울 주요 대학들이 '무전공' 또는 '자유전공' 입학생 선발을 확대한다면, 2025 대입에서 큰 변수가 될 것으로 보인다.

이와 함께 최근 보건복지부가 「의과대학 입학정원 확대 방안」(2024)에서 2025학년도부터 의과대학 정원을 2,000명 증원해서 현재 3,058명을 5,058명으로 확대하겠다고 발표했다. 보건복지부는 급속한 고령화 등으로 늘어나는 의료 수요를 감안할 경우 2035년에 10,000명 수준의 의사가 부족할 것에 대비해서 정원을 2,000명 늘린 것이라고 설명했다. 이로 인해 의대 쏠림 현상이 심화되어 자연계 최상위권 합격선이 내려가는 등 큰 변화가 나타날 것으로 보인다.

2025 대입 전형 방식은 전년도와 별 차이가 없다. 수시모집은 학생부(교과/종합), 논술, 실기/실적 전형이, 정시모집은 수능, 실기/실적 전형이 운영된다. 수시에서 학생부 전형은 교과 성적을 중심으로 선발하는 학생부교과와 입학사정관 등이 참여하여 비교과를 포함한 학생부 전체 내용을 종합 평가해서 선발하는 학생부종합으로 구분된다.

수시 학생부교과에서는 서류나 면접 등 정성평가 시행 대학이 증가하는 추세이다. 2025학년도에 서류를 평가하는 대학은 건국대, 경희대, 고려대, 동국대, 성균관대, 한양대 등이다. 그리고 면접을 실시하는 대학은 가천대(지역균형), 경인교대, 명지대(교과면접), 삼육대(약학), 서울교대, 수원대, 이화여대 등이다. 단, 연세대는 면접을 폐지하고 교과 100으로 선발하는 대신 수능 최저를 적용하는 것으로 변경하였다.

2025 학생부종합에서 고려대(학업우수)는 면접을 폐지하고 서류100 전형으로 변경하면서, 수능 최저 국,수,영,탐(1) 중 4개 합 8등급을 적용하였다. 한양대는 학생부종합전형(일반)을 폐지하고 학생부종합전형(면접형, 추천형, 서류형)을 신설하였다.

수시 논술전형은 지난 「대입제도 공정성 강화 방안」에서 고교에서 준비하기 어려운 문제 풀이식 논술고사 폐지를 유도하겠다고 발표했지만, 여전히 서울 주요 대학들이 대부분 실시하고 있기 때문에 무시할 수 없는 전형이다. 2025 대입에서는 고려대, 상명대, 신한대, 을지대가 논술을 신설한 반면에 서경대는 폐지하였다.

수시모집에서 수능 최저는 대입 반영 항목 축소로 학생부의 변별력이 하락함에 따라 강화되고 있는 추세이다. 2025 수시 학생부교과에서는 연세대(추천형) 국,수,영,탐(2) 중 2개 합 4/5등급, 한양대(추천형) 국,수,영,탐(1) 중 3개 합 7등급이 신설되었다. 그리고 학생부종합에서는 서울시립대(학생부종합Ⅱ) 국,수,영,탐(1) 중 2개 합 5등급, 한양대(추천형) 국,수,영,탐(1) 중 3개 합 7등급이 신설되었다. 그리고 경희대는 지역균형과 논술 전형에서 탐구 영역 반영 개수를 1개에서 2개로 늘려서 국,수,영,탐(2) 중 2개 합 5등급으로 강화되었다. 특히 고려대는 논술 전형을 신설하면서 4개 합 8등급(경영대는 4개 합 5등급)이라는 매우 높은 수능 최저를 적용한다.

한편, 2025 정시모집은 지난 「대입제도 공정성 강화 방안」에 따라 서울 소재 16개 대학 모집인원이 40% 이상으로 확대되었다. 그래서 지금까지는 고등학교 재학생들이 대부분 수시 학생부전형을 중심으로 지원해 왔는데, 학생들이 선호하는 서울 주요 대학의 수능전형이 확대되면서 정시 지원자들이 늘어나고 있는 추세이다.

2025 정시에서는 미적분/기하 그리고 과탐을 지정한 대학이 전년도 52개에서 33개 대학으로 대폭 줄어들었다. 수학과 탐구 영역에서 선택 제한을 완화하여 선택과목과 관계없이 지원이 가능하도록 한 대학이 증가한 것이다. 다만, 선택과목 필수 반영을 폐지한 대학들은 대체로 자연계 모집 단위에서 미적분/기하, 과탐을 선택한 경우에 가산점을 부여한다는 점에 유의해야 한다.

K-대학 입시는 학생부, 수능, 논술면접 등이 다양하게 실시되는 그야말로 다원적인 선발 시스템이라고 할 수 있다. 2025 서울 주요 대학의 전형들을 세부적으로 정리해 보면, 수시 학생부교과는 교과 100, 교과+수능, 교과+서류, 교과+서류+수능, 교과+면접, 교과+면접+수능으로 다양하게 구분된다. 수시 학생부종합도 교과+서류, 교과+서류+면접, 교과+서류+면접+수능으로 나뉜다. 그리고 수시 논술은 논술 100, 논술+학생부, 논술+수능, 논술+학생부+수능으로, 정시 수능은 수능 100, 수능+학생부, 수능+면접으로 다양하게 실시된다. 여기에 수시와 정시 모두 실기전형을 별도로 운영하고 있다.

[2025 서울 주요 대학의 전형 방법]

시기	전형	방법	2025 실시 대학
수시	학생부교과	교과 100	경기대, 광운대, 덕성여대(교과추천), 명지대(학교장추천), 서경대(교과우수), 한성대
		교과+수능	가톨릭대(지역균형), 국민대, 덕성여대(학생부100), 동덕여대, 삼육대, 상명대, 서강대, 서경대(일반학생), 서울과기대, 서울시립대, 서울여대, 성신여대, 세종대, 숙명여대, 숭실대, 연세대, 중앙대, 한국외대, 한양대, 홍익대
		교과+서류	건국대, 동국대
		교과+서류+수능	경희대, 고려대, 성균관대
		교과+면접	명지대(교과면접), 이화여대
		교과+면접+수능	서울교대
	학생부종합	교과+서류	가톨릭대(잠재능력우수자), 광운대(서류형), 국민대(학교생활우수자), 덕성여대(인재 I), 명지대(서류), 상명대, 서강대, 서울여대(서류), 성균관대(융합형), 세종대(서류형), 중앙대(융합형), 한국외대(서류형), 한성대, 한양대(서류형)
수시	학생부종합	교과+서류+면접	가톨릭대(학교장추천), 건국대, 경기대, 경희대, 고려대(계열적합), 광운대(면접형), 국민대(프런티어), 덕성여대(인재II), 동국대, 동덕여대(창의리더),명지대(면접), 삼육대(세움인재), 서울과기대, 서울대(일반균형), 서울여대(면접), 성균관대(탐구형), 성신여대, 세종대(면접형), 숙명여대, 숭실대, 중앙대(탐구형), 한국외대(면접형), 한양대(면접형)
		교과+서류+수능	고려대(학업우수), 동덕여대(약대), 삼육대(약대), 서울시립대(종합II), 이화여대(미래인재), 한양대(추천형), 홍익대
		교과+서류+면접+수능	가톨릭대(의예), 서울교대, 서울대(지역균형), 연세대(활동우수형)
	논술	논술 100	연세대
		논술+학생부	경기대, 광운대, 단국대, 상명대, 서울과기대, 서울시립대, 한양대
		논술+수능	건국대, 경희대, 고려대, 덕성여대, 동덕여대, 성균관대, 이화여대, 한국외대
		논술+학생부+수능	동국대, 삼육대, 서강대, 서울여대, 성신여대, 세종대, 숙명여대, 숭실대, 중앙대, 홍익대
정시	수능	수능 100	건국대, 경희대, 광운대, 국민대, 동국대, 명지대, 상명대, 서강대, 서울과기대, 서울시립대, 성균관대, 세종대, 숭실대, 이화여대, 중앙대, 한국외대, 한양대, 홍익대
		수능+학생부	고려대, 서울대
		수능+면접	가톨릭대, 삼육대, 서울교대, 숙명여대, 연세대

2025학년도부터는 사회적 문제로 대두된 학교 폭력 조치 사항이 대입에 반영된다. 2025학년도에 자율적으로 반영하는 대학은 수시 학생부종합에서 112개교로 대부분인데, 학생부교과 27개 교, 수능 21개 교에서도 반영한다. 2026학년도부터는 모든 전형에서 학교 폭력 조치 사항을 필수적으로 반영해야 한다. 그리고 학교 운동부 폭력 근절 및 스포츠 인권 보호 체계 개선 방안에 따라 2025 대입 전형 시행 계획부터 체육특기자 전형에서 학교 폭력 조치 사항을 필수로 반영한다.

☞ 보다 정확하고 자세한 내용은
　　대학별 모집 요강과 [대입나침반] 네이버 카페의 <2025 대입자료실> 참고.

특별전형의 핵심 기회균형과 지역인재

K-대학 입시에서 특별전형은 특별한 경력이나 소질 등 대학이 제시하는 기준 또는 차등적인 교육적 보상 기준에 의한 전형이 필요한 학생을 대상으로 선발하는 전형이다.

먼저, 기회균형 특별전형에는 국가보훈대상자, 농어촌 · 도서벽지학생, 특성화고 등을 졸업한 재직자, 특성화고교졸업자, 기초생활수급자(차상위계층, 한부모가족 지원 대상자), 장애인 등 대상자, 만학도(성인학습자), 지역인재 전형 등이 있다.

대교협의 「2025학년도 대입정보 119」(2023)에 의하면, 2025학년도 기회균형 특별전형의 전체 모집인원은 전년 대비 990명이 증가한 37,424명이다. 정원 내에서 10,948명, 정원 외에서 26,476명을 모집한다.

기회균형 가운데 선발 인원이 가장 많은 기회균형선발대상자(통합) 전형은 기회균형 지원 자격 중 2개 이상의 지원 자격을 선정하여 학생들을 통합 선발한다. 이 전형의 자격 기준은 각 대학이 자율적으로 결정하지만, 대체로 국가보훈 대상자와 기초생활수급자 등을 우선적으로 포함하고 있다. 대학에 따라 기회균형, 고른 기회, 사회 통합, 사회 배려, 사회 다양성 등으로 다양하게 불린다.

한편, 지역인재 특별전형은 대학 간 수직적 서열 구조와 지역 간 불균형 문제로 인한 지역 대학 경쟁력의 상대적 약화, 지역 산업 침체 및 일자리 부족으로 인한 지역 인재 유출의 악순환 방지, 지역 인재가 해당 지역에 정주하면서 지역 발전에 공헌할 수 있는 필요성 증가 등을 이유로 도입되었다. 지역의 범위는 강원권, 충청권, 대구경북권, 부산울산경남권, 광주전남전북권, 제주권 모두 6개 권역으로 나뉜다.

지역인재에 지원하기 위한 재학 기준은 고교 입학 시부터 졸업 시까지이다. 2022학년도에 중학교에 입학하는 학생부터는 지방 소재 중학교에서 모든 과정(입학~졸업)을 이수하고, 해당 지방 대학이 소재한 지역의 고등학교에서 모든 과정(입학~졸업)을 이수해야 한다.

지방대육성법 시행령 개정으로 의예 · 치의예 · 한의예 · 약학 · 간호 계열 의무 선발 비율이 상승함에 따라 지역인재 모집인원이 증가하고 있다. 대교협의 「2025학년도 대입정보 119」(2023)에 의하면, 2025학년도에는 지방 의과, 한의과, 치과 및 약학 대학의 지역인재 최소 입학 비율이 40%(강원 · 제주 20%)이고, 간호대학은 30%(강원 · 제주 15%)이다. 모집인원은 수시 23,594명, 정시 437명 총 24,031명으로 지난해보다 215명이 증가하였다. 전형 유형별 인원을 보면 학생부교과는 일부 증가했고, 학생부종합은 감소했다. 논술전형은 인원의 변화가 없으며, 수능전형은 일부 인원이 감소했다.

최근 보건복지부가 「의과대학 입학 정원 확대 방안」(2024)에서 2025학년도부터 의과대학 정원을 2,000명 증원해서 현재 3,058명을 5,058명으로 확대하겠다고 발표했다. 그리고 대학별 배정은 비수도권 의과대학을 중심으로 집중 배정한다는 원칙을 제시하면서, 지역인재로 60% 이상이 증원되도록 추진할 계획이라고 밝혔다.

지역인재는 해당 지역 학생들만 지원할 수 있으므로 수도권을 포함한 모든 지역의 학생들이 지원할 수 있는 일반전형보다는 경쟁률이 낮은 경향이 있다. 그리고 수능 최저도 상대적으로 낮은 경우가 많아서 해당 지역 학생들에게는 유리하다. 2025학년도부터 지역인재로 의대 정원을 대폭 증원하기로 했으니 모처럼 지방 학생들에게 좋은 기회의 문이 열렸다고 할 수 있다.

보다 정확하고 자세한 내용은
대학별 모집 요강과 [대입나침반] 네이버 카페의 <2025 대입자료실> 참고.

재학생은 수시, 재수생은 정시 공식

2025학년도 대학 입시에 지원하기 위해서 학생들은 일차적으로 자신의 교과 성적과 수능 모의고사 성적을 비교해서 수시에 집중할 것인지 아니면 정시에 집중할 것인지를 결정해야 한다. 교과 성적이 수능 성적보다 우수하다면 수시모집에, 반대로 수능 성적이 교과 성적보다 높다면 정시모집에 지원하는 것이 당연하다. 그런데 수시에서 일반대든 전문대든 단 한 곳이라도 합격하면 소위 '수시 납치'를 당해서 정시에 지원할 수가 없으니 매우 신중하게 판단해야 한다.

문제는 학생들이 수능 성적이 확정되지 않은 상태에서 수시 지원 여부를 결정해야 한다는 것이다. 학생들은 자신의 수능 성적도 모르면서 추정치에 불과한 모의고사 성적을 바탕으로 수시인지 정시인지를 결정할 수밖에 없다. 9월 모의고사 이후에 수시 원서 접수가 시작되지만, 성적표가 수시 접수 이후에 발표되기 때문에 불확실한 가채점 성적을 근거로 수시와 정시 여부를 판단해야 한다.

사정이 이렇다 보니 실제 수능 성적이 모의고사 성적보다 훨씬 나을 것이라고 낙관적으로 기대하는 학생들이 대부분이다. 하지만 수능은 오랫동안 공부해 온 n수생들의 성적이 훨씬 우수하기 때문에 모의고사보다 성적이 더 잘 나오는 재학생들은 별로 없다. 실제 수능에서 학생들이 모의고사 성적을 유지하기만 해도 '수능 대박'이라고 불러야 한다. 따라서 학생들은 수능에서 기대되는 성적이 아니라, 9월 모의고사 성적을 자신의 최대치로 인정하고 냉철하게 입시 전략을 세울 필요가 있다.

지금 대학 입시에서 '재학생은 수시, 재수생은 정시'라는 공식이 작동하고 있다. 정시에서는 수능 성적이 우수한 N수생들이 증가하는 추세이므로 재학생의 합격률이 갈수록 낮아지고 있다. 더구나 2025학년도에는 의대 정원 확대 등의 영향으로 N수생 비율이 더욱 늘어날 가능성이 높다.

수능 시험에서 소위 '킬러 문항'이 배제되었다고 해서 난이도가 낮아진 것도 아니다. 오히려 2024 수능에서 표준점수 최고점이 국어 150점, 수학 148점으로 전년도보다 어렵게 출제되었다. 심지어 절대평가인 영어도 1등급 비율이 4.7%에 불과할 정도로 난이도가 높았다. 따라서 재학생들은 일단 수시에 집중하고 나서 최종적으로 정시를 선택하는 것이 바람직하다. 교과 성적이 부족하다고 해서 고등학교 1학년 때부터 성급하게 '정시 파이터'가 되면 수시와 정시를 모두 놓칠 가능성이 매우 높다.

2025 대입에서는 무전공 선발 확대와 의대 정원 확대가 중요한 변수

가 될 수밖에 없다. 먼저, 수도권 대학의 무전공 선발이 20%로 확대되면, 현행 자유전공학부처럼 통합형 수능에서 미적분을 주로 응시하는 자연계 수험생들에게 유리할 것으로 전망된다. 자유전공학부 합격선도 모집인원이 늘어나므로 현행보다는 다소 낮아질 가능성이 높다. 하지만 주로 인문 계열 선발 인원을 무전공 선발로 대체한다면, 상대적으로 낮은 점수로 진학할 수 있었던 인문 계열 학과들이 줄어드는 것이므로 대학의 평균 합격선이 상승할 수도 있다.

2025 의대 정원은 아직 확정된 것이 아니므로 5월에 발표하는 대학별 모집 요강을 반드시 확인해야 한다. 그런데 정부 발표대로 정원이 2,000명이나 확대된다면, 의대뿐만 아니라 의학 계열 합격선이 전체적으로 낮아질 것임은 쉽게 예측할 수 있다. 그리고 자연계 최상위권 수험생들이 의학 계열로 쏠림에 따라 그 외의 자연계 학과 합격선도 내려가는 등 합격선에 큰 변화가 나타날 것으로 전망된다. 따라서 2025 대학입시 지원 전략을 수립하기 위해서는 전년도 입시 결과를 참고하되, 변화된 상황에 대한 면밀한 검토가 필수적이다.

일반고는 교과, 특목자사고는 종합 공식

2025학년도 수시모집에서는 예년과 마찬가지로 학생들이 최대 6개 대학을 지원할 수 있다. 따라서 수시에서 교과 성적이 중심인 학생부교과에 지원할 것인지, 아니면 교과 성적만이 아니라 학생부 서류와 면접의 비중이 큰 학생부종합에 지원할 것인지를 우선적으로 결정해야 한다. 학생 스스로 자신의 학교생활기록부가 종합전형에 지원할 만큼 준비가 잘 되어 있는지, 면접에서 좋은 결과를 기대할 수 있는지를 면밀하게 검토해야 한다. 학생부교과의 경우 수능 최저를 요구하는 대학이 많기 때문에 수능 모의고사 성적을 기준으로 수시에서 요구하는 수능 최저를 맞출 수 있는지에 대한 판단도 매우 중요하다.

학종은 객관적인 교과 성적을 중심으로 선발하는 정량 평가인 교과와 달리 입학사정관에 의한 주관적 정성 평가이기 때문에 합격 예측이 사실상 불가능하다. 따라서 수시를 안정적으로 지원하고자 하는 학생들은 교과 4 + 종합 2의 비율이 적절하다. 물론 정시나 재수를 염두에 두고 있는 학생들은 상향으로 종합의 비중을 늘리면 될 것이다.

지금 수시 학생부전형에서 '일반고는 교과, 특목자사고는 종합'이라는 공식이 작동하고 있다. 해마다 종합의 합격선이 교과에 비해 현저히 낮은 이유도 교과 성적이 상대적으로 부족한 특목자사고 학생들이 주로 지원하고 합격하기 때문이다.

사실상 학종은 고등학교 입시로 선발된 특목자사고 학생들이 불리한 교과 성적으로 인해 대학 입시에서 불이익을 받지 않도록 설계된 전형이라고 할 수 있다. 출신 학교를 블라인드 처리한다고 해도 학생부를 보면 쉽게 판별할 수 있는 특목자사고보다는 일반고 학생들이 여전히 불리할 수밖에 없다. 그래서 일반고에서 '6학종은 재수'라는 말이 있는 것이다. 따라서 일반고 학생들은 학생부교과 중심으로 지원하되, 1~2개 정도만

약간 상향으로 학종에 지원하는 것이 바람직하다.

　2025 정시 수능에 집중하는 학생들도 교과 성적을 완전히 버리지 않는 것이 바람직하다. 서울대나 고려대 등 정시에서도 교과 성적을 반영하는 대학들이 있을 뿐만 아니라, 고등학교 시험도 대부분 수능 유형으로 출제되기 때문에 교과 성적이 수능 성적과 무관한 것도 아니다. 학교 시험을 충실하게 준비하는 것이 곧바로 수능 준비가 될 수 있다는 말이다. 더구나 학교의 교과 성적을 버리면 교실 수업 자체가 무의미해지므로 수업은 물론이고 학교생활이 전체적으로 힘들어질 수밖에 없다.

　정시에 지원한다고 해서 수시에 전혀 지원하지 않는 학생들이 있다. 하지만 N수생들이 막강한 정시에서 재학생들이 합격하는 경우가 매우 드물기 때문에 '수시 납치'를 당하지 않는 선에서 상향 지원하면서 6회나 되는 수시 기회를 적극적으로 살릴 필요가 있다. 어차피 수능에서 국어와 수학의 비중이 절대적이므로 수능 준비와 논술 준비가 크게 다르지 않다. 따라서 수능을 준비하면서 틈틈이 희망 대학의 논술 기출 문제를 풀어 보고 모의 논술에 응시하는 등 수능과 논술을 병행하는 것이 바람직하다. 이 책을 읽은 수험생들의 합격을 기원한다.

샌델의 유능력자 추첨제

미국의 마이클 샌델 교수는 『공정하다는 착각』(2020)에서 현재 미국의 능력주의 시스템은 '기회의 엔진'이 아니라, 상류층이 '최상층에서 올라타는 엘리베이터'와 같다고 비판했다. 미국은 능력주의 시스템의 한계로 인해 고등교육이 사회적 이동성을 보장하지 못하고, 오히려 기득권층 부모가 자녀에게 특권을 물려줄 좋은 기회만 제공하고 있다는 것이다.

그런데 샌델은 능력주의를 부정하는 것이 아니라, 그 한계를 보완하기 위해 공정한 능력주의 시스템을 제안한다고 볼 수 있다. 그는 동문 자녀 기여 입학, 기부금 입학, 체육 특기생 선발 등의 우대 정책으로 불공정하게 운영되는 능력주의 입시 시스템을 공정하게 만들 것을 먼저 제안했기 때문이다.

샌델의 눈으로 보면, 한국은 이미 모범적인 능력주의 시스템을 실시하고 있는 교육 선진국이라고 할 수 있다. 한국에서는 기여입학제가 3불정책의 하나로 오래전부터 금지되어 있고, 동문 자녀들에 대한 우대 제도는 실시된 적이 없으니 말이다.

그가 제시하는 '유능력자 추첨제'도 능력주의를 완전히 부정하는 것은 아니다. 지원자들 가운데 일정한 능력이 있는 사람들 가운데 추첨하는 것이므로 능력주의 시스템의 일종이라고 볼 수 있다.

샌델은 '유능력자 추첨제'를 이렇게 설명했다. 만약 지원자가 40,000명이라면 이 가운데 하버드나 스탠포드에 다니기 힘들어 보이거나, 동료 학생들과 잘 지내지 못할 것 같은 일부를 솎아 낸다. 그러면 20,000~30,000명의 지원자가 남는다. 이 단계에서 그들을 대상으로 어렵고 불확실한 선별 작업을 하지 않고 제비뽑기 식으로 최종 합격자를 뽑는다. 그의 말대로 '그들의 지원 서류를 집어던져 버리고 아무나 2,000명을 골라잡는' 것이다.

최근 홍콩과기대 김현철 교수도 어느 신문 인터뷰에서 유전과 양육 환경을 제외하고 순수한 능력과 노력은 제로에 가깝다며 능력주의 함정에서 벗어나야 한다고 말했다. 그리고 지원자 중 합격자 대비 3배수는 우열을 가리기 힘드니 그냥 제비뽑기로 결정하는 것이 건강한 해법이라고 주장했다.

"인생 8할이 운입니다. 몇억이 걸린 아파트도 '로또 청약'이라며 제비로

뽑지 않나요? 자연이 만든 제비뽑기는 놀랍지 않은데, 대학 입시라고 못할 게 있을까요? 어느 정도 잘하는 친구들 사이에서는 제비를 뽑는 게 더 건강한 해법일 수 있어요."

하지만 입시 경쟁이 세계에서 가장 치열한 한국에서 제비뽑기가 건강한 해법일지는 몰라도 공정한 해법이라고 보기는 어렵다. 점수가 낮은데 운 좋게 합격한 사람들은 환영하겠지만, 점수가 높은데 운이 나빠서 불합격한 사람들은 이를 용인할 리가 없기 때문이다.

미국 메이저리그에서 투수로서나 타자로서나 매우 탁월한 능력을 보이고 있는 야구 선수 오타니가 운이 좋을 뿐이지 자신의 능력과 노력은 제로에 가깝다고 말한다면 사실이라고 믿을 사람이 거의 없을 것이다. 더구나 현대 능력주의 시대에 운의 요소를 학생 선발 시스템에 도입하는 것은 불공정하다는 비판을 면하기 어렵다.

대학 입시 폐지와 추첨제

오래전부터 김누리 교수는 지난 100년 동안 우리 교육에 일관된 능력주의 교육을 존엄주의 교육으로 바꿔야 한다고 주장해 왔다. 그동안 능력주의 교육을 통해 사회적 불평등이 심화되고, 사회적 정의가 유린되었으며, 학벌 계급사회가 고착되어 아이들이 기형화되고, 우리의 삶이 황폐해졌기 때문에 새로운 100년의 교육은 수월성에서 존엄성으로 패러다

임이 전환되어야 한다는 것이다. 그리고 한겨레신문 칼럼 〈대한민국 새 100년, 새로운 교육으로〉(2020. 06. 07)에서 야만적인 경쟁 교육을 끝내기 위해 대학 입시, 대학 서열, 대학 등록금, 특권학교의 폐지를 제안했었다.

"이제 야만적인 경쟁 교육을 끝내야 한다. 아이들을 죽음으로, 가정을 사막으로, 사회를 정글로 몰아대선 안 된다. 우리도 행복할 권리가 있다."

살인적인 입시 경쟁에 시달리고 있는 우리 교육 시스템에서 김 교수의 존엄주의 교육에 공감하지 않는 사람은 거의 없을 것이다. 하지만 대학 입시를 폐지하고 추첨으로 선발하는 반능력주의 시스템이 과연 실현 가능하고 바람직한가 하는 의심을 품지 않는 사람도 거의 없을 것이다.

나는 대학 입시 폐지와 추첨제는 입시 지옥이라 할 지금의 한국 사회에서는 실현 가능성이 거의 없다고 본다. 이미 초등학교 시절에 대학과 직업으로 엄격하게 진로를 나누어 대학 진학자들에게만 제한된 독일의 대입제도를 재수 삼수를 해서라도 희망 대학에 진학하려고 애쓰는 한국의 입시에 도입하려는 것은 무리가 아닐 수 없다. 최성수 교수도 한겨레신문 칼럼 〈김누리 교수 칼럼에 부쳐: 독일 교육에 대한 오해〉(2020. 06. 22)에서 무경쟁 교육과 입시가 다수의 학생을 대학 입시에서 배제하면서 귀결되는 독일 시스템의 특징일 뿐이라고 비판했다.

최 교수는 독일에서 고등학교만 졸업하면 누구나 원하는 대학에 갈 수 있다는 것은 사실이 아니라고 말한다. 독일은 초등학교 고학년 시기에 학업 계열과 직업 계열로 나뉘는데, 이후 계열 변경은 어렵다고 한다. 직업 계열로 진학할 경우 사실상 전일제 학업은 중학교에서 끝난다. 이후에는 직장에서 실습 교육 중심으로 과정이 이뤄진다. 일반 대학교는 지원 자체가 제한되며, 전문·기술대학으로의 진학만 가능해진다. 즉 칼럼에 따르면, '고교 졸업만 하면 원하는 대학에 간다는 것은 초등학교 고학년 시기에 학업 계열로 진입한 3분의 1 정도의 소수에게만 해당'하는 사례에 불과하다.

김누리 교수가 제시하는 추첨제가 과연 대학 입시 제도보다 공정한 시스템인지도 분명하지 않다. 물론 고등학교 시험과 수능 시험에서 가정환경을 비롯한 다양한 계층적 요소가 영향을 미치기 때문에 입학시험 제도가 절대적으로 공정하다고 보기는 어렵다. 하지만 운수에 좌우되는 추첨 시스템은 사회 구성원들의 신뢰를 얻기가 어렵고, 정당한 노력의 대가를 기대하기도 어려우며, 추첨 과정에서 조작될 위험을 배제하기 어렵다는 점에서 입학시험보다도 더 불공정한 시스템이라고 볼 수 있다. 개인 간 능력의 차이를 전적으로 부정하면서 운수에 따라 추첨 선발하는 것이 개인의 능력에 따라 선발하는 시험보다 더 공정하다고 볼 수는 없다.

대학 입시 폐지와 추첨제는 국제적인 경쟁 체제에서 필수적인 수월성 교육은 물론이고 지식기반 사회에서 요청되고 있는 폭넓은 지식교육도 어렵게 만들기 때문에 바람직하지 않다. 최근 PISA 2022에서 전체 81개 참여국 가운데 수학, 읽기, 과학 모두 1위를 차지한 싱가포르는 상위권 학교에 진학하기 위한 입시 경쟁이 초등학교부터 매우 치열하다.

한국교육과정평가원의 「OECD 국제 학업 성취도 평가 연구: PISA 2018 상위국 성취 특성 및 교육 맥락 변인과의 관계 분석」(2020)에 따르면, 싱가포르에서 초등학교 졸업 시험(PSLE) 성적이 우수한 학생들은 중학교의 '속성(Express) 과정'에 배정되고, 그렇지 않은 학생들은 '보통 과정'에 배정되어 '보통인문(Normal Academic)' 또는 '보통기술(NormalTechnical)' 과정 가운데 선택하게 된다. 그래서 초등학교 때부터 중학교 입시 경쟁이 치열하다.

싱가포르는 속성 과정이나 보통인문 과정의 중학생 가운데 중등학교 졸업 시험 성적이 우수한 학생들은 예비대학(Junior College)에 진학하고, 그렇지 못한 학생들은 전문대학(Polytechnics)으로 진학한다. 대부분의 학생들이 한국의 일반계 고등학교와 유사한 예비대학에 입학하기를 원하기 때문에 고등학교 입시가 대학 입시보다 더 치열하다.

우리나라에서는 과도한 입시 경쟁을 완화하기 위해 이미 오래전에 소수 국제중학교를 제외하고는 중학교 입시를 폐지했다. 그리고 고등학교 입시도 일부 특목자사고만 제한적으로 실시하고 있다. 그런데 만약 대학 입시까지 폐지한다면 현재 세계 최고 수준의 교육력을 유지하기가 어려울 것이 분명하다.

물론 과도한 입시 경쟁이 학교의 교육 활동을 어렵게 만드는 것은 사실이다. 그렇다고 해서 모든 경쟁이 사라지면 교육 활동이 더욱 활발해질 것이라고 기대하는 것은 학교 현실을 모르는 몽상일 뿐이다. 대학 입시가 폐지되면 입시 부담만 사라지는 것이 아니라, 다양한 교육 활동은 물론이고 수업에 참여해야 하는 이유 자체도 함께 사라질 수밖에 없는 것이 현실이다. 쉽게 말해서 운에 따른 추첨으로 대학에 갈 수 있다면 누가 힘들게 이런저런 교육 활동에 참여하겠느냐는 말이다.

능력주의는 세습주의에 맞설 현실적 대안인 동시에 불평등을 초래하고 정당화한다는 빛과 그늘을 모두 가지고 있다. 근대 능력주의가 문제라고 해서 전근대적인 세습주의로 돌아갈 수는 없다. 능력주의와 반능력주의, 공정과 평등은 히말라야에 살았다는 머리가 둘 달린 전설의 새처럼 어느 하나를 자르면 죽을 수밖에 없는 한 몸이다. 우리는 능력주의와 평등주의 양극단 사이에서 길을 찾아야 한다.

2장

K-학생부교과의
모든 것을 파헤친다

K-학생부교과 2025 나침반	073
지역균형과 지역인재는 아주 달라요.	079
K-교과 성적 2025의 모든 것	086
교과 성적 올리기 비법은 엉덩이	096
2025 학생부교과 지원 전략	099
2028 교과 성적은 상대평가 5등급제	104
교과 성적 절대평가가 지속 가능하지 않은 이유	108
K-학생부교과의 빛과 그림자	119

K-학생부교과 2025 나침반

K-대학 입시에서 수시 전형의 하나인 학생부교과는 고등학교 학교생활기록부 중에서 교과 성적을 50% 이상 정량적으로 반영하는 전형을 의미한다. 대교협의 「2025학년도 대입정보 119」(2023)에 의하면, 2025학년도 학생부교과 모집인원은 전국적으로 45.3%로서 학생부종합 23.1%, 논술 3.3%, 수능 18.7%보다 훨씬 많다. 따라서 K-수시에서는 학생부교과가 핵심이라고 할 수 있다. 하지만 서울 주요 15개 대학에서는 학생부교과가 11%로 논술 8.7%와 비슷한 수준에 불과하므로 경쟁이 매우 치열하다.

교과 성적 반영 방법

K-학생부교과에서 핵심인 교과 성적은 상대평가인 공통과목, 일반선택과목과 절대평가인 진로선택과목으로 구성되어 있다. 학생부교과에서 공통과목이나 일반선택과목은 대부분 이수 단위를 적용한 석차등급을 등급별 반영 점수로 환산한 점수를 활용한다. 그리고 진로선택과목은

2장 K-학생부교과의 모든 것을 파헤친다　73

성취도를 대학 자체 기준에 따라 환산 등급, 환산 점수, 가산점으로 반영하거나 정성 평가를 하기도 한다. 그리고 일부 대학의 경우 비교과(출결 등) 영역을 반영하는 경우도 있다.

대학에서는 3학년 1학기까지 학생이 수강한 과목들의 등급을 합쳐 평균을 낸 평균 석차등급을 활용한다. 우리나라의 모든 고등학교 3학년 학생들은 1학기가 끝나면, 1학년 1학기부터 3학년 1학기까지 5학기 전체의 교과 성적인 평균 석차등급 점수를 가지게 된다. 단순하게 말해서, 5학기 동안 모든 과목이 1등급인 학생은 평균 등급이 1.00이 되고, 모두 9등급인 학생은 9.00이 된다. 고3 학생들은 저마다 1.00부터 9.00 사이의 평균 등급 점수를 가지고 수시모집에 지원하게 되는 것이다.

다음으로 절대평가인 진로선택과목의 성적은 A~C 3단계로 산출된다. 전체적인 교과 성적에서 진로선택이 반영되는 비율은 그리 높지 않은데, 대체로 3과목 이하를 반영하는 대학이 많다. 상위권 대학에서는 진로선택을 등급 환산점이나 가산점으로 활용하는 경우도 있다. 등급 환산점을 부여하거나 등급으로 변환할 경우 성취도 A(20% 이내)는 1등급으로 변환해서 계산하므로 이들 대학에 지원할 경우 이수한 과목의 성취도가 A가 아니라면 매우 불리할 수 있다. 일부 대학에서는 진로선택만을 따로 분리하여 정성 평가 방식으로 반영하기도 한다.

2025학년도의 경우 학생부교과를 시행하는 수도권 소재 73개 대학 가운데 진로선택을 반영하는 대학은 51개 대학(69.9%)이고, 반영하지 않는 대학은 22개 대학(30.1%)이다. 진로선택을 반영하는 대학들은 대체로 성취도에 따른 단순 환산 점수를 부여한다. 고려대는 성취도 A를 1등급으로 분류하고 성취도 B, C는 성취도별 비율을 적용한다. 이와 달리 건국대, 동국대, 성균관대, 한양대는 정성 평가 방식으로 평가에 반영한다.

학생부교과에서는 성적을 반영하는 교과가 대학마다 다양하다. 전 교과를 반영하는 대학도 있지만, 국어, 수학, 영어를 공통으로 하고, 계열에 따라 사회와 과학을 선택적으로 반영하는 대학이 대부분이다. 일부 대학은 성적이 좋은 과목들만 반영하기도 한다. 가령 동국대는 반영 교과(인문: 국수영사한, 자연: 국수영과한) 가운데 상위 10과목만 반영한다.

반영 교과별 비율이 적용되는 대학도 있다. 가령 숭실대는 인문계열 국어(35%), 수학(15%), 영어(35%), 사회(15%)의 반영 비율이, 자연 계열은 국어(15%), 수학(35%), 영어(25%), 과학(25%) 반영 비율이 적용된다. 이렇게 대학마다 반영 교과와 반영 방식, 환산 방식이 다르므로 자신에게 유리한 대학에 지원하는 것이 중요하다.

서류, 면접, 수능 최저

K-학생부교과에는 교과 성적과 함께 서류, 면접, 수능 최저를 반영하는 대학들도 있다. 대학별로 교과 성적 100%뿐만 아니라, 학생부교과 + 수능 최저, 학생부교과 + 서류 평가, 학생부교과(1단계) + 면접(2단계) 전형 등 다양한 형태로 학생부교과를 운영하고 있다.

수시 학생부교과 가운데에는 서류를 추가해서 선발하는 전형이 늘어나고 있는 추세이다. 건국대, 경희대, 성균관대의 경우 교과로 분류되어 있지만 과목 선택을 비롯한 교과 학업역량에 대한 정성적인 평가가 일부 포함되어 있다. 성균관대의 경우 2024학년도까지는 교과 정성 평가를 진로 선택 및 전문 교과로 제한했던 것을 2025학년도부터는 전체 과목으로 확대했다.

더구나 고려대 학교장 추천은 교과 성적이 중심인 학생부교과로 선발하면서도 학생부 서류를 20% 반영한다. 특히 동국대 학교장 추천은 교과 학습 발달 상황, 교과 세특, 출결, 행동 특성 및 종합 의견 등의 서류 평가를 30% 반영한다. 학생부 전체를 평가 항목으로 했던 전년도에 비해 평가 항목이 축소되었지만, 교과 학습 발달 상황만 평가하는 다른 대학에 비해 서류 평가 항목이 많다. 더구나 동국대는 수능 최저도 없으므로 서류 평가의 비중이 매우 높다고 할 수 있다.

학생부교과에서 비교과는 대부분 출결이나 봉사활동을 반영한다. 출결은 미인정 결석 1~3일 이내, 봉사 시간은 20~40시간이면 만점을 주는 경우가 많아 실질적인 영향력은 거의 없다. 그리고 수시 학생부교과 가운데에는 면접을 추가해서 선발하는 전형도 있다. 가령 이화여대는 일괄로 선발하던 전형을 2025학년도부터 단계 전형으로 변경하면서 지원자 모두 면접을 치르던 것이 1단계에 합격해야 면접을 치를 수 있게 되었다.

학생부교과의 서류와 면접은 학생부종합과 달리 교과 학습 발달 사항의 세부 능력 및 특기 사항을 중심으로 정성적으로 평가하는 것이 일반적이다. 서류 평가와 면접이 추가된 전형은 일반적으로 '교과 성적 100%'로 선발하는 전형의 합격선보다 낮게 형성되는 경향이 있다. 따라서 교과 성적이 상대적으로 좋은 지방 일반고 학생들에게 유리했던 교과 전형이 점차 학생부 서류가 좋은 특목자사고 학생들에게 유리한 방향으로 바뀌고 있다고 볼 수 있다.

2025학년도 학생부교과에서는 학교 폭력과 관련한 조치 사항이 학생부에 기재되어 있는 경우 감점(가톨릭대, 건국대, 경북대, 부산대 등), 감점 또는 불합격 처리(한양대), 지원 불가(연세대), 추천 대상 제외(이화여대) 대학들이 있다는 점도 유의해야 한다.

한편, 전체 학생부교과 모집인원 126,102명 가운데 수능 최저를 적용하여 모집하는 인원은 37%인 46,628명인데, 적용하지 않고 모집하는 인원은 63%인 79,474명으로 훨씬 더 많다. 하지만 수도권 주요 대학들은 대부분 수능 최저를 적용하고 있다. 학생부교과에서 수능 최저는 같은 대학 내에서도 전형별, 계열별, 학과별로 다르게 적용되고 있으므로 주의해야 한다.

2025학년도 학생부교과에서 수능 최저는 전체적으로 강화되었지만 일부 완화한 대학들도 있다. 고려대 수능 최저는 인문과 자연 모두 국수영과(2) 3개 합 7등급이다. 수능에서 국어, 수학, 영어, 탐구(2과목 평균) 가운데 3개 영역의 합이 7등급 이내에 들어야 하는 것이다. 그리고 의예는 국수영과(2) 4개 합 5등급으로 매우 높다.

연세대는 수능 최저 없이 단계 전형으로 운영하던 추천형 전형을 2025

학년도부터 일괄 전형으로 변경하고 수능 최저를 계열별로 다르게 적용한다. 인문은 국수영탐 가운데 국어/수학 중 1개 포함 2개 합 4등급이고, 자연은 국어, 수학(미적/기하), 영어, 과탐 가운데 수학 포함 2개 합 5등급이다. 그리고 의치약은 국수(미기)영과 가운데 국어/수학 중 1개 포함 2개 1등급이다.

한양대(추천형)는 국,수,영,탐(1) 중 3개 합 7등급의 수능 최저를 신설하였다. 그리고 경희대(지역균형)는 탐구 영역 반영 개수를 1개에서 2개로 늘려서 국,수,영,탐(2) 중 2개 합 5등급으로 강화하였다.

☞ 보다 정확하고 자세한 내용은
대학별 모집 요강과 [대입나침반] 네이버 카페의 <2025 대입자료실> 참고.

지역균형과 지역인재는 아주 달라요

수시 학생부교과는 고등학교에서 추천한 학생을 대상으로 선발하는 지역균형(학교장추천) 전형과 추천 과정 없이 누구나 지원 가능한 일반 전형으로 구분된다. '지역균형'은 지난 「대입제도 공정성 강화 방안」에서 사회 통합을 위해 수도권 대학을 대상으로 모집인원의 10% 이상을 교과 성적 위주로 선발할 것을 권고한 이후 2022학년도 대입부터 실시되었다.

지역균형과 지역인재는 이름은 비슷하지만 천지 차이다. 특별전형의 하나인 지역인재는 대학 간 수직적 서열 구조와 지역 간 불균형 문제로 인한 지역 대학 경쟁력의 상대적 약화, 지역 산업 침체 및 일자리 부족으로 인한 지역 인재 유출의 악순환 방지, 지역 인재가 해당 지역에 정주하면서 지역 발전에 공헌할 수 있는 필요성 증가 등을 이유로 도입되었다. 따라서 지방 대학이 소재한 지역에서 입학 시부터 졸업 시까지 전 교육과정을 이수한 자에게만 지원 자격이 부여된다. 수도권 학생들은 지방 대학의 지역인재에 지원할 수가 없는 것이다.

지방대육성법 시행령 개정으로 의예 · 치의예 · 한의예 · 약학 · 간호

계열 의무 선발 비율이 상승함에 따라 지역인재 모집인원이 증가하고 있다. 2025학년도의 경우 의학 및 간호계열 의무 선발 비율이 상승하여 지역인재전형의 모집인원이 전년 대비 215명 증가하였다.

이와 달리 지역균형은 서울 및 수도권 소재 대학에서 실시하는 것이므로 지방 소재 대학에서 지역 학생들을 대상으로 실시하는 지역인재와 달리 수도권을 포함한 전국의 학생들이 모두 지원할 수 있다.

| 지역균형전형과 지역인재전형 비교 |

	지역균형전형	지역인재전형
전형유형	학생부교과전형	대학 자율
전형방법	교과 성적 50% 이상 정량 반영	대학 자율
대상대학	수도권 소재 대학	비수도권 소재 대학
지원조건	학교당 추천인원(인원 제한 가능)	대학 소재 지역 출신
수능최저	대학 자체 기준	대학 자체 기준

출처 : 한국대학교육협의회, 〈2025학년도 대입정보 119〉, 2023.

2025학년도 수도권 소재 대학 중 지역균형을 실시하는 대학은 모두 48개 대학이다. 강서대, 성공회대, 총신대, 성결대, 신한대, 용인대를 제외한 수도권 소재 대학 대부분이 지역균형을 실시한다. 지역균형과 일반전형을 함께 운영하는 대학에는 가천대, 경기대, 대진대, 덕성여대, 명지대, 수원대, 안양대, 차의과학대, 한경국립대, 한국항공대, 한성대 등이 있다.

지역균형은 다시 추천 인원 제한이 있는 대학과 추천 인원 제한이 없는 대학으로 구분된다. 2025학년도의 경우 고려대는 추천 인원을 4%에서 12명으로 변경하였고, 성균관대는 10%에서 15명으로, 이화여대는 5%

에서 20명으로 변경했다. 수원대와 한국항공대는 추천 인원의 제한을 폐지했다.

추천 인원 제한이 있는 상위권 대학은 학교 내에서 학교장 추천을 받기 위한 교과 성적 경쟁이 불가피하다. 하지만 추천 인원 제한이 없는 대학은 전국의 모든 고등학교에서 원하는 학생들 대부분이 추천받을 수 있다. 그래서 학교장 추천을 받았다는 사실 자체가 입시에 별로 도움이 되지 않기 때문에 일반전형과 차이가 크지 않다고 보면 된다.

지역균형은 대부분 학생부교과로 운영된다. 2025학년도에는 전체 68.8%인 33개 대학이 학생부교과 100%로 선발하며, 건국대, 경희대, 고려대, 동국대, 성균관대, 한양대 등이 서류 평가를 실시한다. 가천대, 경인교대, 서울교대, 수원대, 이화여대처럼 면접을 실시하는 대학도 있다. 그런데 DGIST, GIST, KAIST, 가톨릭대(의예과, 약학과, 간호학과, 특수교육과), 서울교대, 서울대, 한양대 등은 학생부종합으로 선발한다.

2025학년도에는 지역균형을 실시하는 48개 대학 중 62.5%에 해당하는 30개 대학이 수능 최저를 적용하고 있다. 수능 최저가 없는 대학은 가천대, 건국대, 광운대, 동국대, 명지대, 이화여대, 인천대 등이다.

서울대는 학교장 추천이 필요한 지역균형에서도 학생부 서류와 면접이 중심인 학생부종합 방식으로 선발하며, 수능 최저로 3개 영역 등급 합 7 이내를 요구한다. 그리고 한양대는 2024학년도까지 수능 최저 없이 교과 전형으로 운영하던 지역균형을 폐지하고, 2025학년도부터는 학생부교과 추천형과 학생부종합 추천형에 수능 최저를 신설하였다. 학생들은 교과추천형과 종합추천형에 중복 지원이 가능하다.

┃ 지역균형전형 분류 ┃

구분	수능최저학력기준 적용	수능최저학력기준 미적용
추천인원 제한	경희대, 고려대, 상명대, 서강대, 서울과기대, 서울교대, 서울시립대, 성균관대, 연세대, 중앙대, 한국외대, 한양대, 홍익대	경기대, 동국대, 이화여대
추천인원 제한 없음	가톨릭대, 경인교대, 국민대, 단국대, 동덕여대, 삼육대, 서울여대, 성신여대, 세종대, 수원대, 숙명여대, 숭실대, 아주대, 인하대, 을지대, 한양대(ERICA)	가천대, 강남대, 건국대, 광운대, 덕성여대, 대진대, 명지대, 안양대, 인천대, 차의과학대, 평택대, 한경국립대, 한국공학대, 한국항공대, 한성대, 한신대

출처 : 한국대학교육협의회, 「2025학년도 대입정보 119」, 2023.

지역균형은 대학별로 졸업생 추천 가능 여부 및 졸업생 나이 제한 등과 같은 지원 자격도 명시하고 있다. 2025학년도의 경우 재학생(2026.2. 졸업 예정)만 추천 가능한 대학은 경희대, 고려대, 서강대, 서울교대, 성균관대, 연세대 등이다. 나머지 대학들 또한 졸업 연도에 따라 추천 제한이 있으니 모집 요강을 통해 추천 자격 기준을 확인해야 한다.

해마다 고등학교에서는 자체적인 학교장 추천 기준을 가지고 추천 절차를 사전에 진행한다. 따라서 대학의 지원 자격뿐만 아니라 학교의 추천 규정을 참고해서 학교의 추천을 받을 수 있도록 미리 준비해야 한다.

[서울 주요 대학 지역균형 전형방법 및 수능 최저]

대학	전형명	모집인원	전형방법 (진로선택)	반영교과		추천인원	졸업생	수능 최저
				인문	자연			
건국대	KU지역균형	441	교과70+서류30 (진로: 정성평가)	국,수,영,사,과,한		제한없음	○	없음
경희대	지역균형	532	교과56+출결7+봉사7+서류30 (진로: 교과 이수 단위를 가중평균)	국,수,영,사,한	국,수,영,과	5%	×	인문ㆍ자연: 국,수,영,탐(2) 중 2개 합 5등급, 한 5 의예/한의예/치의예/약학: 국,수,영,탐(2) 중 3개 합 4등급, 한 5
고려대	학교추천	615	교과80+서류20 (진로: A=1등급, B,C=성취도 비율 고려 산출)	전과목		12명	×	인문: 국,수,영,탐(2) 중 3개 합 7등급, 한 4 자연: 국,수,영,과(2) 중 3개 합 7등급, 한 4 의대: 국,수,영,과 4개 합 5등급, 한 4(과탐 동일과목 Ⅰ, Ⅱ 미인정)
동국대	학교장추천인재	380	교과70+서류30 (진로: 정성평가)	국,수,영,사,한 상위 10과목	국,수,영,과,한	8명	○	없음
서강대	지역균형	175	교과90+출결10 (진로: 과목 성취 비율)	전과목		20명	×	국,수,영,탐(1) 중 3개 각 3등급, 한 4
서울대	–	–	–	–	–	–	–	–
서울시립대	지역균형선발	194	교과100 (진로: 10% 반영)	전과목		10명	○	인문: 국,수,영,탐(1) 중 3개 합 7등급 자연Ⅰ: 국,수(미/기),영,과(1) 중 3개 합 7등급 자연Ⅱ: 국,수,영,과(1) 중 3개 합 7등급

성균관대	학교장추천	386	정량평가 80+ 정성평가 20(진로 및 전문 교과)	전과목	15명	×	인문·자연·글로벌융합: 국,수,영,탐1,탐2 중 3개 합 7등급 글로벌(리더,경제,경영)·소프트웨어: 국,수,영,탐1,탐2 중 3개 합 6등급(제2외국어/한문 탐구 1과목 대체 가능)
숙명여대	지역균형선발	251	교과100 (진로: A=1등급, B=3등급, C=5등급)	국,수,영,사,과,한	제한없음	○	국,수,영(1) 중 2개 합 5등급 약학: 국,수,영,탐(1) 중 수 포함 3개 합 5등급
연세대	추천형	475	교과100 (진로: A=20점, B=15점, C=10점)	전과목	10명	×	인문: 국,수,탐1,탐2 중 (국/수) 1개 포함 2개 합 4등급, 영3, 한4 자연: 국,수(미/기),과1,과2 중 수 포함 2개 합 5등급, 영3, 한4 의예·치의예·약학: 국,수(미/기),과1,과2 중 (국/수) 1개 포함 1등급 2개 이상, 영3, 한4 생활과학대·간호대: 인문 또는 자연 기준 중 하나 만족
이화여대	고교추천	389	1단계(5배수): 교과100 (진로: A=10점, B=8.8점, C=5.0점) 2단계: 1단계80+ 면접20	국,수,영,사,과,한	20명	○	없음
중앙대	지역균형	411	교과90+ 출결10 (진로: A=10점, B=9.43점, C=8.86점)	국,수,영,사,과	20명	○	국,수,영,탐(1) 중 3개 합 7등급, 한4 약학: 국,수,영,탐(1) 4개 합 5등급, 한4 * 영어반영 시, 1,2등급은 1등급으로 반영
한국외대	학교장추천	369	교과100 (진로: A=1등급, B=2등급, C=3등급)	국,수,영,사	20명	○	서울: 국,수,영,탐(1) 중 2개 합 4등급, 한4 글로벌: 국,수,영,탐(1) 중 1개 3등급, 한4

한양대	추천형	327	교과90+교과정성평가10 (진로: 정성평가)	국,수,영,사,과,한		11%	○	국,수,영,탐(1) 중 3개 합 7등급
홍익대	학교장 추천자	304	교과100 (진로: A=10점, B=9점, C=7점)	국,수,영,사,한	국,수,영,과	10명	○	인문: 국,수,영,탐(1) 중 3개 합 8등급, 한 4 자연: 국,수(미/기),영,과(1) 중 3개 합 8등급, 한 4

☞ 보다 정확하고 자세한 내용은
대학별 모집 요강과 [대입나침반] 네이버 카페의 <2025 대입자료실> 참고.

K-학생부교과의 핵심적인 평가 요소는 교과 성적이라고 불리는 교과 성적이다. 해마다 시도교육청에서는 학교생활기록부의 작성 및 관리에 대하여 필요한 사항을 규정하고 있는 교육부훈령(제393호)을 준거로 '학업성적관리지침'을 작성하고, 학교는 이에 따라 학업성적관리규정을 제정해서 운영하고 있다.

고등학교는 매 학년 초에 교과목별 성취 기준에 따른 평가 기준을 마련하여 이를 교수ㆍ학습에 활용하고, 이에 근거하여 평가 계획을 수립하여 실시한다. 각 교과협의회는 해당 교과의 교육과정 및 교과의 특성을 감안하여 평가 계획을 수립하고, 이를 학업성적관리위원회의 심의를 거쳐 시행한다. 평가 계획에는 각 교과별 지필평가 및 수행평가의 평가 영역, 요소, 방법, 횟수, 반영 비율, 수행평가 세부 기준(배점) 등과 성적 처리 방법 및 결과의 활용 등이 포함된다.

고등학교는 확정된 평가 계획을 학년 초에 정보 공시 등을 통해 학생 및 학부모에게 공개해야 한다. 그리고 평가 실시 전에 평가 방법 및 채점 기준 등 평가 운영과 관련된 세부적인 사항을 학생에게 안내하여 학생들이 해당 평가의 평가 방법 및 평가 요소를 인지하도록 해야 한다. 세부적인 채점 기준을 모두 공개하기 어려운 경우에는 채점 기준에 포함된 평가 요소를 공개해야 한다. 그리고 평가 계획이 변경되는 경우에는 교과협의회를 거쳐 학업성적관리위원회의 심의를 통해 변경 사항을 확정하고, 평가 실시 전에 변경 사항을 학생과 학부모에게 안내해야 한다.

서울시교육청의 '고등학교 학업성적 관리지침'에 의하면, 고등학교에서 교과 학습의 평가는 지필평가와 수행평가로 구분되어 실시된다. 지필평가와 수행평가의 실시 비율 등 평가의 세부적인 사항은 학교에서 학업성적관리규정으로 정한다. 다만, 교과목의 특성상 필요한 경우 학업성적관리규정으로 정하여 지필평가 없이도 수행평가만으로 평가할 수 있다. 그리고 감염병의 전국적 유행 등 국가 재난에 준하는 상황에서는 지필평가 또는 수행평가 어느 하나만으로 평가할 수도 있다.

수행평가 주요 내용

수행평가란 교과 담당 교사가 교과 수업 시간에 학습자들의 학습 과제 수행 과정 및 결과를 직접 관찰하고, 그 결과를 전문적으로 판단하는 평가 방법이다. 서울시교육청은 수행평가를 학기 단위 성적의 40% 이상 반영하도록 권장하고 있다.

수행평가는 점수화가 가능한 영역의 점수만 반영하되, 기본 점수의 부여 여부, 부여 점수의 범위 등은 평가의 목적 등을 고려하여 타당하게 이루어질 수 있도록 해야 하며, 교과별 평가 계획에 포함되어 있어야 한다. 그리고 가급적 배점과 반영 비율을 조정하여 환산 점수에서 소수 둘째 자리 이상의 소수가 발생하지 않도록 유의해야 한다.

수행평가는 성취 기준에 기반하여 반드시 수업 시간 중에 실시해야 한다. 사교육의 영향을 배제하기 위해서 정규 교육과정 외에 학생이 수행한 결과물에 대해 점수를 부여하는 과제형 수행평가는 엄격하게 금지된다. 그리고 수행평가를 할 때 표절 행위가 발생하지 않도록 사전 교육을 충분히 실시하고, 처리 기준을 학업성적관리규정 혹은 교과별 평가 계획에 명시해야 한다.

실연(實演)을 평가하거나, 학생 작품을 평가하는 경우에는 평가 현장에서 여러 학생이 있는 가운데 평가가 이루어져야 한다. 실험·실습, 실기 및 관찰 등에 의한 수행평가 성적 등을 합산할 경우에는 보조 자료를 작성할 수 있다. 그리고 이의 신청이 있을 때에는 면밀히 검토하여 그 결과를 학생 본인에게 공개하는 등 적절한 조치를 취해야 한다.

학적 변동으로 인한 미응시자, 결석으로 인한 미응시자, 학업중단숙려제 참여로 인한 출석 인정 결석 기간의 수행평가 처리 기준도 평가 계획에 포함하여 시행해야 한다. 특히 신체장애 학생(지체장애, 시각장애, 청각장애 등)은 장애 유형과 정도를 고려한 적절한 평가를 받을 수 있도록 지원해야 한다. 부득이 신체장애로 인하여 특정 영역의 수행평가 응시가 불가능한 경우에는 인정점을 부여하되, 대상 학생, 대상 과목(영역) 등은 학업성적관리위원회의 심의를 거쳐 학교장이 정한다.

서울시교육청은 과정 중심 평가를 활성화하기 위해 수행평가와 서논술형 평가의 반영 비율을 정해서 일선 학교에 권장하고 있다. 수행평가는 학기 단위 성적의 40% 이상 반영하도록 권장된다. 다만, 2단위 이하 과목은 학기 단위 성적의 20% 이상 반영이 권장된다. 고등학교 3학년의 경우는 반영 비율을 자율 결정하지만, 지필평가 100%는 불가하다는 지침도 있다.

서·논술형 평가의 경우는 교과목의 특성에 따라 지필평가 혹은 수행평가로 운영될 수 있다. 학기 단위 성적의 20% 이상 반영하도록 권장된다. 단, 수행평가 100% 과목, 2단위 이하 과목, 고등학교 3학년은 실시 여부를 자율 결정한다.

상대평가 9등급제

고등학교에서는 매 학기 말 교과 담당 교사가 과목별 성적일람표를 작성한다. 과목별 성적일람표에는 지필평가와 수행평가 점수를 합산한 성적이 산출된다. 보통교과 가운데 공통과목과 일반선택과목은 상대평가 9등급제이므로 원점수, 과목 평균, 과목 표준편차, 성취도(수강자 수), 석차(동석차 수), 석차등급이 산출된다. 반면에 진로선택과목은 절대평가이므로 원점수, 과목 평균, 성취도(수강자 수), 성취도별 분포 비율만 산출된다.

먼저, 원점수는 지필평가 및 수행평가의 반영 비율 환산 점수 합계를 소수 첫째 자리에서 반올림하여 정수로 기록한다. 그리고 과목 평균, 과목 표준편차는 원점수를 사용하여 계산하고, 소수 둘째 자리에서 반올림하여 소수 첫째 자리까지 기록한다.

다음으로 과목별 석차는 학기 단위로 과목별 지필평가 및 수행평가의 반영 비율 환산 점수 합계를 소수 셋째 자리에서 반올림하여 소수 둘째 자리까지 구하여 산출한다. 과목별로 동점자가 발생할 경우에는 그 동점자 모두에게 해당 순위의 최상의 석차를 부여하고 괄호 안에 동점자 수를 병기한다.

성적 산출을 위한 수강자 수는 매 학기 말 성적 산출 시점을 기준으로 해당 과목을 수강한 학생 수인데, 수강하였으나 이수하지 못한 학생 수도 포함된다. 동일한 교과 교육과정 내에서 동일한 과목이고 단위(학점) 수, 수강 시기가 같은 경우에는 수강한 학생 모두를 수강자 수로 하여 성적을 산출한다.

공통과목과 일반선택과목에서 산출되는 과목별 석차등급은 지필평가 및 수행평가의 반영 비율 환산 점수의 합계에 의한 석차순에 따라 9등급 상대평가로 평정된다. 1등급은 4% 이내, 2등급은 11% 이내, 3등급은 23% 이내, 4등급은 40% 이내, 5등급은 60% 이내, 6등급은 77% 이내, 7등급은 89% 이내, 8등급은 96% 이내, 9등급은 100% 이내이다.

석차등급	석차누적비율
1등급	~ 4% 이하
2등급	4% 초과 ~ 11% 이하
3등급	11% 초과 ~ 23% 이하
4등급	23% 초과 ~ 40% 이하
5등급	40% 초과 ~ 60% 이하
6등급	60% 초과 ~ 77% 이하
7등급	77% 초과 ~ 89% 이하
8등급	89% 초과 ~ 96% 이하
9등급	96% 초과 ~100% 이하

출처 : 서울시교육청, 〈2022학년도 학업성적관리지침〉, 2022.

석차등급을 산출하는 과목은 가급적 동점자가 발생되지 않도록 유의해야 한다. 그럼에도 불구하고 동점자가 발생할 수 있으므로 학업성적관리규정에 동점자 처리 규정을 둘 수 있다. 일반적으로 등급 경계에 있는 경우 중간 석차를 적용한 중간 석차 백분율에 의하여 등급을 부여한다. 중간 석차 적용은 동점자(동석차)가 등급 경계에 있는 경우에 적용하며, 등급 범위 내에서 생기는 동점자(동석차)에게는 적용하지 않는다.

중간 석차 산출 공식은 '석차+[(동석차 인원수−1)/2]'이다. 가령 1등 동점자가 7명인 경우는 중간 석차가 4등(1+[(7−1)/2]=4)이 된다. 수강자 수가 100명인 과목에서 1등급이 4% 이내인데, 중간 석차 백분율이 (4/100)×100=4.00(%)이므로 동점자 7명 모두 1등급이 부여된다. 만약 1등 동점자가 8명인 경우는 중간 석차가 4.5등(1+(8−1)/2=4.5)이고, 중간 석차 백분율이 (4.5/100)×100=4.50(%)이므로 1등급인 4%를 초과해서 모두 2등급이 부여된다. 동점자 간에 중간 석차를 적용해도 1등급이 전혀 나오지 않는 불행한 사태가 발생할 수 있는 것이다.

그래서 대부분의 학교에서는 1등급 학생이 나오지 않는 문제를 방지하기 위해 우선순위를 정해서 동점자들 사이에 석차를 배정하는 규정을 두고 있다. 일반적으로 동점자들 가운데 해당 과목의 지필 기말고사 점수가 높은 학생이 상위 석차에 배정된다. 그런데 이마저 동점인 경우는 2순위 지필 중간고사 점수, 3순위 수행평가의 배점이 높은 점수 등으로 상위 석차를 부여한다.

절대평가 성취평가제

성취평가제라고 불리는 과목별 성취도는 상대적 서열에 따라 '누가 더 잘했는지'를 평가하는 상대평가가 아니라, '학생이 무엇을 어느 정도 성취하였는지'를 평가하는 절대평가이다. 그래서 교과목별 성취 기준에 도달한 정도에 따라서 학생의 성취 수준을 '5단계(A–B–C–D–E)', '3단계(A–B–C)', '이수 여부(P)'로 평가한다.

공통과목과 일반선택과목의 성취도는 성취 기준을 충족한 비율에 따라 A~E까지 5단계 절대평가로 산출된다. 고정 분할 점수 방식에 의하면, A는 90% 이상, B는 80% 이상~90% 미만, C는 70% 이상~80% 미만, D는 60% 이상~70% 미만, E는 69% 미만이다.

학교에서는 기준 성취율에 따른 분할 점수를 과목별로 다르게 설정할 수 있다. 성취평가제에서 '성취 기준'은 각 교과목에서 학생들이 학습을 통해 성취해야 할 지식, 기능, 태도의 능력과 특성을 진술한 평가 지침이다. 그런데 실제로 성취 기준에 따라 평가하는 것이 어렵기 때문에 과목별로 분할 점수를 다르게 설정하는 변동 분할 점수를 활용하는 것이 일반적이다.

변동 분할 점수는 담당 교사가 출제 문항별 난이도를 고려해서 A~E 등급 간 분할 점수를 다르게 결정하는 방식이다. 성취도 평가는 원래 절대평가이기 때문에 90점 이상 학생만 A 등급 받을 수 있지만, 담당 교사가 분할 점수를 80점으로 설정하면 80점 이상 학생 모두 A 등급을 받을 수 있게 된다. 이렇게 분할 점수를 담당 교사가 주관적으로 결정하기 때문에 '교과 성적 부풀리기'로 이용될 수 있는 약점을 가지고 있는 방식이기도 하다. 학교에서 산출한 분할 점수로 과목의 성취도를 평정하는 경우는 학업성적관리규정에 과목별 분할 점수 산출 방식을 명시하고, 산출된 해당 분할 점수를 평가 시행 전에 학생 및 학부모에게 공지해야 한다. 지금 고등학교에서 공통과목과 일반선택과목은 석차등급(1~9등급)과 성취도(A-B-C-D-E)를 함께 병기하여 성적을 산출한다. 하지만 현행 2025 대학 입시에서는 절대평가인 성취도를 제외하고 상대평가인 석차등급만 반영한다.

한편, 보통교과 가운데 공통과목의 하나인 과학탐구실험, 체육·예술 교과의 일반선택과목 전체, 진로선택과목 전체는 절대평가이므로 석차등급을 산출하지 않고, 성취도만 3단계(A-B-C)로 산출한다. A는 80% 이상~100%이고, B는 60% 이상~80% 미만이고, C는 60% 미만이다. 그리고 교양 교과는 성취도와 석차등급을 모두 산출하지 않고 이수를 의미하는 'P'를 각각 입력한다.

교과목별 지필 평가에 응시하지 못한 학생(결시생)의 성적 처리는 결시 이전·이후의 성적 또는 기타 성적의 일정 비율을 환산한 인정점을 부여한다. 인정 사유, 인정점의 비율 및 인정점 산출 방식 등은 학업성적관리규정으로 정한다.

인정점을 부여하는 응시고사 점수는 동일 학기 내 지필평가 성적을 기준으로 산출하되, 지필평가 성적이 없는 경우 동일 학기 내 수행평가 성적을 활용하여 학업성적관리규정에 따라 산출한다. 그리고 인정 비율은 상급학교 진학이나 천재지변 등으로 인한 인정 결시는 100%이고, 질병이나 생리통으로 인한 결시는 80%이다. 미인정 결시는 최하점의 차하점을 부여한다. 가령 시험에 응시한 학생 가운데 최하점이 10점이라면 바로 아래 점수인 9점이 미인정 결시의 인정점이 된다.

결시생 인정점은 응시고사의 점수와 결시 사유별 인정 비율뿐만 아니라 응시고사와 결시고사의 평균 차이도 반영해서 계산한다. 인정 점수는 '응시고사 점수 × (결시고사 평균/응시고사 평균) × 결시 사유별 인정 비율' 식으로 산출된다. 가령 기말고사를 질병 결시한 학생의 이전 중간고사 점수가 66.9점이고, 결시한 기말고사 평균이 61.49점이며, 응시했던 중간고사 평균이 68.72점이라면, 이 학생의 인정점은 66.9(중간 고사 점수)×(61.45(기말고사 평균)/68.72(중간고사 평균)×0.8(인정 비율)=47.86점이 된다.

| 인정점수 | = | 응시고사의 점수 | × | $\dfrac{결시고사\ 평균}{응시고사\ 평균}$ | × | 결시사유별 인정비율 |

※ 인정점은 소수 셋째자리에서 반올림하여 둘째자리까지 산출한다.

〈예〉 1학기 기말고사를 질병 결시한 학생의 경우

과목	응시(기준)고사(중간고사)		결시고사(기말고사)	
(100점 만점)	평균	기준 점수	평균	인정점
국어	68.72	66.9	61.45	?

☞ 응시고사 평균 : 결시고사 평균 = 응시고사 점수 : 기준점수
  68.72 : 61.45 = 66.9 : x ∴ $x = 59.82$
그런데, 질병 결시인 경우 기준점수의 80%를 반영하므로,
'기준점수 × 인정 비율'은 '59.82 × 0.8 = 47.856(47.86)'
따라서 최종적으로 부여되는 인정점수는 47.86점이 됨.

출처 : 서울시교육청, 〈2022학년도 학업성적관리지침〉, 2022.

교과 성적 올리기 비법은 엉덩이

고등학교 교과 성적은 시간과의 싸움이라고 할 수 있다. 고등학교에서는 중학교에 비해 과목이 많아지고 시험 범위도 늘어난다. 특히 고등학교에서는 시험 문제 자체가 매우 어렵다. 교사 입장에서도 학생들 생각해서 시험을 너무 쉽게 출제하면 안 된다. 100점 만점자가 너무 많이 나오면 4% 이내인 1등급 학생이 전혀 안 나올 수도 있기 때문이다. 교사들은 시험 문제를 낼 때마다 어떻게 해서든 만점을 최소화하기 위해 최선을 다할 수밖에 없다. 그래서 학교 시험에서도 수능 시험 못지않은 킬러 문항들이 적지 않다.

고등학교에서는 벼락치기가 통하지 않는다. 시험 기간에만 공부하는 것이 아니라, 평소에 시간을 정해 놓고 꾸준히 공부하는 습관이 절대적으로 필요하다. 특히 3년 동안 주말마다 얼마나 계획성 있게 꾸준히 자기주도학습을 실천하느냐가 교과 성적의 등급을 좌우한다고 해도 과언이 아니다. 고등학생이라면 주말에도 그냥 시간을 헛되이 흘려보내지 말고, 평소 수업 시간에 부족했던 과목을 중심으로 스스로 보충 학습을 진행하는 시간을 확보해야 한다. 교과 성적 올리기의 비법이 엉덩이라는 말은 의자에 엉덩이를 붙이고 앉아서 공부하는 시간의 절대량을 늘리는 것이 가장 중요하다는 뜻이다.

3년간의 고등학교 생활 중에서 다섯 번이나 되는 방학의 중요성은 더 말할 필요도 없다. 방학은 자신의 교과 성적 등급을 몇 단계씩 크게 향상시킬 수 있는 절호의 찬스라고 생각할 필요가 있다. 이와 반대로 방학 동안 공부하지 않으면 성적이 급락할 수 있으니 주의해야 한다.

고등학교 정기고사는 학교 교사들이 직접 가르친 내용을 바탕으로 출제하기 때문에 수업 시간에 열심히 공부하는 것이 가장 확실한 대비 법이다. 학교 수업을 소홀히 하면서 학원 등 사교육 기관에 의존해서는 가르친 교사들이 출제하는 시험에서 좋은 성적을 거두기가 어렵다. 학교에서 시험 문제를 출제하는 교사가 수업할 때는 듣지 않다가, 문제를 내지도 않는 학원 강사의 수업만 열심히 듣는 것은 어리석은 일이다.

고등학교의 지필평가는 중학교와 달리 대부분 수능 유형으로 출제된다. 교과 성적을 준비하는 것이 수능 시험 대비와 무관한 것이 아니다. 그래서 단순 암기식으로 공부하지 말고, 학습 내용을 제대로 이해한 후에 다른 사례에도 적용할 수 있도록 사고력을 기르는 것이 중요하다.

고등학교에서 교과 성적은 지필평가만이 아니라 수행평가가 매우 높은 비중을 차지하고 있다. 서울시교육청은 학기 단위 성적의 40% 이상 반영하도록 권장하고 있다. 따라서 평소 수업 시간에 이루어지는 수행평가에서 좋은 점수를 얻을 수 있도록 과목별로 진행되는 수행평가를 충실하게 준비하는 것도 필수적이다.

특히 K-학생부종합에서는 과목 선생님들이 수업과 관련하여 작성하는 세부 능력 및 특기 사항(세특)이 매우 중요하다. 그러니 학생부종합을 준비하는 학생들은 누구보다 수업 시간에 적극적으로 참여해야 한다. 수업 시간마다 늘 교사와 눈을 맞추고, 질의응답 등 상호작용을 활발하게 하면서 수업 참여도를 높여야 원하는 수준으로 세특이 기재될 수 있다. 성적이 아무리 높은 학생이라도 수업 시간에 잠만 자고 듣지 않으면 교사들이 세특을 잘 써 줄 리가 없다.

고등학교에서는 체력도 실력이다. 대학 입시는 100미터 달리기가 아니라 3년에 걸친 마라톤이라고 할 수 있다. 그래서 장시간의 오랜 학습을 버텨 낼 수 있는 체력을 기르는 것도 아주 중요하다. 건강을 유지하기 위해서 평소에 공부 시간뿐만 아니라 휴식 시간과 운동 시간도 함께 정해 놓고 규칙적으로 실천할 필요가 있다. 특히 고3의 경우 의욕만 앞세워서 공부 시간만 무조건 늘려 놓고 무리하다 보면, 얼마 지나지 않아 체력 부족으로 인해 슬럼프에 빠질 수도 있으니 주의해야 한다.

K-대학 입시는 세계에서 가장 공정한 선발 시스템이라고 해도 과언이 아니다. 대학 입시 경쟁이 치열하다는 것은 누구나 자유롭게 도전할 수 있을 정도로 공정하다는 말도 된다. 실업계 특성화고가 아니라 일반고에 진학한 학생들이라면, 고등학교 3년 동안 대학에서 수학할 수 있는 능력을 기르기 위해 최선을 다해 준비하는 것이 당연한 일이다. 노력하는 사람들에게만 오늘보다 더 나은 내일이 보장된다.

2025 학생부교과 지원 전략

수시 학생부교과는 말 그대로 교과 성적이 가장 중요한 평가 항목이다. 따라서 학생들은 매 학기 실시되는 학교 정기고사에서 우수한 성적을 내는 것이 필수적이다. 대부분의 학교에서 정기고사는 중간고사와 기말고사로 나누어서 실시된다. 한 학기 성적을 결정하는 것은 이 두 시험과 수행평가이다. 학생들이 1학년 1학기부터 3학년 1학기까지 좋은 성적을 받을 수 있도록 하려면 무엇보다 학교 수업에 충실히 임하는 것이 가장 중요하다.

수시 학생부교과전형에서는 교과 성적이 당락을 좌우하기 때문에 상대적으로 교과 성적이 우수한 일반고 학생들이 특목고, 자사고 학생들에 비해 유리하다. 지금 일반고는 학생부교과, 특목자사고는 학생부종합이라는 공식이 작동하고 있으므로 일반고 학생들은 수시에서 학생부교과를 중심으로 지원하는 것이 좋다. 학교 교과 성적 등급은 우수하지만 수능 모의고사 성적이 부족한 학생들은 수능 최저가 낮거나 없는 전형을 찾아서 지원하는 것이 바람직하다.

최근 학생부교과에도 면접, 서류 등을 포함하는 대학들이 늘어나고 있다. 일반적으로 교과100 전형의 합격선은 교과+서류, 교과+면접 전형보다 높게 형성되는 경향이 있다. 교과+서류 전형은 교과 성적 이외에 학생부 서류도 정성적으로 반영되므로 교과 성적의 유리함만을 고려해서 지원한다거나 반대로 학생부 내용이 경쟁력을 갖췄음에도 교과 성적의 불리함만을 고려하여 지원하지 않는 경우가 발생하지 않도록 유의해야 한다.

특히 교과 성적과 학생부 서류가 모두 부족하지만 면접에 자신이 있는 학생들은 가천대, 경인교대, 서울교대, 수원대, 이화여대처럼 면접을 실시하는 학생부교과에 지원해 볼 필요가 있다. 면접을 준비하는 학생들은 해당 대학 홈페이지에 있는 '선행학습영향평가보고서'를 꼭 참고하여 면접 평가 요소 및 비율, 제시문 기반이거나 서류 기반 등의 면접 유형 등을 확인해야 한다.

한편, 학생부교과는 다른 전형에 비해 수능 최저의 적용 비율이 높은 편이다. 대학에 따라 조금씩 다르기는 하지만 수능 최저 충족률이 대체로 50% 정도에 불과하다. 해마다 학생부교과에서는 수능 최저를 맞추지 못해서 탈락하는 학생들이 지원자의 절반 수준이나 된다는 얘기다. 학생부교과인데 교과 성적보다 오히려 수능의 비중이 더 크다고 볼 수도 있다. 따라서 수시 학생부교과 가운데 수능 최저가 있는 대학에 진학하려면 반드시 수능도 함께 준비해야 한다.

해마다 수능 최저 충족률이 매우 낮다는 것은 수능 최저 충족 여부가 상향 지원의 핵심적인 고려 요소가 될 수 있다는 의미도 된다. 그래서 교과 성적이 부족하더라도 모의고사 성적이 수능 최저를 맞출 수 있는 학생들은 다소 상향 지원할 필요가 있다.

학생부교과에서는 수능 최저의 유무에 따라서 합격선이 나누어진다. 학생부 100%로 선발하는 전형의 경우 많은 대학이 수능 최저를 적용하여 선발하고 있다. 일반적으로 수능 최저를 요구하는 전형의 합격선은 그렇지 않은 전형보다 낮게 형성되는 경향이 있다. 수능 최저를 충족하지 못하면 합격 사정 대상에서 제외되므로 교과 성적이 아무리 높다 하더라도 불합격 처리되기 때문이다.

수시 학생부교과에서는 교과 성적 석차등급 평균에 따른 대학 학과별 합격선이 거의 정해져 있다. 따라서 대교협의 대입정보 포털 '어디가(https://www.adiga.kr)'에 있는 전년도 교과 성적 등급 커트라인을 대학별로 확인해 보면, 사교육 기관에 의존하지 않고도 학생과 학부모 스스로 지원 가능 대학을 확인할 수 있다. 필자가 운영하는 [대입나침반] 네이버 카페에도 전년도 대학별 수시 입시 결과 가운데 등급 평균 70% cut 자료가 정리되어 있다.

전년도 입시 결과 가운데 교과 성적 등급 평균 70% cut 자료에서 자기 점수대에 있는 대학 학과들이 '적정' 수준이라고 보면 된다. 만일 어느 대학 학과의 70% cut이 3.00이라면, 그 대학 학과에 최종 등록한 100명 중 70등에 해당하는 학생의 교과 성적 등급이 3.00이라는 의미이다. 그래서

이 점수에 맞추어 지원하면 합격 가능성이 높다. 학생부교과의 경우는 객관적인 교과 성적 등급이 절대적인 평가 요소이므로 약간 높은 '소신'은 몰라도 '상향'이나 '과도 상향'으로 지원하면 그냥 기회를 버리는 것이나 다름없기 때문에 주의해야 한다.

교과 등급을 정량적으로 반영하는 학생부교과는 어느 정도 합격 가능성을 예측할 수 있어서 안정 지원하는 사례가 많다. 따라서 교과 성적이 높은 지원자가 여러 대학에 중복 합격하는 경우가 많아 충원 합격률이 높게 나타난다.

학생부교과에서는 전년도의 결과가 지원에 가장 큰 역할을 하는 것은 사실이다. 하지만 모집 정원의 변화, 수능 최저의 변화, 고교 학생 수의 변화 등이 입시 결과에 영향을 미치므로 전년도 결과를 해석할 때 이러한 환경 변화를 고려해야 한다.

더구나 학생부교과에서는 교과 성적을 반영하는 방법이 대학마다 다양하다. 반영 교과, 반영 과목 수 등에 따라서 유불리가 발생하며, 단순한 학생부 등급 평균이 아니라 대학별 환산 점수를 기준으로 학생을 선발하기 때문에 자신에게 유리한 대학을 선택하는 것이 중요하다.

전반적으로 학년별 반영 비율 전 학년 100%에 국, 영, 수, 사/과를 주로 반영한다. 하지만 학년별 반영 비율을 달리하거나 반영 교과가 다른 대학, 반영 교과 중 상위 등급 몇 개만을 반영하는 대학도 있으므로 자세하게 살펴보아야 한다.

서울시교육청교육연구정보원에서 무료로 제공하는 '쎈진학 나침판'(https://ipsi.jinhak.or.kr)을 활용하면, 수시 학생부교과로 지원이 가능한 대학을 누구나 쉽게 확인해 볼 수 있다. 쎈진학 나침판에 자신의 성적을 입력하여 환산 점수를 바탕으로 지원 가능 대학을 확인한 후에 학교 선생님과 상담한다면 보다 정확한 예측을 할 수 있을 것이다.

한편, 전문대는 수시 1차와 2차 모두 교과 성적이 중심인 학생부교과 방식으로 이루어지므로 전년도 입시 결과를 바탕으로 살펴보면 스스로 지원 대학을 결정할 수 있다. 대입나침반 카페에는 서울시교육청 교육연구정보원(쎈진학)에서 제공한 전문대 수시 전년도 입시 결과가 등급순과 학과순으로 정리되어 있다. 전문대는 수시는 지원 횟수에 제한이 없지만, 수시에서 한 군데라도 합격하면 정시에 절대 지원할 수 없으니 주의해야 한다.

수시 학생부교과는 교과 성적이 높은 1명의 지원자가 최대 6개 대학까지 중복 합격하는 경우가 많기 때문에 충원율이 매우 높다. 따라서 최초 합격이 되지 않았더라도 예비 번호를 받은 학생들은 추가 합격 통보까지 기다려 보면 좋은 결과를 얻을 수도 있다.

지금 학생부교과에서는 교과 평균 등급의 소수점 차이가 대학과 학과를 결정하고 있다. 이런 치열한 입시 현실에서는 전년도 입시 결과를 바탕으로 학생들 스스로 냉철하게 입시 전략을 세우고 올바른 선택을 하도록 노력해야 한다. 이 책을 읽은 수험생들의 수시 학생부교과 합격을 기원한다.

2028 교과 성적은 상대평가 5등급제

교육부는 「미래 사회를 대비하는 2028 대학 입시 제도 개편 확정안」 (2023)에서 2028학년도 대입 교과 성적을 전체 학년 모두 5등급 절대평가·상대평가 병기 방식으로 개편하겠다고 발표했다. 절대평가와 상대평가를 병기해서 성적 부풀리기 우려에 대한 안전장치를 마련하겠다는 것이다.

지난 문재인 정부에서 발표했던 고교학점제 계획에서는 1학년 공통과목은 상대평가인 9등급 석차등급제를, 2~3학년 선택과목은 절대평가인 5단계 성취평가제를 적용하겠다고 발표했었다. 그런데 이번에 교육부는 고교학점제가 실시되는 2025년 입학생들이 치르는 2028 대입 교과 성적에서 1~3학년 모두 상대평가와 절대평가를 병기함으로써 사실상 현행처럼 상대평가를 유지하기로 변경한 것이다.

다만, 2028 교과 성적에서도 사회·과학 융합선택과목은 절대평가 성취도만 생활기록부에 기재된다. 국가교육위원회(국교위)가 「국가교육위원회 제24차 회의 의결서」(2023)에서 융합선택과목 중 사회·과학 교과

(9개 과목)는 상대평가를 병기하지 않고 절대평가로 하기로 의결했기 때문이다.

"고등학교 융합선택과목 중 사회·과학 교과(9개 과목)는 상대평가를 병기하지 않고 절대평가로 한다. 단, 융합선택과목에 대한 쏠림 현상 등 부작용을 방지하기 위하여 장학 지도를 실시하고 향후 교육과정 개정 시 보완 방안을 국가교육위원회와 교육부가 협의 강구한다."

국교위는 그 이유로 '대입 안정성을 확보하면서도 고교학점제에서의 학생 선택권 확대'를 제시했다. 대입 안정성과 신뢰성 확보를 위해서는 전체적으로 교과 성적 상대평가와 절대평가를 병기하는 것이 필요하지만, 고교학점제에서의 학생 선택권을 확대하기 위해서는 최소한 융합선택과목 중 사회·과학 교과(9개 과목)만이라도 절대평가로 실시해야 한다고 의결한 것이다.

교육부는 국교위의 의결대로 사회 교과의 융합선택인 여행 지리, 역사로 탐구하는 현대 세계, 사회문제 탐구, 금융과 경제생활, 윤리 문제 탐구, 기후변화와 지속 가능한 세계 6과목과 과학 교과의 융합선택인 과학의 역사와 문화, 기후변화와 환경 생태, 융합 과학 탐구 3과목 총 9과목은 상대평가 석차등급을 기재하지 않고 절대평가로 실시하겠다고 최종 발표했다.

교육부는 그 이유로 국교위가 제시했듯이 '대입 안정성을 확보하면서도 고교학점제에서의 학생 선택권을 확대'를 제시했다. 그리고 '융합학습의 대표 교과인 사회 · 과학 융합선택 활성화를 통해 교과 융합 및 실생활과 연계한 탐구 · 문제 해결 중심 수업 내실화'를 덧붙였다.

결국 2028 대입에서 절대평가로 산출되는 것은 5등급제인 사회 · 과학 융합선택과 기존대로 3등급제인 체육 · 예술/과학 탐구 실험 정도에 그친다. 그리고 교양 교과(군)는 기존대로 이수를 의미하는 'P'만 기재된다.

< 과목별 성적 산출 및 대학 제공 방식(확정) >

구 분	절대평가		상대평가	통계정보		
	원점수	성취도	석차등급	성취도별 분포비율	과목평균	수강자수
보통교과	○	A·B·C·D·E	5등급	○	○	○
사회·과학 융합선택	○	A·B·C·D·E	-	○	○	○
체육·예술/과학탐구실험	-	A·B·C	-	-	-	-
교양	-	P	-	-	-	-
전문교과	○	A·B·C·D·E	5등급	○	○	○

출처 : 교육부, 「미래 사회를 대비하는 2028 대학 입시 제도 개편 확정안」, 2023.

이와 함께 교육부는 국교위 의결과 마찬가지로, 학생들이 비교적 좋은 등급을 받기 쉬운 사회 · 과학 융합선택 중심으로만 이수하지 않도록 장학 지도를 실시하고, 향후 교육과정 개정 시에 보완 방안을 강구하겠다고 밝혔다.

한편, 교육부는 교과 성적 상대평가 석차등급도 현행 9등급에서 5등급으로 축소하겠다고 발표했다. 학령인구 감소 상황에서 학생 간 과잉 경쟁을 유발하는 9등급제를 해외 주요국 추세에 맞춰 5등급제로 축소하겠다는 것이다.

현재 학생들의 교과 성적 경쟁이 치열한 것은 사실이다. 현행 상대평가 9등급제에서는 1등급 상위 4%, 2등급 누적 11%, 3등급 누적 23%, 4등급 누적 40%, 5등급 누적 60%, 6등급 누적 77%, 7등급 누적 89%, 8등급, 누적 96%, 9등급 누적 100%이다.

　그런데 5등급제로 바뀌면, 1등급 상위 10%, 2등급 누적 34%, 3등급 누적 66%, 4등급 누적 90%, 5등급 누적 100%가 된다. 현행 2등급 학생 대부분이 1등급이 되므로 상위권 내신 경쟁이 대폭 완화되는 것은 분명하다.

☞ 2028학년도 대학 입시에 대한 보다 자세한 내용은
　 [대입나침반] 네이버 카페의 <2028 대입자료실> 참고.

교과 성적 절대평가가 지속 가능하지 않은 이유

교육부는 2028학년도 대학 입시에서 고교 교과 성적을 공통과목과 선택과목 모두 상대평가 5등급제를 실시하겠다고 발표했다. 다만, 사회와 과학의 융합선택 9개 과목은 절대평가로서 성취도만 기재하기로 하였다. 이것은 교과 성적 변별력 확보를 위해 현행 상대평가 방식을 유지하면서도, 9등급제를 5등급제로 축소함으로써 학생들의 학습 부담을 완화했다는 점에서 긍정적으로 평가된다.

지난 문재인 정부의 「고교학점제 종합 추진계획」(2021)에서는 1학년 공통과목의 경우 상대평가 9등급제로 하되, 2~3학년 선택과목들은 절대평가 5등급제를 적용하겠다고 발표했었다. 만약 그렇게 된다면, 상대평가 9등급제로서 변별력이 있는 1학년 성적이 사실상 입시를 좌우할 수밖에 없다. 고등학교에 입학하자마자 치열한 교과 성적 경쟁을 벌여야하는 신입생들의 입시 부담 문제가 폭발할 수밖에 없는 것이다. 그래서 1~3학년 모두 변별력 있는 상대평가로 실시하되, 9등급을 5등급으로 완화한 것은 변별력과 입시 부담 완화라는 두 마리 토끼를 모두 잡을 수 있는 묘수라고 볼 수 있다.

원래 교육부는 공통과목과 선택과목 모두 절대평가와 상대평가를 병기하는 개편 시안을 제시했었다. 그런데 국가교육위원회(국교위)는 교육부 시안 가운데 사회와 과학의 융합선택 9개 과목을 상대평가 없이 절대평가로만 실시할 것을 권고했다. 국교위는 대입 안정성과 신뢰성 확보를 위해 상대평가와 절대평가를 병기하는 것이 필요하지만, 고교학점제의 취지를 살릴 수 있도록 융합선택만 절대평가로 실시하기로 의결하였다고 밝혔다.

이와 함께 국교위는 절대평가만 실시하는 과목에 학생들의 쏠림 현상이 발생하는 부작용을 방지하기 위해 장학 지도를 실시하고 향후 교육과정 개정 시 보완 방안을 마련하겠다고 덧붙였다. 하지만 현실적으로 학생들이 좋은 등급을 받기 쉬운 절대평가 과목에 쏠리는 현상을 막기가 어렵다. 수시 학생부전형에서 당락을 좌우하는 교과 성적 등급 평균을 높이는데에는 절대평가 과목이 유리하므로 대학 진학을 목표로 하는 학생들이 이를 이수하는 것은 합리적 선택이기 때문이다. 학생의 선택권 보장이라는 고교학점제의 취지를 살리기 위해 절대평가로 바꾼 것이 오히려 학생의 선택권을 보장하지 못하는 결과를 가져올 수도 있는 것이다.

진보적 교육 단체들은 공동 성명서에서 융합선택과목만 절대평가로 실시하는 것은 요식 행위에 불과하다고 비판하면서, 모든 선택과목을 절대평가로 실시할 것을 주장했다. 그들은 교과 성적을 상대평가 방식으로 산출하면 교사들이 학생들의 서열을 정하기 위해 실험 수업을 통한 수행평가보다는 암기 위주의 지필평가를 중심으로 수업과 평가를 운영할 수밖에 없다고 비판했다. 특히 미래 인재를 육성하기 위해서는 실험과 탐구를 통한 과학 수업을 실시해야 하므로 이를 뒷받침하기 위해 과학 선택과목을 모두 절대평가로 실시해야 한다고 주장했다.

하지만 상대평가 방식은 지필평가만 가능하고 실험, 탐구 활동 등의 수행평가가 불가능하다는 주장은 사실과 다르다. 상대평가나 절대평가는 학생들을 평가하는 방식이지 수업 방법을 결정하는 것이 아니기 때문이다. 학교에서 교사들은 상대평가든 절대평가든 상관없이 지필평가와 실험, 탐구 활동 등의 수행평가를 모두 실시하고 있다. 이렇게 산출된 점수를 석차 비율에 따라 9등급으로 차등해서 나누면 상대평가인 것이고, 정해진 성취 수준이나 점수에 도달하는 학생들에게 모두 해당 등급을 부여하면 절대평가인 것이다.

물론 현행 진로선택처럼 절대평가로 실시되는 과목들은 지필평가 없이 수행평가 100%로 평가할 수는 있다. 그래서 수시 학생부교과에서는 변별력 부족을 이유로 진로선택을 반영하지 않는 대학들이 적지 않다. 이렇게 입시에 반영되지 않다 보니 진로선택 시간에 다른 과목을 공부하거나 쉬는 시간으로 활용하는 학생들이 매우 많다.

입시 경쟁이 치열한 한국 현실에서 고교학점제가 학생들의 선택권을 실질적으로 보장하기 위해서는 변별력 부족으로 입시에서 제외되어 학생들이 외면하는 절대평가보다는 입시에 의미 있게 반영될 수 있는 상대평가로 실시되어야 한다. 이상과 현실은 다르기 마련이지만, 대학 입시에서는 더욱 그렇다.

절대평가와 교과 성적 부풀리기

입시 경쟁이 어느 나라보다 치열한 한국에서 교과 성적 절대평가는 과거처럼 성적 부풀리기로 이어질 가능성이 아주 높다. 이미 김대중 정부는 2002년부터 수, 우, 미, 양, 가의 5단계 절대평가를 실시했었다. 그 이전의 교과 성적 제도는 상대평가 15등급 방식이었다. 그래서 당시 총점 위주의 서열화가 지나친 경쟁 위주 입시 풍토를 만든다는 지적이 나오자 절대평가로 바꾼 것이다.

하지만 절대평가로 인한 교과 성적 부풀리기 문제가 심각해지면서 대학들이 입시에서 교과 성적 비중을 줄이기 시작했다. 결국 교과 성적이 사실상 거의 배제된 수능 전성시대가 열리게 되었다. 노무현 정부는 학교가 수능 입시 학원으로 전락하고 있다는 여론의 비난이 거세지자 상대평가로 다시 돌아갔다. 그러니 이제 와서 다시 절대평가로 돌아가면 교과 성적 부풀리기로 인해 그때처럼 수능 전성시대로 퇴행하게 될 가능성이 매우 높다.

현실적으로 학교의 교과 성적 부풀리기를 예방하는 방법이 있는 것도 아니다. 지난 문재인 정부는 학교알리미 정보공시 등 고교 교과 성적 평가에 대한 모니터링 체제를 구축하겠다고 밝혔었다. 시도 단위에서는 학교별 평가 상황을 모니터링하고, 중앙 단위에서는 한국교육과정평가원을 중심으로 현황 분석 등 성취 평가 관리 체제를 구축하겠다는 것이다.

하지만 이 정도 대책으로 교과 성적 부풀리기를 막을 수 있다고 생각하는 교사들은 거의 없을 것이다. 왜냐하면 절대평가 성취평가제에서 학생들의 성취 수준을 평가할 수 있는 권한은 전적으로 교사들에게 있기 때문이다. 만약 교사들이 교과 성적 부풀리기 지적을 받는다고 해도 학생들이 열심히 공부해서 A 등급의 성취 수준을 보인 것이지 교과 성적 부풀리기가 아니라고 당당하게 항변할 수 있다.

절대평가 방식은 이미 대학에서도 성적 부풀리기로 악용되고 있다. 대학들이 취업을 위해 절반이 넘는 학생들에게 A 학점을 주는 등 성적 부풀리기가 사회적 문제로 대두되고 있다. 중앙일보의 〈5명 중 3명이 'A'...학점 후한 대학은 이화여대, 가장 짠 곳은〉(2023. 05. 07)이라는 기사에 의하면, A 학점 비율이 서울대 59.2%, 연세대 57.3%, 고려대 59.0% 등으로 주요 대학들이 50%를 훌쩍 넘는다. 대학에서 절대평가로 절반이 넘는 학생들에게 A 학점을 주고 있는 것이다. 가장 높은 이화여대는 A 학점 비율이 60.8%나 된다. 고등학교에서는 입시를 위해서 그리고 대학에서는 취업을 위해서 성적 부풀리기가 발생할 수밖에 없는 상황에서 절대평가는 이미 변별력 있는 평가 도구로서 역할을 상실했다고 해도 과언이 아니다.

교과 성적 절대평가와 고교 입시

교과 성적이 절대평가로 개편되면, 특목고나 자사고에 들어가려는 고교 입시 열풍이 다시 불어닥칠 가능성도 매우 높다. 특목자사고는 선발된 학생들 사이에 성적대가 비슷하고 내부 경쟁이 대단히 치열하기 때문에 일반고에 비해 교과 성적이 부족할 수밖에 없다. 이런 상황에서 고교 교과 성적이 절대평가로 전환되면 특목자사고의 교과 성적 불리함이 없어지는 것은 분명한 사실이다. 현재 상대평가에서 6~7등급인 과학고 학생들도 일정 수준에 도달하면 모두 A 평가를 받을 수 있는 절대평가에서는 A 등급이 될 수 있기 때문이다.

지금 서울 주요 대학에서는 특목자사고 학생들에게 유리한 수시 학종으로 많은 학생을 선발한다. 학종에서는 개인의 교과 성적보다 학교의 교육과정이나 프로그램 등을 중요하게 평가할 수 있으므로 이미 특목자사고의 교과 성적 불리가 대폭 완화된 것이 사실이다. 여기에 교과 성적 절대평가까지 더해지면 교과 성적의 불리함은 완전히 사라지게 된다. 그러니 서울 주요 대학 입시의 전초전인 특목자사고 입시 경쟁이 과열될 것은 뻔한 일이다. 학생들의 교과 성적 경쟁을 완화하겠다고 절대평가로 개편하면, 오히려 고교 서열화를 강화하여 입시 경쟁을 중학교 단계로 확대시키는 결과를 초래할 수 있는 것이다.

보수 진영에서 특목자사고 학생들에게 유리한 교과 성적 절대평가를 주장하는 것은 수월성 교육을 중시하는 입장과 일관성이 있다. 그런데 평등 교육을 중시하는 진보 진영에서 대다수 일반고 학생들에게 불리하고, 고교 입시를 강화할 수밖에 없는 절대평가를 주장하는 것은 이해하기 어려운 일이다. 진보 진영에서는 절대평가의 사전적 의미에만 집착하다 보니 교과 성적 절대평가가 아니라, 오히려 상대평가가 대다수 일반고를 살리는 현실적인 방향이라는 사실을 제대로 보지 못하고 있다.

교과 성적 절대평가와 학생부교과 폐지

만약 고등학교 교과 성적이 절대평가로 개편된다면, 대학 입시에서 대다수 일반고 학생들에게 치명적이라는 점도 제대로 인식할 필요가 있다. 2025학년도 학생부교과 모집인원은 수도권에서 32.39%이지만, 비수도권에서는 68.26%로 가장 많다. 따라서 전국적으로 보면 K-수시에서 학생부교과가 핵심이라고 할 수 있다.

서울 주요 대학들도 「대입제도 공정성 강화 방안」에 따라 수시에서 정원의 10% 이상을 학생부교과 방식의 지역균형(학교장 추천)으로 선발하고 있다. 그래서 지금 수시 학생부전형에서는 '일반고는 교과, 특목자사고는 종합'이라는 공식이 작동하고 있다.

이런 상황에서 교과 성적이 절대평가로 개편되면 변별력이 사라지기 때문에 학생부교과에서 수많은 동점자를 처리할 수가 없게 된다. 현재 일반고 학생들이 서울 주요 대학에 입학할 수 있는 거의 유일한 통로인 수시 학생부교과가 교과 성적 변별력 상실로 인해 폐지될 수밖에 없다는 말이다.

현재 고려대 등이 진로선택과목에서 실시하고 있는 것처럼 성취도 등급별 분포를 반영해서 환산한다고 해도 당락을 결정할 수 있을 정도의 변별력을 갖추기는 어렵다. 상대적 서열화를 막기 위해 절대평가를 실시하면서도 변별력을 확보하기 위해 굳이 복잡한 계산으로 환산 점수를 부여하는 것은 취지에 어울리지도 않는 편법이기도 하다.

결국 교과 성적이 절대평가로 개편되면, 대학에서는 변별력이 부족한 교과 성적을 보완하기 위해 학생부교과에서도 학생부 서류에 대한 주관적 정성 평가를 추가할 가능성이 높다. 그렇게 되면 무늬만 교과이지 학종과 별로 다르지 않으므로 사실상 학생부교과를 폐지하는 것이나 마찬가지가 된다. 이미 학생부교과에서 학종처럼 서류 평가를 반영하는 대학들이 늘고 있다.

물론 대학 입장에서는 특목자사고 학생들에게 유리한 학종의 비중이 다시 늘어나는 것을 반대할 이유가 없을 것이다. 이미 대학에서는 절대평가 방식의 고교학점제가 도입되면 수시 학종을 확대하겠다는 신호를 보내고 있기도 하다.

하지만 전국적으로 보면 현행 입시에서 압도적인 비중을 차지하고 있는 학생부교과를 사실상 학종으로 전면 개편하는 것은 어려울 뿐만 아니라 바람직하지도 않다. 더구나 대학 입시에서 학종의 비중이 과거처럼 확대되면 다시 학종 불공정성 논란이 재연될 가능성도 높다. 수시 학종은 기득권층의 대물림 수단으로 악용될 수 있다는 사실이 드러난 이후 국민들로부터 불신의 대상이 사실상 사망 선고를 받은 것이나 다름없다.

수시 학종에서도 교과 성적이 절대평가로 개편되면 당락을 결정할 수 있는 객관적인 자료가 거의 사라지게 되므로 국민들로부터 공정성을 더욱 의심받을 수밖에 없다. 결국 도로 확대된 수시 학종의 불공정성 문제가 다시 불거지면서 국민적인 정시 수능 확대 요구에 직면하게 될지도 모른다.

교과 성적 절대평가와 본고사 부활

교과 성적이 절대평가로 개편되면, 학생부교과뿐만 아니라, 학생부종합도 약화될 가능성이 매우 크다. 서울 주요 대학의 경우 지원자 대부분의 교과 성적이 모두 A 등급일 가능성이 높은데, 이를 학생부 서류만으로 세세하게 변별하기는 어렵기 때문이다. 그래서 대학들이 변별력을 이유로 논술 면접을 과거 본고사 수준으로 확대할 가능성이 매우 높다.

지금도 SKY는 본고사 수준의 제시문 면접을 실시하고 있다. 그런데 절대평가가 실시되면, 현행 서류 기반 면접을 실시하는 대학들도 변별력을 높이기 위해 SKY처럼 본고사 수준의 제시문 면접으로 개편할 가능성이 높다.

더구나 서울 주요 대학들은 이미 본고사 수준의 고난도 논술을 실시하고 있다. 만약 절대평가로 교과 성적의 변별력이 약화된다면, 대학 입장에서는 수시에서 학생부전형 대신 논술을 대폭 늘려서 변별력을 확보하는 것이 합리적인 선택이 된다.

김영삼 정부는 교과 성적을 15등급으로 세분화하면서, 대학들이 국영수 위주의 본고사도 자유롭게 활용하도록 했다. 그러자 강화된 내신과 본고사 준비를 위한 과외 열풍이 일어났다. 그래서 김대중 정부에서는 교과 성적을 절대평가로 개편하고, 입시 경쟁과 사교육의 주범이라는 이유로 본고사도 폐지했다. 그러자 이번에는 대학들이 변별력이 없는 교과 성적 대신에 수능 비중을 대폭 확대하면서 소위 '수능 전성시대'가 시작되었다. 변별력이 필수인 대학 입장에서는 고교 교과 성적과 대학별 고사의 변별력이 모두 약화된 상태에서 어쩔 수 없이 수능을 강화할 수밖에 없었던 것이다. 이후 노무현 정부에서는 교과 성적 절대평가를 유지하면서 수능 시험의 비중을 줄이기 위해 수능 등급제를 실시했다. 결국 교과 성적과 수능의 변별력이 모두 약해지자 이번에는 대학들이 다시 통합 논술을 사실상 과거 본고사 수준으로 부활시키고 말았다.

우리의 대학 입시는 어느 한쪽을 누르면 다른 쪽이 부풀어 오르는 풍선과 다르지 않다. 입시 경쟁이 치열한 상황에서 성급하게 교과 성적 절대평가를 도입하면, 입시 경쟁과 사교육 부담을 완화시키지도 못할 뿐만 아니라, 본고사 부활로 오히려 더욱 폭발시킬 것임을 우리의 입시 역사는 증언하고 있다.

학교 정상화를 위해서는 교과 성적이 입시에서 변별력 있게 반영될 수 있도록 상대평가로 실시되어야 한다. 그렇지 않으면 본고사나 수능이 학교를 지배하게 된다. 세계에서 입시 경쟁이 가장 치열한 한국에서는 고등학교 교과 성적, 국가고사 수능, 대학 논술 면접이 다원적인 균형을 이루어야 지속 가능할 수 있다.

K-학생부교과의 빛과 그림자

K-학생부교과의 빛

K-학생부교과는 고등학교의 교과 성적을 중심으로 학생을 선발하므로 고등학교의 교육을 정상화하는 데에 필수적인 전형이다. 대학 입시가 대학별고사나 국가고사 중심으로 실시되면 학교는 교육과정을 무시하고 이를 준비하는 입시 준비 기관으로 전락할 수밖에 없다.

대학 입시에서 교과 성적을 반영한 것은 전두환 정부 시절인 1982년부터이다. 그 이전에는 대학별고사나 국가고사 중심으로 실시되어 왔다. 그런데 교과 성적이 반영된 이후에도 대입 실질 반영률이 매우 낮아서 학교가 수능 준비를 위한 입시학원으로 변질되고 있다는 국민적 비판이 끊이지 않았다.

과거 수능 전성시대에는 수능 성적이 당락을 좌우했기 때문에 수능에 출제되지 않는 과목의 시간이나 자신이 선택하지 않은 과목의 시간에는 수업에 집중하지 않는 학생들이 많았다. 아예 수능 전문학원에서 제대로 공부하기 위해서 학교 수업 시간에는 일부러 잔다는 학생들도 적지 않았다. 심지어 일찍부터 학교를 자퇴하고 수능 준비에 전념하겠다는 검정고시생까지 있었다.

그런데 서울 주요 대학에서 「대입제도 공정성 강화 방안」(2019)에 따라 학생부교과 방식의 지역균형(학교장 추천)으로 정원의 10%를 선발하게 된 이후에는 교실 분위기가 완전히 달라졌다. 지금 수시에서 '일반고는 교과, 특목자사고는 종합'이라는 공식이 작동하고 있다. 학생부교과는 교과 성적 중심으로 선발하므로 특목자사고에 비해 상대적으로 교과 성적이 우수한 일반고 학생들에게 유리하기 때문이다. 지금 학생부교과는 일반고 학생들이 서울 주요 대학에 진학할 수 있는 거의 유일한 통로라고 해도 과언이 아니다.

학생부교과는 학교를 수업 중심으로 변화시킴으로써 대학 진학률이 갈수록 떨어지고 있던 소위 '일반고 슬럼화'를 막아 주었다고 해도 과언이 아니다. 지금은 학교에서 수업 시간에 자거나 노는 학생들이 문제가 아니라, 오히려 과도한 교과 성적 경쟁이 문제가 되고 있는 상황으로 변했기 때문이다.

이와 함께, 학생부교과는 학종이나 수능에 비해서 부모의 특권이나 사교육이 직접 개입하기가 가장 어려운 전형이다. 물론 교과 성적에서 부모의 특권이나 사교육의 영향이 전혀 없다고 보기는 어렵다. 하지만 학교 교사들이 자신의 수업 내용에 대한 평가자라는 점에서 외적인 영향이 개입할 여지가 적은 것은 분명하다. 해마다 달라지는 과목 선생님들의 출제 경향이나 문제 유형 등을 정확히 예측해서 대비해 줄 수 있는 가정이나 학원은 존재하지 않기 때문이다.

일부에서 문제를 제기하고 있는 수행평가도 학교 수업 시간 중에 교육 활동의 일환으로 이루어진다면 외부 영향을 크게 줄일 수 있다. 지금은 학생들에게 과제를 주어서 가정이나 학원에서 완성해 오는 방식이 아니라, 수업 시간 가운데 다양한 교육 활동을 하면서 그 과정이나 결과물을 평가하고 있으므로 크게 문제가 되지 않는다.

K-학생부교과의 그림자

학생부교과는 교과 성적이라는 점수 위주의 선발 방식이기 때문에 성적 이외의 창의력, 리더십, 봉사성 등 다양한 능력을 갖춘 학생을 선발하기 어렵다는 단점이 있다.

학생부교과는 교과 성적을 중심으로 선발하므로 학생들이 고등학교 내내 좋은 성적을 유지해야 한다는 점에서 입시 부담이 매우 크고 경쟁이 심하다는 문제도 있다. 임명묵 학생은 『K—를 생각한다』(2021)라는 책에서 교과 성적 중심 입시가 수능 성적 중심 입시보다 오히려 경쟁이 치열하다고 비판했다. 고교 교과 성적은 경쟁 범위가 학교로 제한되어 있기 때문에 옆자리 친구조차 밟아야 할 경쟁 상대로 만들어 버렸다는 것이다.

"고교내신은 비유적 표현에 불과했던 '옆자리 친구들'끼리의 투쟁을 문자 그대로의 의미로 만들었다. 따라서 경쟁의 심리적 거리는 더욱 가까워질 수밖에 없었다."

학생부교과의 가장 큰 문제는 고등학교 간에 현실적으로 존재하는 학력 차이를 고려할 수 없다는 점이다. 현재 K-고교체제에서는 우선 선발하는 특목고와 자사고 그리고 일반고로 서열화되어 있는 것이 사실이다. 그런데 이런 차이를 무시하고 모든 학교의 교과 성적을 동일하게 비교하는 것은 공정하지 못한 면이 있다. 성적이 우수한 학생들을 선발해 놓고서 그로 인한 교과 성적의 불이익을 무조건 감수하라고 하는 것은 비합리적이기 때문이다.

물론 이런 학교 간의 차이를 보완하기 위해 주요 대학들은 수능 최저를 활용하고 있다. 고교 교과 성적의 평등성을 살리면서도 학교 간의 차이로 인한 공정성의 문제를 수능으로 보완하고 있는 셈이다. 실제로 교과 성적이 우수하지만 수능 최저를 충족시키지 못해서 탈락하는 학생들이 지원자의 절반 수준에 이를 정도로 실질적인 효과를 발휘하고 있다. 그리고 수시 학종에서는 특목자사고 학생들이 유리한 것도 사실이다. 그럼에도 불구하고 교과 성적의 불이익에 대한 특목자사고 학생들의 불만을 완전히 잠재우기는 어려울 것이다.

K-학생부교과는 빛과 그림자를 모두 가지고 있다. 따라서 현행 학생

부교과의 빛나는 장점을 살리면서도 어두운 단점을 줄일 수 있도록 수능이나 대학별고사로 보완하는 다원적인 해법을 찾는 지혜가 필요하다.

3장

K-학생부종합,
숨겨진 비밀이 드러난다

K–학생부종합 2025 나침반	127
자기소개서가 아니라 자기소설서 폐지	134
5개 대학 학종 공통 평가 요소	137
학종의 비밀은 세특, 세특의 비밀은 탐구 활동	142
비교과는 교과와의 연계성이 핵심	146
2025 학생부종합 지원 전략	151
고교학점제 무엇이 어떻게 달라지나?	156
2022 교육과정 어떻게 바뀌었나?	165
K–학생부종합의 빛과 그림자	169

K-학생부종합 2025 나침반

K-대학 입시에서 수시 전형의 하나인 학생부종합(학종)은 대학의 입학사정관이 고등학교의 교과 성적만이 아니라 학교생활기록부 서류 전체를 정성적으로 평가하는 선발 체제이다. 대교협의 「2025학년도 대입정보 119」(2023)에 의하면, 2025학년도 학종 모집인원은 전국적으로 23.1%로서 학생부교과 45.3%의 절반 수준에 불과하다. 하지만 서울 주요 15개 대학에서는 학종이 33.9%로 학생부교과 11%의 세 배를 넘는다. 따라서 입시 경쟁이 가장 치열한 수도권 대학의 수시에서는 학종이 핵심이라고 할 수 있다.

2025 학종에서 가톨릭대는 면접을 폐지하고 잠재능력우수자로 통합하였다. 고려대는 학업우수에서 면접을 폐지하고 서류100으로 선발하며, 성균관대는 기존 계열모집/학과모집을 융합형/탐구형으로 명칭을 변경하였다. 중앙대 CAU 융합형인재와 한국외대 학생부종합(SW인재)은 기존의 단계별 전형에서 서류100 일괄합산 전형으로 변경하였다. 그리고 한양대는 학생부종합(일반)을 폐지하고 학생부종합 추천형/서류형/면접

형 전형을 신설하였다.

K-학종은 학생부교과와 달리 교과 성적을 정량적으로 평가하는 것이 아니라, 지원자가 제출한 학생부 서류와 면접을 바탕으로 입학사정관이 종합적으로 평가하는 정성 평가이다. 지난 「대입제도 공정성 강화 방안」(2019)에 따라 2024 대입부터 자기소개서가 폐지되어 서류 평가는 학생부만으로 이루어지고 있다.

K-학종에서는 면접 없이 학생부 서류로만 선발하는 일괄합산 전형과 면접을 실시하는 단계형으로 구분된다. 학종에서는 1단계에서 일정 배수를 서류 평가로 선발하고, 2단계에서 면접을 실시하는 단계형이 대부분이다. 동일 대학에서 학종을 서류형과 면접형을 구분하여 학생을 선발하는 경우도 적지 않다. 자기소개서가 폐지되면서 면접의 비율을 확대하는 대학이 늘어나고 있는 추세이다.

학종 서류 평가에서 교과성적은 주로 3학년 1학기까지 총 5학기의 성적을 활용한다. 학생부교과와 달리, 교과 성적뿐만 아니라 선택과목과 성적의 추이까지 정성적으로 평가한다. 특히 과목별 세부 능력 및 특기사항(세특)의 기록을 통해 교과 탐구 활동, 학생의 참여도, 수업 태도 등을 종합적으로 평가한다. 비교과가 대폭 축소되고, 과목마다 세특을 기재하게 되면서 지금 학종에서는 과목 세특이 가장 중요한 요소가 되었다.

이와 함께 창의적체험활동과 행동특성 및 종합의견 등 학생부에 기재된 비교과 활동들도 여전히 서류 평가에 반영된다. 지금은 소논문, 방과후 활동 수강 내용, 청소년 단체활동, 봉사활동 특기 사항은 학생부 기재가 아예 금지되었다. 그리고 영재 발명 교육 실적, 자율 동아리, 개인 봉사활동 실적, 진로 희망 분야, 교내 수상 경력, 독서활동은 학생부에 기재는 하지만 대입에는 반영되지 않는다.

이렇게 학종에서 비교과 영역이 이전보다 축소된 것은 사실이지만, 자율활동, 정규 동아리활동, 진로활동, 교내 봉사활동 등은 여전히 반영된다. 특히 독서활동상황은 대입에 반영되지 않지만, 독서활동을 기반으로 한 다양한 활동을 세특과 창의적체험활동 특기사항 등에 기록하는 것은 가능하다.

K-학종에서는 2021학년도 대입부터 블라인드 서류 평가도 이루어지고 있다. 블라인드 서류 평가란 대학이 학생부를 평가하는 과정에서 인적사항(학교 코드, 수험생 이름, 주민등록번호 등)과 고등학교 이름이 노출되지 않도록 학생부 관련 내용을 블라인드 처리하는 것이다. 학종이 개인의 능력이 아니라 출신 학교에 따라 차별하는 고교등급제를 실시하고 있는 것이 아니냐는 비판이 나오자 출신 학교를 알 수 없도록 만든 것이다.

하지만 블라인드 처리를 해도 교과목 이름만 보면 특목자사고와 일반고의 구별이 가능하기 때문에 실효성이 있는 대책이라고 보기는 어렵다. 그나마 동일한 일반고 간에는 서울인지 지방인지, 강남인지 강북인지를 알기 어렵다는 점에서 의미가 다소 있을 뿐이다. 그럼에도 불구하고 입학사정관들이 고교 블라이드 처리를 폐지하자는 목소리를 계속 내고 있다. 학종에서 일반고를 서울인지 지방인지, 강남인지 강북인지에 따라

세세하게 차별하겠다는 얘기인지 이해하기 어렵다.

이와 함께 2025학년도부터 학교폭력 근절 종합대책에 따라 147개교에서 학교폭력 조치사항을 자율적으로 반영한다. 2025 학종에서 학교 폭력 조치 사항을 반영하는 대학은 건국대, 경희대, 고려대, 동국대, 서강대, 서울대, 서울시립대, 성균관대, 숙명여대, 연세대, 이화여대, 중앙대, 한국외대, 한양대, 홍익대 등 서울 주요 15개 대학을 포함해서 총 112개교이다. 2026학년도부터는 모든 전형에서 학교 폭력 조치 사항을 필수로 반영하되, 반영 방법은 대학이 자율로 설정할 수 있다.

한편, K-학종에서는 의약학 계열을 제외하면 대체로 수능 최저를 적용하지 않는다. 그런데 교사추천서와 자기소개서가 폐지되고 비교과 영역이 대폭 축소됨에 따라 변별력 확보를 위해 수능 최저를 적용하는 대학이 늘어나고 있다. 2025 학종에서 수능 최저를 적용하는 인원은 전체 모집인원의 약 11% 정도이다.

서울대 지역균형은 국수영탐(2) 3개 합 7등급이고, 고려대 학업우수형은 국수영탐(1) 4개 합 8등급이다. 연세대 활동우수형 인문은 국수탐(2) 2개 합 4등급이고, 자연은 국수(미/기)과(2) 2개 합 5등급이다. 2025학년도부터 수능 최저를 적용하는 서울시립대 학생부종합Ⅱ는 국수영탐(1) 2개 합 5등급이고, 한양대 추천형은 국수영탐(1) 3개 합 7등급이다. 학종에서 학생들의 선호도가 높은 간호, 수의예, 약학, 의예, 치의예, 한의예 등 의약학 계열은 수능 최저가 매우 높다.

[서울 주요 대학 학생부종합 전형방법 및 수능 최저]

대학	전형명	모집인원	전형방법	수능 최저
건국대	KU자기추천	833	1단계(3배수): 서류100, 2단계: 1단계70+면접30	없음
경희대	네오르네상스	1,068	1단계(3배수): 서류100, 2단계: 1단계70+면접30	없음
고려대	학업우수	771	서류100	국,수,영,탐(1) 4개 합 8등급, 한4 반도체,차세대통신,스마트모빌리티:국,수,영,과(1) 4개 합 7등급 의예: 국,수,영,과(2) 4개 합 5등급, 한4
	계열적합	453	1단계(5배수): 서류100, 2단계: 1단계50+면접50	없음
동국대	Do Dream	507	1단계(4배수): 서류100, 2단계: 1단계70+면접30 ※ 경영,정보통신공학, 화공생물공학 1단계(3.5배수)	없음
	Do Dream (소프트웨어)	64	1단계(2.5배수): 서류100, 2단계: 1단계70+면접30	없음
서강대	일반	544	서류100	없음
	서강가치	36	서류100	없음
서울대	일반	1,321	1단계(2배수): 서류100, 2단계: 1단계50+면접50 디자인: 1단계(2배수): 서류100, 2단계: 면접100 사범대학: 1단계(2배수): 서류100 2단계: 1단계50+면접30+교직적·인20 국악과: 1단계(2배수): 서류50+실기502단계: 서류50+실기40+면접10	없음 디자인: 국,수,영,탐(2) 3개 합 7등급 체육교육: 국,수,영,탐(2) 2개 합 6등급
	지역균형	478	1단계(3배수): 서류100, 2단계: 1단계70+면접30	국,수,영,탐(2) 3개 합 7등급

서울시립대	학생부종합 I	369	1단계(3배수): 서류100, 2단계: 1단계50+면접50	없음
	학생부종합 II	185	서류100	국,수,영,탐(1) 2개 합 5등급, 한4
성균관대	융합형	421	서류100	없음
	탐구형	438	서류100 의예,교육,한문교육,수학교육,컴퓨터교육,스포츠과학: 1단계(3배수): 서류100, 2단계: 1단계70+면접30	없음
	과학인재	80	1단계(7배수): 서류100, 2단계: 1단계70+면접30	없음
숙명여대	숙명인재 (면접형)	395	1단계(3배수): 서류100, 2단계: 1단계60+면접40	없음
	소프트웨어인재	44	1단계(3배수): 서류100, 2단계: 1단계60+면접40	없음
연세대	활동우수형	615	1단계(인문 3배수/자연 4배수): 서류100, 2단계: 1단계60+면접40	인문: 국,수,탐1,탐2 2개 합 4등급, 국/수 1개 포함, 영3, 한4 자연: 국,수(미/기),과1,과2 2개 합 5등급, 수 포함, 영3, 한4 약/의예/치의예: 국,수(미/기),과1,과2 2개 각 1등급, 영3, 한4
	국제형-국내고	160	1단계(3배수): 서류100, 2단계: 1단계60+면접40	국,수,탐(2) 2개 합 5등급, 국/수 1개 포함, 영3, 한4
이화여대	미래인재	993	서류100	스크랜튼: 국,수,영,탐(1) 3개 합 5등급 인문/국제: 국,수,영,탐(1) 3개 합 6등급, 국 응시 필수 자연: 국,수,영,탐(1) 2개 합 5등급, 수 포함 약학: 국,수,영,탐(1) 4개 합 6등급 의예: 국,수,영,탐(1) 4개 합 5등급
중앙대	CAU융합형인재	357	서류100	없음
	CAU탐구형인재	425	1단계(3.5배수): 서류100, 2단계: 1단계70+면접30	없음
한국외대	학생부종합 (면접형)	469	1단계(3배수): 서류100, 2단계: 1단계50+면접50	없음
	학생부종합 (서류형)	502	서류100	없음
	학생부종합 (SW인재)	34	서류100	없음

한양대	서류형	737	학생부100	없음
	면접형	29	1단계(5배수): 학생부 100, 2단계: 1단계80+면접20	없음
	추천형	156	학생부100	국,수,영,탐(1) 중 3개 합 7 이내
홍익대	학교생활우수자	467	서류100	인문: 국,수,영,탐(1) 3개 합 8등급, 국,수,영,탐 응시 필수 한4 자연: 국,수(미/기),영,과(1) 3개 합 8등급, 국,수,영,탐 응시 필수 한4

☞ 보다 정확하고 자세한 내용은
    대학별 모집 요강과 [대입나침반] 네이버 카페의 <2025 대입자료실> 참고.

자기소개서가 아니라 자기소설서 폐지

　지난 「대입제도 공정성 강화 방안」(2019)에 따라 2024학년도 대입에서부터 말도 많고 탈도 많았던 자기소개서가 폐지되었다. 당시 교육부가 부모의 특권이나 사교육 기관이 직접 입시에 개입하는 여지를 없애기 위해 교사추천서와 자기소개서를 모두 폐지한 것은 조국 가족 입시 부정 사건으로 드러난 수시의 공정성 확보를 위해 불가피한 조치라고 할 수 있다.

　그동안 자기소개서는 사실의 기록보다는 성공 스토리를 만들어서 부풀리는 것이 효과를 발휘한다고 생각되다 보니 '자기소설서'라고 불리는 등 국민들 사이에서 폐지 여론이 높았다. 더구나 자신의 진로를 완전히 결정하기 어려운 고등학생들이 재학 기간 동안에 자신의 진로와 관련해 의미 있는 학습경험과 교내활동을 1,500자나 쓴다는 것은 매우 어려운 일이었다.

　재학 기간 동안에 타인과 공동체를 위해 노력한 경험을 가지기 어려운 고등학교 학생들이 이에 대해 800자나 쓴다는 것도 쉬운 일이 아니다.

그러니 자기소개서를 그럴듯하게 창작하기 위해 집에서는 온 가족이 총동원되고 학교마다 교사들이 학생들의 자기소개서를 세세하게 지도하지 않을 수 없었다. 학생들이 쓴 자기소개서를 첨삭 지도해 주는 것은 물론이고, 심지어 자기소개서를 아예 대신 써 주는 학원도 있어서 유사도 검증을 철저히 해야 한다는 목소리가 높았던 것도 사실이다.

이렇게 학생 개인이 아니라 부모나 교사, 입시 전문가들의 개별적인 지도가 불가피한 자기소개서가 수시 합격에 지대한 영향을 미치는 것은 공정하지 못한 일이다. 교육 여건 상 제대로 된 지도를 받기 어려운 처지에 놓은 학생들도 적지 않기 때문이다.

물론 자기소개서가 백해무익한 것은 아니다. 객관적인 점수 이외에 자신의 장점이나 잠재력 등을 부각할 수 있는 기회를 학생들에게 준다는 측면에서 의미가 있는 것은 분명하다. 대학 입시에서 학생 스스로 자신을 설명할 기회를 주는 것이 필요한 것도 사실이다.

하지만 한국의 치열한 입시 경쟁 시스템에서는 자기소개서가 남이 대신 써 주는 자기소설서로 전락할 수밖에 없다는 것도 분명한 사실이다. 현실적으로 자기소개서가 폐지되어 대학 입학사정관들이 학생을 평가하기가 어려워졌을 것이다. 그렇다고 해도 남들이 첨삭 지도해 준 자기소설서에 의존하는 것보다는 학생부에 기재되어 있는 객관적인 자료들을 바탕으로 학생을 평가하고, 불확실한 부분이나 검증이 필요한 내용은 대학별 면접을 통해서 직접 확인하는 것이 바람직하다.

지금도 2028 대학 입시에서는 다시 자기소개서를 부활시켜야 한다고 주장하는 입학사정관들이 아주 많다. 그런데 교육부가 2028 대입제도 개편에서 자기소개서를 부활시키지 않은 것은 다행스러운 일이다. 이후에 우리나라가 미국 수준으로 입시 경쟁이 완화된다면 다시 도입할 필요가 있을지 몰라도 지금처럼 경쟁이 치열한 상황에서는 자기소개서를 폐지하는 것이 불가피하다고 생각하는 국민들이 대부분일 것이다.

최근 5개 대학(건국대, 경희대, 연세대, 중앙대, 한국외대) 공동연구에서는 학교생활기록부의 공통 평가 요소로 학업역량, 진로역량, 공동체역량 3가지를 제시했다. 첫 번째, 학업역량은 대학 교육을 충실히 이수하는 데 필요한 수학 능력으로서 학업 성취도, 학업 태도, 탐구력을 평가한다. 기존의 학업 태도와 학업 의지를 학업 태도로 간소화하고, 탐구 활동은 탐구력으로 변경했다.

먼저, 학업 성취도는 고교 교육과정에서 이수한 교과의 성취 수준이나 학업의 발전 정도를 의미한다. 등급과 원점수 또는 성취도 뿐 아니라 이수과목, 이수자 수, 평균과 표준편차, 세부능력 및 특기사항을 종합적으로 고려하여 정성적으로 평가하는 것이 일반적이다. 세부 평가 내용은 대학 수학에 필요한 기본 교과목인 국어, 수학, 영어, 사회/과학의 교과 성적은 적절한가, 그 외 교과목의 교과 성적은 어느 정도인가, 유난히 소홀한 과목이 있는가, 학기별/학년별 성적의 추이는 어떠한가 등이다.

다음으로 학업 태도는 학업을 수행하고 학습해 나가려는 의지와 노력을 말한다. 학종에서는 학업 성취도만이 아니라, 교과 수업에서 집중력을 가지고 적극적으로 참여하여 스스로 탐구하고 이해하는 등의 학업 태도를 매우 중시하고 있다는 것을 알 수 있다. 세부 평가 내용은 성취 동기와 목표 의식을 가지고 자발적으로 학습하려는 의지가 있는가, 새로운 지식을 획득하기 위해 자기 주도적으로 노력하고 있는가, 교과 수업에 적극적으로 참여해 수업 내용을 이해하려는 태도와 열정이 있는가 등이다.

마지막으로 탐구력은 지적 호기심을 바탕으로 사물과 현상에 대해 탐구하고, 문제를 해결하려는 노력을 의미한다. 학종에서는 지적 호기심을 가지고 깊게 꾸준히 연구할 수 있는 역량을 중시한다. 세부 평가 내용은 교과와 각종 탐구 활동 등을 통해 지식을 확장하려고 노력하고 있는가, 교과와 각종 탐구 활동에서 구체적인 성과를 보이고 있는가, 교내 활동에서 학문에 대한 열의와 지적 관심이 드러나고 있는가 등이 있다.

두 번째, 진로역량은 자신의 진로와 전공(계열)에 관한 탐색 노력과 준비 정도를 말하는 것으로 전공(계열) 관련 교과 이수 노력, 전공(계열) 관련 교과 성취도, 진로 탐색 활동을 평가한다. 학습 부담을 경감하기 위해 일반선택과목을 기피하고 좋은 등급을 받기 쉬운 진로선택과목을 다수 선택하거나, 석차등급의 유불리 때문에 희망 전공별 이수 권장과목의 선택을 기피하는 경우에는 평가에서 불리할 수 있다.

먼저, 전공(계열) 관련 교과 이수 노력은 고교 교육과정에서 전공(계열)에 필요한 과목을 선택하여 이수한 정도를 의미한다. 이전에는 지원하고자 하는 전공 학과나 학부와의 연계성을 중시했는데, 이제는 전공보다 넓은 개념인 계열 적합성을 중시하는 것으로 방향이 바뀌었다. 직접적으로 전공과 관련성이 적더라도 유사한 계열의 활동이라면 모두 진로역량으로 인정해 주겠다는 것이다. 세부 평가 내용은 전공(계열)과 관련된 과목을 적절하게 선택하고 이수한 과목이 얼마나 되는가, 전공(계열)과 관련된 과목을 이수하기 위해 공동 교육과정, 온라인 수업, 소인수 과목 등 추가적인 노력을 하였는가, 선택과목(일반/진로)은 교과목 학습 단계(위계)에 따라 이수하였는가 등이다.

다음으로 전공(계열) 관련 교과 성취도는 고교 교육과정에서 전공(계열)에 필요한 과목을 수강하고 취득한 학업 성취 수준을 말한다. 세부 평가 내용은 전공(계열)과 관련된 과목의 석차등급/성취도, 원점수, 평균, 표준편차, 이수 단위, 수강자 수, 성취도별 분포 비율 등을 종합적으로 고려한 성취 수준은 적절한가, 전공(계열)과 관련된 동일 교과 내 일반선택과목 대비 진로선택과목의 성취 수준은 어떠한가 등이다.

마지막으로 진로 탐색 활동과 경험은 자신의 진로를 탐색하는 과정에서 이루어진 활동이나 경험 및 노력 정도를 의미한다. 자신의 목표를 위한 개인적 노력과 학교 교육에서 이루어진 자기 주도적인 진로 탐색 경험이 중요하다. 세부 평가 내용은 자신의 관심 분야나 흥미와 관련한 다양한 활동에 참여하여 노력한 경험이 있는가, 교과 활동이나 창의적체험활동에서 전공(계열)에 대한 관심을 가지고 탐색한 경험이 있는가 등이다.

세 번째, 공동체역량은 공동체의 일원으로서 갖춰야 할 바람직한 사고와 행동으로서, 협업과 소통 능력, 나눔과 배려, 성실성과 규칙 준수, 리더십을 평가한다. 기존에 인성과 발전 가능성으로 나누어져 있었던 것을 공동체역량으로 통합하였다. 특히 고등학교의 각종 공동체 생활 속에서 협력과 나눔을 실천한 경험이 중요하다.

먼저, 협업과 소통 능력은 공동체의 목표를 위해 협력하며, 구성원들과 합리적인 의사소통을 할 수 있는 능력을 의미한다. 세부 평가 내용은 단체활동 과정에서 서로 돕고 함께 행동하는 모습이 보이는가, 구성원들과 협력을 통하여 공동의 과제를 수행하고 완성한 경험이 있는가, 타인의 의견에 공감하고 수용하는 태도를 보이며, 자신의 정보와 생각을 잘 전달하는가 등이다.

다음으로 나눔과 배려는 상대방을 존중하고, 원만한 관계를 형성하며, 타인을 위하여 기꺼이 나누어 주고자 하는 태도와 행동을 말한다. 세부 평가 내용은 학교생활 속에서 나눔을 실천하고 생활화한 경험이 있는가, 타인을 위하여 양보하거나 배려를 실천한 구체적 경험이 있는가, 상대를 이해하고 존중하는 노력을 기울이고 있는가 등이다.

다음으로 성실성과 규칙 준수는 책임감을 바탕으로 자신의 의무를 다하고, 공동체의 기본 윤리와 원칙을 준수하는 태도를 의미한다. 세부 평가 내용은 교내 활동에서 자신이 맡은 역할에 최선을 다하려고 노력한 경험이 있는가, 자신이 속한 공동체가 정한 규칙과 규정을 준수하고 있는가 등이다.

마지막으로 리더십은 공동체의 목표 달성을 위해 구성원들의 상호작용을 이끌어 가는 능력을 뜻한다. 세부 평가 내용은 공동체의 목표를 달성하기 위해 계획하고 실행을 주도한 경험이 있는가, 구성원들의 인정과 신뢰를 바탕으로 참여를 이끌어 내고 조율한 경험이 있는가 등이다.

학생부종합전형에서는 대학별로 평가 요소별 배점이 서로 다르다. 또한 같은 대학이라도 전형에 따라 평가 요소별 비율이나 배점이 달라지는 경우도 많다. 따라서 대학이 발표하는 학생부전형 가이드북을 반드시 확인해야 한다.

학종의 비밀은 세특, 세특의 비밀은 탐구 활동

　K-학종에서 교과 성적은 가장 중요한 평가 요소의 하나이다. 최근 블라인드 평가의 확대 및 고교 프로파일 폐지, 비교과 학생부 반영 축소로 인해 교과 성적과 교과 활동이 평가에서 차지하는 비중이 매우 높아졌다. 특히 교과 활동이 기록되는 과목별 세부 능력 및 특기 사항(세특)은 서류 및 면접 평가에서 학업역량, 전공(계열) 적합성을 평가하는 데 가장 큰 비중을 차지한다.

　학종에서는 학생의 관심, 흥미, 진로에 따른 과목 선택도 매우 중요하다. 대학마다 모집 단위별로 이수를 권장하는 과목들을 발표하였으니 과목을 선택할 때 미리 살펴보길 바란다. 2025학년도 서울대의 경우 인문계열 대부분의 모집 단위는 권장 과목이 제시되어 있지 않지만, 경제학부와 농경제사회학부의 경우 미적분과 확률과 통계 과목의 이수를 권장하고 있다. 그리고 공과대학 광역은 핵심 권장 과목으로 미적분과 확률과 통계를, 권장 과목으로 기하를 제시하고 있다.

　이와 함께 진로 희망이 분명한 학생들은 1학년 때부터 과학, 외국어,

예체능 거점 학교 프로그램에 참여하여 다른 학생들과 차별적인 과목 세특이 기재될 수 있도록 노력할 필요도 있다. 서울시교육청의 '학교 간 협력 교육과정 온라인 지원 시스템'에서 거점 학교 수강 신청 등 다양한 정보를 확인할 수 있다.

K-학종에서 가장 중요한 것은 과목 세특이다. 지금 교과 교사들은 자신의 수업에 참여한 모든 학생의 세특을 학생부에 기재하고 있기 때문이다. 학생부에는 고등학교 3년 동안 학생들이 수업을 들은 모든 과목에 대해 교사들이 기재해 준 세특이 들어 있는 것이다. 학종의 탑 시크릿은 과목 세특이다.

세특에서는 교과 수업에서 이루어지는 수행평가, 발표, 탐구 학습 등에서 단순히 교과 성적 수치로 볼 수 없는 학생의 역량이 드러나도록 기재되는 것이 바람직하다. 교사들은 수행평가나 자율 탐구 활동 등을 통해 나타난 학생의 모습이나 수업 산출물을 교과별 성취 기준과 연계해서 학업 성취 수준이나 발전 정도가 분명하게 드러나도록 기재할 필요가 있다.

과목 세특의 탑 시크릿은 독서 기반 탐구 활동이다. 세특에는 교사가 실시한 수행평가 내용과 결과만이 아니라, 학생들이 수업 내용과 관련해서 자기 주도적으로 탐구 활동을 하고 보고서를 제출하거나, PPT 자료를 만들어 수업 시간에 발표하는 등 다양한 탐구 활동 내용이 기재될 필요가 있다. 학생들은 교과 수업 내용에서 자신의 진로와 관련된 주제를 찾아내고, 이를 관련 책이나 자료들을 통해 스스로 탐구해서 보고서를 작성하는 자율적 탐구 활동을 적극적으로 수행해야 한다. 단, 학생부에는 소논문과 유사한 형태로 보고서 실적(제목, 연구 주제 및 참여 인원, 소요 시간)을 기재할 수 없으니 주의해야 한다.

일반적으로 과목 세특은 교과별 활동과 학생의 진로가 연계될 수 있도록 기재되는 것이 좋다. 하지만 지나치게 진로만을 강조할 경우 해당 과목의 학업 성취도를 이해하는 데 도움이 되지 않으므로 해당 과목의 성격과 무관한 진로 내용이 기재되지 않도록 주의해야 한다.

한편, 개인별 세부 능력 및 특기 사항(개인 세특)에는 특정 과목의 세특으로 한정하기 어려운 경우에 한해서 입력할 수 있다. 교육부의 「학교생활기록부 기재 요령」(2023)에 의하면, '수업량 유연화에 따른 학교 자율적 교육 활동' 관련 내용을 개인 세특에 기재할 수 있다. 학교에서 기말고사 직후의 일정 기간 동안 자율적 교육 활동 기간을 설정해 두고, 희망하는 학생들이 여러 교과를 결합해서 자기 주도적으로 융합적 탐구 활동을 실시하는 방식으로 운영할 수 있다. 하지만 이보다는 학교에서 별도의 융합적 탐구 활동 프로그램을 만들고, 여기에 참여하는 학생들의 산출물을 바탕으로 개인 세특에 기재해 준다면 보다 내실 있게 운영될 수 있을 것이다.

2024학년도부터는 독서활동을 학생부에 기재하되, 대입에는 반영되지 않는다. 하지만 감상문 작성 등 단순 독후 활동 이외에 자율적 탐구 활동을 전개하였다면 도서명을 포함하여 그 내용을 세특이나 창의적체험활동 등에 입력할 수 있다. 독서활동이 대입에 반영되지 않지만, 교과든 비교과든 독서 기반 탐구 활동이 매우 중요해졌기 때문에 오히려 독서활동의 비중이 더 커졌다고 볼 수도 있다. 학생들은 책을 읽고 독후감을 쓰는 데에 그치지 말고, 자신의 진로와 관련된 주제에 대해 자기 주도적으로 탐구하고 보고서를 작성하는 탐구 활동으로 연결하기를 바란다.

지금 대학별 면접에서 가장 많이 질문하는 것이 바로 학생 스스로 작성한 탐구보고서이다. 면접관들은 학생부에 적혀 있는 탐구보고서에 대해 주제를 선정한 이유, 주요 탐구 내용, 참고한 책이나 자료의 내용, 탐구 활동을 통해 새롭게 배운 점 등을 질문하기 마련이다. 따라서 탐구보고서를 작성하면서 나중에 면접관이 질문할 만한 내용들에 대한 답변을 미리 정리해 놓으면 면접까지 동시에 준비할 수가 있다.

비교과는 교과와의 연계성이 핵심

　K-대학 입시 가운데 수시 학생부종합의 핵심적인 전형 요소는 고등학교 학교생활기록부(학생부)이다. 지난 「대입제도 공정성 강화 방안」에 따라 수시 학종에서 교사추천서와 자기소개서가 모두 폐지되고, 학생부에서 비교과 활동의 대입 반영 내용이 대폭 축소되었다. 따라서 학생들이 이수한 모든 과목에 대해 교과 교사들이 기재하는 과목 세특이 학생부 가운데 가장 중요한 평가 요소가 되었다. 하지만 자율활동, 정규 동아리 활동, 진로활동, 교내 봉사활동 등 창의적체험활동이 여전히 대입에 반영되므로 비교과 영역도 소홀히 해서는 안 된다.

　먼저, 자율활동은 기존처럼 대입에 반영된다. 자율활동은 학급이나 학년의 특색 활동 등에 적극적으로 참여하여 사회성, 리더십, 소통 능력 등은 물론이고 전공 적합성까지 보여 주는 것이 중요하다. 자율활동 특기사항의 글자 수 제한은 연간 500자이다. 여기에 입력할 수 있는 내용은 학교 교육 계획에 의해 학교에서 주최하고 주관하여 실시한 활동, 타 고등학교에서 주최하고 주관한 국내 체험 활동 중 학교장이 승인한 체험

활동, 교육 관련 기관에서 주최하고 주관하여 실시한 국내 체험 활동 중 학교장이 승인한 체험 활동이다.

자율활동 특기 사항에는 학교 교육과정상 편성되지 않은 내용을 입력할 수 없으므로 학교에서 다양한 자율활동 프로그램을 마련할 필요가 있다. 학교의 자율활동 프로그램에 참여한 학생들이 활동 보고서 등 결과물을 프로그램 담당 교사에게 제출하면 자율활동 특기 사항에 기재된다.

학급별 자율활동은 수시 학종의 주된 평가 요소인 공동체역량이 부각될 수 있도록 기재되어야 한다. 일반적으로 대학에서는 자율활동의 특기 사항 가운데 학교 공통 내용을 삭제하고 개별 학생 활동 내용만을 평가하고 있다. 그래서 공통 내용이 아니라 학생마다 개별적인 내용을 중심으로 기재되는 것이 좋다. 학급 전체가 동일하게 참여하는 활동 안에서도 개인의 참여 내용과 진로에 대한 자기 주도적 학습 경험을 확인할 수 있도록 기재하는 것이 바람직하다.

이를 위해서는 학급 자치 활동을 활성화할 필요가 있다. 학급 회장과 부회장만이 아니라 과거처럼 학습부장, 총무부장 등 각 부서로 나누어서 다양한 부서 활동을 자율적으로 실시하는 것이 좋다. 그러면 부서 활동에서 나타나는 학생들의 개별적인 역량을 특기 사항에 제대로 기재해 줄 수 있을 것이다.

이와 함께 희망하는 학생들끼리 '또래 강의'(멘토-멘티) 활동을 자율적으로 실시하고 활동 일지를 작성해서 제출하면 주요 활동 내용이 특기 사항에 기재될 수 있다. 그밖에 희망하는 학생들이 모여서 학급의 다양한 자율활동 프로그램을 운영하는 등 자신만의 학생부를 만들어 가려고 노력할 필요가 있다.

다음으로 동아리활동은 자율 동아리가 대입에 반영되지 않으므로 자신의 진로와 관심사에 따른 정규 동아리활동이 더욱 중요해졌다. 동아리활동 특기 사항의 글자 수 제한은 연간 500자이다. 여기에 입력할 수 있는 내용은 정규 동아리활동, 학교 교육 계획에 의해 학교에서 주최하고 주관하여 실시한 활동 등이다.

동아리활동은 전공(계열) 적합성을 드러내기에 가장 적합한 활동이다. 실제로 입학사정관들은 학생부 가운데 교과 학습 발달 상황과 함께 동아리활동을 가장 중요한 평가 자료로 활용하고 있다. 학교에서는 학생들이 동아리활동에서 전공(계열) 적합성을 보여줄 수 있도록 진로와 관련이 있는 동아리들을 다양하게 개설할 필요가 있다.

희망하는 학생들이 동아리활동 가운데 자신의 관심 분야나 진로와 관련된 내용에 대해 스스로 독서 기반 탐구 활동을 수행하고 보고서 등 결과물을 동아리 담당 교사에게 제출하면 특기 사항에 기재될 수 있다. 학생들은 동아리 내에서 진행하는 활동을 자신의 진로와 연결해서 탐구보고서를 제출하는 등 전공에 대한 관심도가 잘 드러나도록 노력하기를 바란다.

다음으로 진로활동은 '진로 희망 분야'를 제외하면 이전처럼 대입에 반영된다. 진로활동 특기 사항의 글자 수 제한은 연간 700자로 가장 많다. 여기에 입력할 수 있는 내용은 진로 희망 분야, 학교 교육 계획에 의해 학교에서 주최하고 주관하여 실시한 진로활동과 관련된 사항, 진로 지도와 관련된 상담 및 관찰 평가 내용 등이다.

진로활동은 자신의 전공(계열) 적합성을 보여 줄 수 있는 가장 중요한 활동이다. 진로활동 특기 사항은 학종의 주된 평가 요소인 진로역량을 기르고, 교과 기반 탐구 활동으로 전공 적합성을 보여 줄 수 있도록 전공 관련 교과 이수 노력, 전공 관련 교과 성취도, 진로 탐색 활동과 경험 등을 중심으로 기재되는 것이 바람직하다.

대학에서는 학교 공통 내용을 삭제하고 개별 학생 활동 내용만 평가하고 있으므로 학생들이 자신만의 진로활동 기록을 만들 수 있도록 개별적인 지도와 노력이 요구된다. 진로활동 특기 사항에는 학교의 교육과정에 편성되어 있지 않은 경우에도 학생의 진로 특성이 드러나는 사항을 입력할 수 있다. 따라서 희망하는 학생들이 스스로 독서 기반 진로 탐구 활동을 수행하고 보고서 등 결과물을 담임 교사에게 제출하면 특기 사항에 기재될 수 있다. 학생들은 교과 수업 시간에 배운 내용을 희망하는 진로와 연계해서 탐구하는 모습이 잘 나타나도록 준비해야 한다.

다음으로 봉사활동에서 개인 봉사활동 실적은 대입에 반영되지 않고, 학교 교육 계획에 따라 교사가 지도한 교내 봉사활동 실적만 반영된다. 따라서 교내에서 이루어지는 다양한 봉사활동 프로그램에 적극적으로 참여하여 나눔과 배려 정신, 리더십, 공동체역량 등을 키워 나가야 한다. 봉사활동 시간은 1일 최대 8시간 이내로 인정되는 것이 원칙이다. 그동안 1회당 4시간을 인정받았던 헌혈은 대입에 반영되지 않는다.

마지막으로 행동 특성 및 종합 의견은 학종에서 자기소개서와 교사추천서가 모두 폐지됨에 따라 이들을 대체하는 자료로서 매우 중요해졌다. 종합 의견에는 담임 교사가 수시로 관찰하여 누가 기록된 행동 특성을 바탕으로 총체적으로 학생을 이해할 수 있는 종합적인 의견이 기재된다. 추천서의 기능을 할 수 있도록 학종의 주요 평가 요소인 학업역량, 진로역량, 공동체역량 등이 골고루 기재될 필요가 있다. 종합 의견의 글자 수 제한은 연간 500자이다.

창의적체험활동(창체 활동)에서는 교과 수업 시간에 배운 지식을 교내의 다양한 창체 활동과 연계, 심화해 나가는 것이 매우 중요하다. 학생들은 교과에서 배운 지식을 활용하고, 전공 분야에 대해 넓고 깊게 탐구하는 기회로 창체활동을 활용해야 한다. 교과 수업 시간에 배웠던 내용을 활용해서 자율활동, 진로활동, 동아리활동 시간에 다양한 심화 탐구 활동을 수행하길 바란다.

가령 사범대학에 지원하는 학생이라면, 사회문화 등 수업 시간에 학습한 교육 관련 내용을 바탕으로 시사문제탐구반 같은 동아리에서 당면 교육 문제에 대한 해법을 찾아보는 활동을 수행할 필요가 있다. 그리고 진로활동으로 교육 관련 책을 자기 주도적으로 찾아 읽고 탐구활동 보고서를 제출하거나, 자율활동으로 학생 간의 멘토-멘티 활동을 통해 교육적 경험을 직접 해 보는 식으로 연계하는 것이 바람직하다.

2025 학생부종합 지원 전략

　K-학생부종합전형(학종)은 교과 성적만이 아니라 학교생활기록부 서류와 면접 등이 큰 비중을 차지하는 주관적 정성 평가이다. 최근에는 대학마다 학생부종합전형 가이드북과 전공(학과) 가이드북 등을 통해 평가 요소, 평가 방법, 면접 등 학종을 준비하기 위한 다양한 정보를 제공하고 있다. 특히 '학생부종합전형 가이드'에는 대학이 서류 평가에서 가장 중요하게 생각하는 것이 무엇인지가 자세하게 설명되어 있으므로 반드시 참고해야 한다.

　K-학종 서류 평가에서는 자기소개서 등이 폐지되어 학생부 100%로 평가하므로 학생부가 절대적이다. 그리고 비교과 영역이 대폭 축소되었으므로 교과 성적과 세부능력 및 특기사항이 가장 중요해졌다. 따라서 교실에서 이루어지는 교과수업에 적극적으로 참여하여 학업역량을 쌓고, 학습한 교과 내용을 자신에게 의미 있는 지식으로 확장하기 위해 독서 기반 탐구활동을 자기 주도적으로 수행해야 한다. 이와 함께 교과수업에서 학습한 내용을 자율활동, 동아리활동, 진로활동 등의 창의적체험활동과

연계하여 진로희망 분야에 대해 깊이 탐구하는 활동도 필수적이다.

학종에서는 희망 전공 분야에 따라 대학에서 권장하는 과목을 선택하는 것이 중요하다. 이수 권장과목 중 일부를 듣지 않았다고 해서 불이익이 있는 것은 아니지만, 학교가 개설하지 않아 이수하지 못한 학생과 개설되어 있음에도 선택하지 않은 학생은 다르게 평가될 수 있다. 일반고의 경우 보통교과의 일반선택과목과 진로선택과목을 충실히 이수하는 것이 중요하며, 거점학교에서 실시하는 공동교육과정에 참여하는 것도 바람직하다.

학종은 교과 성적만이 아니라 생활기록부 서류와 면접 등이 큰 비중을 차지한다. 그래서 학생부 서류와 면접에서 유불리를 잘 따져서 자신에게 가장 적합한 전형에 지원하는 것이 바람직하다. 일반적으로 학종에서는 서류형 합격자의 교과 성적이 면접형보다 높게 형성된다. 따라서 교과 성적과 학생부 서류가 다소 부족한 학생들은 면접을 철저히 준비해서 면접형으로 지원해 볼 필요가 있다.

학종은 주관적 정성 평가이기 때문에 합격 예측이 거의 불가능한 깜깜이 전형이다. 학종의 경우는 대학들이 전년도 입시 결과를 발표하지 않는 경우가 적지 않다. 그리고 발표하는 경우도 등급 컷이 학생부교과보다 훨씬 낮다. 이것은 교과 성적이 다소 부족하지만 학생부 서류가 우수한 특목자사고 학생들이 종합에 주로 합격하기 때문이라고 보면 된다. 그래서 일반고 학생이 학종의 전년도 입시 결과에 맞춰서 지원하면 합격하기가 매우 어렵다.

실제로 수시에서 '일반고는 교과, 특목자사고는 종합'이라는 공식이 작동하고 있다. 2022학년도 수시 입시 결과를 필자가 정리해 보니, 문과인 영문학과의 경우 합격선이 연세대 교과는 1.62등급인데, 종합은 1.94등급로 더 낮은 것으로 나타났다. 고려대도 교과는 1.88인데, 종합은 3.25로 훨씬 낮다. 한양대는 교과와 종합의 등급 컷이 1.55 대 3.18이고, 특히 건국대는 1.97 대 4.31이나 된다. 같은 문과인 경영학과의 경우도 마찬가지다.

		건국대	경희대	고려대	동국대	서강대	성균관대	숙명여대	시립대	연세대	이화여대	중앙대	한국외대	한양대	홍익대
영어	교과	1.97	1.70	1.88	2.27	1.78	1.79	2.23	2.61	1.62	2.10	2.04	2.00	1.55	-
	종합	4.31	2.10	3.25	3.27	2.56	2.83	4.21	4.45	1.94	2.70	3.77	3.90	3.18	-
경영	교과	1.80	1.60	1.70	2.63	1.38	1.52	2.18	2.03	1.44	1.80	1.71	2.00	1.53	2.15
	종합	2.90	2.22	2.77	3.27	3.09	2.55	4.43	4.51	2.36	3.60	2.46	2.40	3.02	2.85
기계	교과	2.00	1.60	1.68	2.32	1.57	1.68	2.23	1.91	1.45	-	1.73	-	1.33	2.12
	종합	3.80	2.20	1.95	2.77	3.21	2.08	3.72	3.55	2.10	-	4.00	-	3.13	2.61
컴퓨터	교과	1.70	1.50	1.44	2.21	1.56	1.79	2.24	1.77	1.35	1.80	-	-	1.21	1.94
	종합	2.90	2.10	1.75	2.48	2.52	2.22	3.50	2.66	1.52	3.80	-	-	3.38	2.49

이과인 기계공학과의 경우도 합격선이 연세대 교과는 1.45등급인데, 종합은 2.10등급으로 훨씬 낮다. 고려대도 교과는 1.68인데, 종합은 1.95로 더 낮다. 서강대는 교과와 종합의 등급 컷이 1.57 대 3.21이고, 건국대는 2.00 대 3.80이며, 중앙대는 1.73 대 4.00이나 된다. 같은 이과인 컴퓨터학과의 경우도 마찬가지다.

서울의 주요 대학에서 학종의 합격선이 학생부교과보다 훨씬 낮다는 사실은 학종이 비교과 활동을 제대로 반영하고 있다는 증거라고 좋게 해석될 수도 있다. 하지만 아무리 학종이라고 해도 일반고 학생들이 3.25등급으로 고려대 영문을 지원하거나 4.21등급으로 숙대 영문에 지원하는 것은 사실상 거의 불가능하다. 이미 학생과 학부모들은 이런 등급으로 이런 대학들의 학종에 지원할 수 있는 학생은 특목자사고 출신이라는 것을 너무도 잘 알고 있다.

더구나 서울시립대는 학종의 경우는 아예 고교 유형별로 구별해서 합격자 교과 성적 등급을 발표하고 있다. 가령 2022학년도 수시 학종에서 서울시립대 경영학부의 경우 최종 합격자의 교과 성적 등급이 일반고는 2.72인데, 자사고는 4.12, 특목고는 4.63으로 훨씬 낮다. 더구나 기계정보공학부의 경우 일반고는 2.62인 반면에 자사고는 5.00, 특목고는 5.28이나 된다. 일반고 학생들은 2.62는 되어야 합격할 수 있는 대학 학과를 특목고 학생들은 5.28만 되어도 진학할 수 있다는 뜻이다.

사실상 학종은 고등학교 입시로 선발된 특목자사고 학생들이 불리한 교과 성적으로 인해 대학 입시에서 불이익을 받지 않도록 설계된 전형이라고 할 수 있다. 출신 학교를 블라인드 처리한다고 해도 학생부를 보면 쉽게 판별할 수 있는 특목자사고보다는 일반고 학생들이 여전히 불리할 수밖에 없다. 따라서 전년도 입시 결과 합격선이 학생부교과보다 낮다고 해서 일반고 학생들이 학종에만 모두 지원하는 소위 '6학종'은 재수할 가능성이 매우 높다. 일반고 학생 가운데 학생부 서류가 충실히 준비된 학생들이라면, 특목자사고 학생들이 몰리지 않는 대학에 상향으로 1~2개 정도를 지원해 보는 선에서 그치고 학생부교과에 집중하는 것이 바람직하다.

이와 함께 학종에서도 수능 최저를 적용하는 대학이나 학과가 있으므로 이들 대학에 지원하는 학생들은 이를 충족할 수 있도록 수능 준비도 철저히 해야 한다. 이 책을 읽은 수험생들의 수시 학종 합격을 기원한다.

지난 문재인 정부는 「포용과 성장의 고교교육 구현을 위한 고교학점제 종합 추진계획」(2021)에서 2025년 1학년부터 연차적으로 학생 선택 중심의 고교학점제를 전면적으로 실시하겠다고 발표했었다.

당시 교육부는 고교학점제 추진 배경으로 새로운 시대, 새로운 인재상의 필요성을 제시했다. 인공지능 등 4차 산업혁명으로 인한 급격한 사회구조와 직업 세계 변화, 감염병 유행 등 다가올 미래를 예측하기 어려운 시대를 대비하기 위해서는 OECD 등에서 강조하는 것처럼 삶에 대한 적극성과 주도성, 책임감을 지닌 인재를 양성할 수 있도록 학생의 선택이 중심이 되는 고교학점제를 추진할 필요가 있다는 것이다. 그리고 다양한 분야에 대한 탐색을 거쳐 학생 스스로 진로를 설정하고 개척해 갈 수 있도록 교육과정 다양화, 진로·학업 설계 등을 안내할 필요가 있다고 강조했다.

교육부는 사회적 양극화에 따른 교육격차 심화 문제를 해결하기 위해서도 고교학점제가 필요하다고 설명했다. 급격한 기술 진보와 경제 성장에도 불구하고 한편으로는 고용 불안, 소득 양극화 등 사회적 불평등이 심화되는 상황에서 모든 학생에 대한 최소 학업 성취를 담보하는 책임교육이 가능한 고교학점제를 통해 평등한 출발선을 보장할 필요가 있다는 것이다.

교육부는 고교학점제를 "학생이 기초 소양과 기본 학력을 바탕으로 진로 적성에 따라 과목을 선택하고, 이수 기준에 도달한 과목에 대해 학점을 취득 누적하여 졸업하는 제도"라고 정의했다. 그리고 선택과목에 대한 수요 조사, 수강 신청 절차 운영 등을 통해 학생 개개인의 수요를 반영하여 교육과정을 구성하고, 학생들이 진로와 연계된 학업 계획을 수립하고 책임 있게 이수할 수 있도록 진로, 학업 설계를 체계적으로 지도하며, 학생들이 과목 이수 기준에 도달하여 학점을 취득할 수 있도록 책임교육을 강화하여 기초 소양과 기본 학력을 보장하는 것을 운영 중점 사항으로 제시했다.

고교학점제 주요 내용

교육부는 과목 이수 기준 및 학점 기반 고교 졸업체제 마련을 통해 책임교육을 강화하겠다고 발표했다. 고교학점제에서는 법령상 출석 일수 기준 충족 여부만으로 결정되는 현행 졸업 요건이 학점 취득 기준으로 전환된다. 고등학교 수업량 기준이 '단위'에서 '학점'으로 전환되는데, 1학점은 50분 기준으로 16회 이수하는 수업량이다. 졸업 요건은 과목 이수 기준을 충족해서 3년간 192학점 이상 취득하는 것으로 설정된다. 그리고 3년의 수업연한 내 학생이 192학점을 균형 있게 취득하도록 학기당 최소 수강 학점(예시: 28학점)이 제시된다.

고교학점제에서도 초·중학교와의 연계 등을 고려하여 학년제가 유지된다. 그리고 각 학년 과정 수업 일수의 2/3 이상 출석하면 진급하는 현행 학년 진급 요건도 유지된다. 다만, 각 학교 여건에 따라 학칙으로 최소 이수 학점 등 출석 외의 학년 진급 요건을 규정하는 것은 가능하다.

이와 함께 교육부는 서열 위주의 현행 평가 체제를 개별 학생의 성장 중심으로 전환하여, 학점제형 교육과정의 취지를 구현하는 미래형 평가 제도도 마련하겠다고 밝혔다. 서열화가 아닌 학생의 성장을 중심에 둔 평가를 운영하고, 평가제도로 인한 과목 선택 왜곡을 방지하기 위해 고교학점제가 실시되는 2025년부터는 2~3학년의 선택과목에서 9등급 상대평가 석차등급제를 5등급 절대평가로 개편하겠다는 것이다.

지난 정부에서는 2025학년도 입학생부터 1학년은 상대평가 9등급 석차등급으로 하되, 2~3학년은 절대평가 성취평가제를 적용하겠다고 발표했었다. 학업성취율은 A(90% 이상), B(80% 이상~90% 미만), C(70% 이상~80% 미만), D(60% 이상~70% 미만), E(40% 이상~60% 미만), I(40% 미만) 모두 절대평가 6등급으로 구분된다. 현행 A~E 5등급 절대평가인 성취도 평가에 미이수인 I(Incomplete) 등급이 추가되는 것이다. 하지만 현 정부에서는 전체 학년 모두 5등급 절대평가·상대평가 병기 방식으로 개편하겠다고 발표했다.

<현행>		
성취율	성취도
90%이상	A
80%이상~ 90% 미만	B
70% 이상 ~ 80%미만	C
60% 이상~ 70% 미만	D
60% 미만	E

<향후('25~)>		
성취율	성취도	
90%이상	A	
80%이상 ~ 90% 미만	B	
70% 이상 ~ 80%미만	C	
60% 이상~ 70% 미만	D	
40% 이상~ 60%미만	E	↑이수
40% 미만	I	↓미이수

출처 : 교육부, 「포용과 성장의 고교교육 구현을 위한 고교학점제 종합 추진계획」, 2021.

고교학점제에서는 과목 출석률만이 아니라 학업 성취율 40% 이상을 충족해야 과목 이수로 처리된다. I등급은 학업 성취율이 이수 기준 40%에 미달하는 등급으로서 미이수 처리된다. 학교에서는 진단 평가, 학습 관리 등 미이수 예방에 중점을 두되, 미이수 학생이 발생한 경우 별도 과제 수행, 보충 과정 제공 등 본 과목의 내용이나 수업량을 축소하여 수강하는 방식의 보충 이수 지원을 원칙으로 한다.

보충 이수는 학업 결손 보완뿐만 아니라 학습 동기 부여 등 정서적 지원까지 고려하여 운영된다. 기초 학력 진단, 상담, 독서 교육, 인성 함양 등이 결합된 최소 학업 성취 지원 과정도 운영할 수 있다. 그리고 보충 이수 후 부여되는 성적은 E 등급으로 상한선이 제한되고, 보충 이수에도 참여하지 않을 경우 해당 과목을 미이수(I)로 최종 처리한다. 대학과 같이 미이수 과목을 다음 학기나 학년도에 수강하는 재이수 방식은 허용되지 않는다.

교육부는 공정한 학생 평가를 담보하기 위해 성취평가 모니터링 체제도 구축하겠다고 밝혔다. 시도 단위에서는 학교별 평가 상황을 모니터링

하고, 중앙 단위에서는 한국교육과정평가원을 중심으로 현황을 분석하는 등 성취평가 관리 체제가 수립된다. 절대평가인 성취평가제 실시로 인해 우려되는 학교의 교과 성적 부풀리기를 방지하겠다는 것이다.

교육부는 초·중등교육법 개정으로 고교학점제 운영의 법적 기반을 마련하겠다고 발표했다. 교육과정을 학생 선택 중심으로 개편해서 1학년 1~2학기에는 공통과목을, 1학년 2학기~3학년 2학기에는 선택과목을 이수하도록 편성하겠다는 것이다. 고교학점제에서도 고교단계 기초 소양 함양을 위해 공통과목이 유지되고, 학생별 상황에 따라 기본과목을 공통과목으로 대체 이수하는 것도 허용된다. 그리고 선택과목은 일반선택, 융합선택, 진로선택으로 보다 확대된다. 일반선택은 교과별 학문 내의 분화된 주요 학습 내용 이해 및 탐구를 위한 과목이고, 진로선택은 교과별 심화 학습(일반 선택의 심화 과정) 및 진로 관련 과목이다. 그리고 신설되는 융합선택은 교과 내·교과 간 주제 융합 과목, 실생활 체험 및 응용을 위한 과목이다.

이와 함께 교육부는 창의적체험활동에 교과 연계가 강화된 '진로 탐구 활동'을 도입하고, 교과 창체 간 이수 학점을 균형적으로 감축하겠다고 발표했다. 현재 교과 180단위, 창체 24단위인 것을 교과 174학점, 창체 18학점으로 조정하겠다는 것이다.

고교학점제에서는 자율활동, 동아리활동, 봉사활동, 진로활동으로 구분되어 있던 창체가 크게 진로 탐구 활동(9학점)과 동아리 및 자치 활동(9학점)으로 단순화된다. 특히 '진로 탐구 활동'은 자기 주도적 진로 설계

역량 함양을 목표로, 기존의 진로활동과 자율활동 가운데 탐구형 자율활동이 통합된 것이다. 여기서는 진로 관련 프로젝트 학습, 체험 중심의 학교 신설 과목, 교과 융합 활동 등 교과와 연계된 다양한 활동이 이루어진다. 봉사활동은 별도로 구분되지 않고, 진로 탐구 활동이나 동아리 및 자치 활동과 연계해서 운영된다.

한편, 고교학점제에서는 학생 수요 조사, 교사 간 논의 등을 토대로 다양한 과목을 개설하고, 학생들의 수강 신청 결과를 바탕으로 개인별 시간표를 편성하는 수강 신청제가 실시된다. 자기 주도적 진로·학업 설계를 지원하기 위해 고등학교 1학년 1학기를 진로 집중 학기로 정해서 공통 과목과 연계한 진로 탐색, 개인별 학업계획서 작성 등 진로 및 학업 계획을 구체화하게 된다.

교육부는 학생 수요 기반 교육과정을 편성·운영하겠다고도 발표했다. 학교별 여건에 맞게 소인수 과목 개설 기준, 수강 신청 및 변경 절차 등의 규정을 마련하고 학생과 학부모 안내를 실시하겠다는 것이다. 특히 학교 내 개설이 어려운 경우 온·오프라인 공동 교육과정으로 개설하는 등 학생의 과목 선택권 보장을 중심에 두는 교육과정 편성 원칙을 수립하겠다고 밝혔다.

이와 함께 고교학점제에서는 담임 교사가 기존의 출결 관리, 생활지도 등 학급 운영에서 소수 학생 담당, 학업 성취 모니터링 및 관리로 역할이 변화된다. 특히 2~3학년의 경우는 선택과목 중심으로 10~15명 내외의 학생 그룹별로 담임 교사를 두어 학습 관리, 진로 및 학업 상담 생활지도 등을 실시하는 소인수 담임 제도가 운영된다.

학교 조직 및 교사의 업무 분장도 교육과정 관련 업무, 진로 학업 설계 관련 업무 등 고교학점제 운영을 중심으로 개편된다. 학교마다 교육과정 부장, 수석 교사, 진로 전담 교사, 담임 교사, 교육과정 설계 전문가 간의 협업 체계가 마련된다.

고교학점제 지원 대책

교육부는 고교학점제 안착을 위해 단일 표시 과목 중심의 교원 양성 및 자격 체제를 유연화하고, 학교 안팎의 다양한 교수자원 확보 및 탄력적 배치 등을 추진하겠다고 발표했다. 표시 과목 외 새로운 과목을 담당할 교원이 시급히 필요한 경우 교육부장관이 수시 인정 표시 과목으로 인정할 수 있도록 개선하겠다는 것이다.

고교학점제에서 교실 수업을 담당하는 교과 교사는 단수 자격 활용 교과 수업에서 학생 수요를 반영하여 복수 자격 활용 다과목 지도로 변화된다. 교육부는 연계 전공 과목을 확대하고, 연계 전공 시 학점 중복 인정 범위를 확대하는 등 복수 전공 활성화를 추진한다. 그리고 시도별 중등교원 임용 시 복수 전공자 가점 부여를 통해 예비 교원의 다과목 지도 전문성도 확보하겠다고 밝혔다.

이와 함께 교육부는 교 · 강사 확보 및 탄력적 배치를 위해 과목 개설이 필요하나 교사 자원 확보가 어려운 경우, 교원 자격이 없더라도 박사급 전문가 등이 특정 교과를 한시적으로 담당하도록 제도를 개선할 계획이다. 지금은 관련 분야 대졸자, 고졸 경력자 등이 초·중등학교의 강사로서 수업을 하려면 반드시 교원 자격 소지자와 함께 협력 수업을 해야한다. 그런데 앞으로는 표시 과목 부재 등으로 수급이 어려운 분야에는 박사급 전문가 등을 기간제 교원으로 한시 임용하는 제도를 신설해서 교원 자격이 없더라도 단독 수업이 가능하도록 하겠다는 계획이다.

교육부는 개설 과목 증가, 학업 설계, 미이수 지도 등 학점제에서의 교원 수요를 고려한 새로운 교원 수급 기준도 마련하겠다고 밝혔다. 선택 과목 담당 교사, 미이수 학생 보충지도 전담 교사, 교육과정 설계 전문가 등 고교학점제 운영에 소요되는 추가 정원을 산정하고 확보를 추진하겠다는 것이다. 그리고 고교학점제 담당 교사, 공동 교육과정 관리 교사 등의 업무 보조 인력 지원(교무행정사 등) 및 선택과목 강사 배치 지원 등 교사의 업무 경감을 위한 단위 학교 인력 지원 대책도 제시했다.

교육부는 현직 교원 복수 전공과 부전공을 활성화하기 위해 지역 대학원과의 협업을 바탕으로 현직 교원 대상 복수 전공과 부전공 과정을 상시적으로 운영하겠다고 밝혔다. 희소·교양·심화 과목 등 학점제에 필요한 표시 과목을 허용하고, 온·오프라인 방식의 부전공과 복수 전공 연수 과정을 운영하여 연수 학점을 누적 인정한다. 그리고 현직 교원의 부전공 취득 학점을 38학점에서 30학점으로 조정하여 취득 학점이 자격 기준에 충족되면 교육청에서 자격증을 발급하고 표시 과목에 추가할 계획이다.

한편, 교육부는 고교학점제 실시로 인해 가장 큰 문제가 되는 지역 간 교육 격차를 완화하기 위해 학교 차원의 학점제 도입 노력을 지역 단위로 확장해 학교 간 교육 여건의 한계를 극복하겠다고 발표했다. 농산어촌 등 교육 소외 지역의 교·강사 인력풀을 구축하고, 안전한 통학 여건 조성을 위해 '에듀택시' 등을 지원하며, 도시 학교와 농산어촌 소규모 학교 간 1:1 매칭을 통해 교육과정 협력을 강화하겠다는 것이다.

이와 함께 교실 무선망 구축, 노후 PC 교체 등 학교 교육과정 운영에서의 ICT 활용 기반을 강화하고, 희소 과목 중심 온라인 공동 교육과정 수업 제작 및 수강, 미이수 예방 및 관리를 위한 원격 학습을 지원하는 방안도 마련하겠다고 밝혔다.

고교학점제는 학생들의 과목 선택권을 확대한다는 점에서 미래 교육의 한 방향이다. 그런데 고교학점제가 극단적으로 학생들의 선택만 강조한다면, 미래 교육의 또 다른 방향인 창의성 신장을 위한 통합 교육을 어렵게 만들 수도 있다. 앞으로 K-고교학점제가 선택 교육과 통합 교육 사이에서 균형점을 찾아 가는 지속 가능한 다원주의 교육 시스템으로 발전하기를 기대한다.

고교학점제에 대한 보다 자세한 내용은
[대입나침반] 네이버 카페의 <2028 대입자료실> 참고.

2022 교육과정 어떻게 바뀌었나?

지난 2022년 말에 고교학점제를 뒷받침하기 위한 2022 교육과정이 확정 고시되었다. 2025년 고등학교 1학년부터 적용되는 고등학교 교육과정은 교과와 창의적체험활동(창체)으로 편성된다. 기존과 마찬가지로 창체는 자율활동, 자치 활동, 동아리활동, 진로활동으로 구분된다. 교과는 보통 교과와 전문 교과로 구분된다. 보통 교과는 국어, 수학, 영어, 사회(역사/도덕 포함), 과학, 체육, 예술, 기술 · 가정/정보/제2외국어/한문/교양으로 구성된다.

보통 교과는 공통과목과 선택과목으로 구분된다. 학교는 학생들의 기초소양 함양과 기본 학력을 보장하기 위해 1학년에 공통과목을 개설하여 모든 학생이 이수하도록 해야 한다. 그리고 2~3학년 학생들이 이수하는 선택과목은 기존의 일반선택과 진로선택에 융합선택이 추가되어 일반선택, 진로선택, 융합선택의 세 가지로 나누어진다.

교과(군)	공통 과목	선택 과목		
		일반 선택	진로 선택	융합 선택
국어	공통국어1 공통국어2	화법과 언어, 독서와 작문, 문학	주제 탐구 독서, 문학과 영상, 직무 의사소통	독서 토론과 글쓰기, 매체 의사소통, 언어생활 탐구
수학	공통수학1 공통수학2 기본수학1 기본수학2	대수, 미적분 I, 확률과 통계	기하, 미적분 II, 경제 수학, 인공지능 수학, 직무 수학	수학과 문화, 실용 통계, 수학과제 탐구
영어	공통영어1 공통영어2 기본영어1 기본영어2	영어 I, 영어 II, 영어 독해와 작문	영미 문학 읽기, 영어 발표와 토론, 심화 영어, 심화 영어 독해와 작문, 직무 영어	실생활 영어 회화, 미디어 영어, 세계 문화와 영어
사회 (역사/ 도덕 포함)	한국사1 한국사2 통합사회1 통합사회2	세계시민과 지리, 세계사, 사회와 문화, 현대사회와 윤리	한국지리 탐구, 도시의 미래 탐구, 동아시아 역사 기행, 정치, 법과 사회, 경제, 윤리와 사상, 인문학과 윤리, 국제 관계의 이해	여행지리, 역사로 탐구하는 현대 세계, 사회문제 탐구, 금융과 경제생활, 윤리문제 탐구, 기후변화와 지속가능한 세계
과학	통합과학1 통합과학2 과학탐구실험 1 과학탐구실험 2	물리학, 화학, 생명과학, 지구과학	역학과 에너지, 전자기와 양자, 물질과 에너지, 화학 반응의 세계, 세포와 물질대사, 생물의 유전, 지구시스템과학, 행성우주과학	과학의 역사와 문화, 기후변화와 환경생태, 융합과학 탐구
체육		체육1, 체육2	운동과 건강, 스포츠 문화*, 스포츠 과학*	스포츠 생활1, 스포츠 생활2
예술		음악, 미술, 연극	음악 연주와 창작, 음악 감상과 비평, 미술 창작, 미술 감상과 비평	음악과 미디어, 미술과 매체
기술·가정 /정보		기술·가정	로봇과 공학세계, 생활과학 탐구	창의 공학 설계, 지식 재산 일반, 생애 설계와 자립*, 아동발달과 부모
		정보	인공지능 기초	소프트웨어와 생활

출처 : 교육부, 「고등학교 교육과정」, 2022.

고등학교 교육과정의 총 이수 학점은 192학점이며 교과 174학점, 창체 18학점(288시간)으로 편성된다. 일반고의 경우 교과 174학점 중에서 필수 이수 학점을 84학점으로 배정해야 한다. 단, 필요한 경우 학교는 학생의 진로 및 발달 수준 등을 고려하여 필수 이수 학점수를 학생별로 다르게 정할 수 있다.

교과(군)	공통 과목	필수 이수 학점	자율 이수 학점
국어	공통국어1, 공통국어2	8	학생의 적성과 진로를 고려하여 편성
수학	공통수학1, 공통수학2	8	
영어	공통영어1, 공통영어2	8	
사회 (역사/도덕 포함)	한국사1, 한국사2	6	
	통합사회1, 통합사회2	8	
과학	통합과학1, 통합과학2 과학탐구실험1, 과학탐구실험2	10	
체육		10	
예술		10	
기술 · 가정/정보/ 제2외국어/ 한문/교양		16	
소계		84	90
창의적 체험활동		18(288시간)	
총 이수 학점		192	

출처 : 교육부, 〈고등학교 교육과정〉, 2022.

일반고의 필수 84학점은 국어(공통국어) 8학점, 수학(공통수학) 8학점, 영어(공통영어) 8학점, 사회 14학점(한국사 6학점, 통합사회 8학점), 과학 10학점(통합과학 8학점, 과학탐구실험 2학점), 체육 10학점, 예술(음악/미술) 10학점, 기술 · 가정/정보/제2외국어/한문/교양 16학점으로 배정된다.

2022 교육과정은 학생들이 선택할 수 있는 자율이수학점이 90학점으로 교과 전체의 절반이 넘기 때문에 선택 중심 교육과정이라고 할 수 있다. 지난 문재인 정부의 「고교학점제 종합 추진계획」(2021)에서 제시한 해외 고교학점제 운영 현황에 의하면, 필수학점 비중이 모두 절반을 넘는다. 미국 캘리포니아주는 필수 학점이 70%(필수 150학점, 선택 60학점

내외)이고, 중국은 80%(필수 116학점, 선택 28학점)나 된다. 만약 고교학점제가 2022 교육과정대로 시행되되면 K-고교학점제는 세계에서 가장 선택과목의 비중이 높은 말 그대로 선택 집중 교육과정이 될 것이다.

붙임 4	해외 고교학점제 운영 현황					
	미국 (캘리포니아주)	캐나다 (온타리오주)	중국	일본	핀란드	대한민국 (학점제 도입 후)
고등학교 연한	4년	4년	3년	3년제, 4년제, 무학년제	3년	3년
수업량 단위	credit, carnegie unit, local unit	credit	학점	단위	course	학점
학점의 정의	1 local unit = 50분×20회	1credit = 110hours	1학점= 18차시 ※ 1차시 45분	1단위 = 50분 × 35회	1course = 38차시 수업 ※ 1차시 45분	1학점 = 50분 × 16회
졸업 요건	210학점 내외 이수, 졸업시험	30학점 이수, 졸업시험	144학점 이수, 졸업시험	74단위 이수 (통상 90단위 이수)	75코스 이수	192학점 이수
3년 환산 시간	2,625	2,475	1,944	2,158.3	2137.5	2,560
필수·선택 비율*	필수 150학점 선택 60학점 내외	필수 18학점, 선택 12학점	필수 116학점, 선택 28학점	필수 38단위, 나머지 선택	필수코스 47~51개, 선택코스 24~28개	2022 개정 교육과정에서 결정 예정
내신평가	절대평가	절대평가	절대평가	절대평가	절대평가	상대평가 절대평가 혼용
대입	SAT 등, 고교내신 (GPA)	고교내신	대입시험 (가오카오)	대학별고사, 센터시험	대학 입학시험	고교내신, 수능, 대학별고사
고교 유형	종합고	종합고	일반계고 직업계고	일반계고 직업계고 종합고	일반계고 직업계고	일반계고 직업계고 특목고

* 필수과목의 경우, 특정과목을 지정하는 방식, 교과군 내에서 선택하는 방식, 이 둘을 혼용하는 방식 등이 있으며, 국가 내에서도 주정부·지방정부 지침에 따라 교육과정이 약간씩 다름

출처 : 교육부, 「포용과 성장의 고교교육 구현을 위한 고교학점제 종합 추진계획」, 2021.

K-학생부종합의 빛과 그림자

K-학생부종합의 빛

K-학생부종합은 고등학교의 교과 성적과 학생부 서류를 기반으로 선발하는 전형이다. 대학 입시에서 고교 교과 성적을 반영한 것은 전두환 정부 시절인 1982년부터이다. 그런데 이후에도 교과 성적의 실질 반영률이 매우 낮아서 사실상 대학 입시는 대학별고사나 국가고사 중심으로 실시되어 왔다. 그렇다 보니 학교가 입시 준비 기관으로 전락했다는 국민적 비판이 끊이지 않았다. 그래서 박근혜 정부는 2015학년도 입학사정관제를 간소화해서 수시 학종으로 확대 개편했다.

K-학종은 학생부교과와 마찬가지로 고등학교의 교육을 정상화하는 데에 필요한 전형이다. 대학 입시가 대학별고사나 국가고사 중심으로 실시되면 학교는 교육과정을 무시하고 입시를 준비해 주는 학원으로 전락할 수밖에 없다. 대학에서 고등학교의 학생부를 기반으로 학생을 선발하는 학종은 학생부교과와 함께 학교가 교육기관의 역할을 할 수 있도록

뒷받침하는 제도적 장치라고 할 수 있다. 특히 학종은 교과 성적 등 점수 위주의 선발 방식에서 벗어나 문제 해결 능력, 창의력, 리더십, 봉사성 등 다양한 능력을 갖춘 학생을 선발할 수 있는 이상적인 평가 시스템이라고 할 수 있다.

고등학교 입장에서는 수능 준비를 위한 입시 학원으로 전락했던 학교가 수시 학종 덕분에 정상화되었으니 효자가 아닐 수 없다. 그동안 수능 문제 풀이만 해 주던 학교가 교육적으로 의미 있는 활동은 뭐든지 다 할 수 있는 명실상부한 교육기관으로 정상화된 것이 학종 덕분임은 분명한 사실이다. 학종의 불공정성이 드러났음에도 불구하고 교사들이 학종을 여전히 옹호하는 것은 단순히 교사의 권위를 누리기 위해서가 아니라, 학종이 학교 정상화를 가능하게 해 주는 이상적인 선발 체제이기 때문이다.

지금 학교 현장에서 다양한 교육 활동을 실천하고 있는 교사들은 누구나 수시 학종의 성과와 효과를 몸으로 느끼고 있다. 학종으로 인해 수업 시간에 토론 수업이나 프로젝트 수업 등 다양한 수업이 가능해졌고, 학생 자치 활동이나 봉사활동, 독서활동 등 다양한 비교과 활동도 활발하게 이루어지고 있다. 수시 학종 덕분에 학교가 입시 준비 기관에서 그야말로 미래를 준비하는 교육기관으로 다시 태어날 수 있었다고 해도 과언이 아니다. 그래서 아무리 학종의 문제가 크더라도 교육의 미래를 위해서 과거 수능 전성시대로 돌아갈 수는 없다는 것이 교사들 대부분의 생각일 것이다.

대학 입장에서도 학종으로 거의 완벽에 가까울 정도로 학생 선발권을 누릴 수 있으니 만족스러울 수밖에 없다. 학종에서 기본 평가 자료는 고등학교 학생부이지만, 이를 바탕으로 하면서도 자체 입학사정관들을 통해서 얼마든지 대학들이 원하는 학생들을 선발할 수 있다. 심지어 주관적 정성 평가이기 때문에 합법적으로 고교등급제를 실시해도 문제가 되지 않는다. 현실적으로 서열화되어 있는 특목고−자사고−일반고 간의 차이를 얼마든지 촘촘하게 반영해서 선발해도 학생부 기반 평가라는 외관을 가지고 있으므로 고교등급제 위반이라는 법적, 도덕적 책임을 면할 수 있다. 학종의 불공정성이 드러났음에도 불구하고 대학에서 학종을 여전히 선호하는 이유가 여기에 있다.

물론 지금 「대입제도 공정성 강화 방안」으로 인해 자기소개서가 폐지되고 비교과 스펙도 대폭 축소되어서 대학들이 학종을 운영하기가 어려워진 것이 사실이다. 그래서 학종을 운영하는 서울 주요 대학들은 자기소개서 부활, 출신 고교 블라인드 폐지, 비교과 활동 확대 등 과거 학종 시대로 돌아갈 것을 지속적으로 요구하고 있다.

정부 입장에서도 고등학교와 대학이 모두 환영하는 학종을 반대할 이유가 없다. 수능은 객관식 오지선다형 시험이라는 한계와 과도한 입시 경쟁의 주범이라는 국민적 비판을 받아 왔기 때문에 이를 굳이 유지할 이유도 명분도 없다. 더구나 국가의 발전을 위해서 절실히 요구되는 창의성과 고등 사고력 등의 미래 역량을 기르기 위해서는 학교에서 토론 수업이나 프로젝트 수업 등 다양한 수업이 필요하므로 이를 가능하게 하는 수시 학종을 권장하는 것이 어찌 보면 당연한 일이기도 하다.

노무현 정부가 입학사정관제를 도입한 이후 이명박 정부와 박근혜 정부를 거치면서 입학사정관제를 바탕으로 한 학종이 서울대를 비롯한 주요 대학 입시에서 대세로 자리 잡았다. 과거 수능 전성시대가 학종 전성시대로 완전히 탈바꿈한 것이다. 지금 학종의 불공정성이 드러났음에도 불구하고 정부가 정시 수능을 국민들이 요구하는 수준으로 확대하지 못하는 이유도 학종의 장점 때문일 것이다.

K-학생부종합의 그림자

K-학종은 교과 성적과 학생부 서류를 기반으로 평가하기 때문에 학생들이 고등학교 내내 입시 준비해야 한다는 점에서 입시 부담이 매우 크다는 문제가 있다. 특히 서울 주요 대학에서 실시하는 학종은 교과 성적이 우수하면서 다양한 활동 스펙까지 갖춰야만 합격이 가능하다. 학생들은 고등학교 시절 내내 우수한 교과 성적을 유지하면서도 다양한 스펙까지 갖춰야 하므로 일상적으로 막대한 입시 부담 속에서 살아야 하는 것이다. 지금 학종을 준비하는 학생들은 학교생활이 아니라 대입생활을 하고 있는 것이다.

이현 공저 『우리 아이의 입시는 공정한가』(2023)에서 지적하고 있듯이 학종에서 전공(계열) 적합성을 중요하게 평가하는 것이 과연 고등학교 단계에 적합한지도 따져 볼 필요가 있다. 직업 교육이 중심인 실업계고와 달리 일반계 고등학교에서는 과학고나, 예술고, 체육고 등을 제외하고는 특정한 전공이나 학과를 특화해서 가르치기가 어렵다. 그런데도 학생들이 진학하려는 학과나 전공을 스스로 준비해야 한다는 것은 현실에 부합하기 어렵다. 저자들도 비판하듯이 박사 과정 입학생에게나 사용할 만한 입학 전형을 대학 입시에서 사용하고 있다고 볼 수도 있다. 최근 교육부에서 무전공 입학을 강조하는 것과도 어울리지 않는 시스템이다.

K-학종의 가장 큰 문제는 부모의 재력과 권력, 학력 등의 특권이나 출신 학교의 영향이 직접적인 힘을 발휘할 수 있다는 것이다. 지난 숙명여고 시험지 유출 사건과 조국 가족 입시 부정 사건 이후 수시 학종에 대한 국민들의 불신이 너무도 커진 것도 사실이다.

그나마 「대입제도 공정성 강화 방안」이 시행되면서 학종의 불공정성이 줄어든 것으로 보인다. 정부가 부모 찬스를 예방하기 위해 자기소개서와 수상 경력, 개인 봉사활동, 자율 동아리활동 등을 폐지하고, 출신 학교의 영향력을 차단하기 위해서 블라인드 처리한 것은 수시의 공정성을 확보하기 위해 불가피한 조치라고 할 수 있다.

하지만 이런 대책에도 불구하고 학종이 여전히 주관적 정성 평가인 입학사정관제로 실시된다는 점에서 불공정성 문제는 언제든 다시 불거질 수밖에 없다. 사실 입학사정관들이 학생부에 대한 일회적인 서류 심사로 수많은 학생의 인지적 특성(사고력, 적성, 표현력)과 정의적 특성(인성, 흥미, 태도, 잠재력) 그리고 대학 및 학과에의 적합성 등을 제대로 가려낼 수 있을지 의문이 들지 않을 수 없다.

교육부는 입학사정관제의 공정성을 높이기 위해 모든 지원자의 서류가 내실 있게 평가될 수 있도록 충분한 평가 시간을 확보하고, 입학사정 관의 역량을 강화할 것이라고 밝혔다. 평가 세부 단계에서도 다수 위원 평가 의무화 및 서류 평가 시 전임 사정관 1인 이상 참여 권고, 1인당 평 가 시간 확보, 입학사정관 전문성 강화 방안 등을 제시했다. 하지만 이런 대책만으로 수시 입학사정관제의 불공정성이 획기적으로 개선될 것으로 기대하는 국민들은 별로 없을 것이다.

더 큰 문제는 입학사정관제가 합법적으로 고교등급제를 활용할 수 있 다는 것이다. 대학 입시에서 고교등급제는 개인의 현재 능력이 아니라 출신 학교의 과거 진학 실적을 중심으로 선발하고, 현재 고등학교 교육 의 결과가 아니라 과거 고등학교 입학 당시의 성적을 기준으로 선발한다 는 점에서 불공정한 시스템이다. 그래서 김대중 정부가 1999년에 기여입 학제, 본고사와 함께 고교등급제를 금지하는 '3불정책'을 실시한 이후 지 금까지 이어지고 있다.

이민경 교수는 「정시 확대를 둘러싼 대학 입시 담론에 대한 비판적 분 석」(2020)이라는 논문에서 2019년에 교육부가 13개 대학을 대상으로 한 실태 조사 결과 발표가 고교등급제 가능성을 암시하고 있다고 지적했다.

"문재인 정부는 동일한 조사에서 학종 합격률이 특수목적고와 자율형 사립고, 일반고 순으로 서열화되어 있고, 일부 고등학교가 편법으로 과 거 졸업자 대학 진학 실적이나 학생 어학 성적 등을 대학에 제공한 사실 도 드러났다고 발표하였다. 이는 일종의 고교등급제가 대학 입시에 실질적으로 활용되었을 가능성을 암시하고 있어 입시 과정에서의 불공정성을 확인해 주었다고 할 수 있다."

　정부가 공정성 강화 방안으로 출신 학교 블라인드 처리를 제시한 것도 학종이 고교등급제로 활용될 가능성이 높다는 것을 반증한다. 지금 대입에서는 출신 학교의 후광 효과를 차단하기 위해 대학에 전송하는 자료에서 출신 학교 정보를 제외하고 있다.

　그런데 출신 학교 블라인드 처리로 고교등급제가 불가능해질 것이라고 생각하는 교사들은 거의 없다. 특목자사고는 학생부에서 교과 명칭만 봐도 일반고와 다르다는 것을 쉽게 알 수 있는데 학교 이름만 지운다고 될 일이 아니기 때문이다. 전문적인 입학사정관들은 교과 성적에 나타나 있는 학생 수와 평균 등의 자료만 봐도 특목자사고와 일반고의 차이는 물론이고 일반고 간의 차이도 구별할 수 있을 것이다.

　실제로 고교 블라인드 처리 이후에 실시된 2022학년도 수시에서도 서울대 합격자는 특목자사고 학생들이 대부분이었다. 언론 보도에 따르면, 서울대 수시 합격자 일반고 출신 비율이 2021학년도 48.3%에서 2022학년도 46.7%로 오히려 줄었다. 서울대 합격자 가운데 상위 30위권 고등학교에는 일반고가 하나도 없었다. 영재고와 외고가 각각 8개로 가장 많았고, 자사고 7개, 과학고 4개, 예술고 3개, 국제고 1개 등으로 나타났다.

　서울의 주요 대학에서 학종의 합격선이 학생부교과보다 훨씬 낮다는 사실도 학종에서 고교등급제가 이루어지고 있다는 증거로 볼 수 있다.

교과 성적이 우수한 일반고 학생보다 교과 성적은 다소 부족하지만 학생부 서류가 우수한 특목자사고 학생들이 주로 학종에 합격한 것으로 이해되기 때문이다. 이런 입시 현실에서 부모 찬스가 힘을 발휘할 수 없고, 출신 학교에 따라 차별되지 않는 입시, 오로지 학생의 능력에 따라 선발되는 공정한 입시를 요구하는 국민들의 요구는 당연하고 정당하다.

K-학종은 빛과 그림자를 모두 가지고 있다. 따라서 학종의 빛나는 장점을 살리면서도 어두운 단점을 줄일 수 있도록 수능이나 논술 면접으로 보완하는 다원적인 해법을 찾는 지혜가 필요하다.

4장

K-논술 면접에도
길이 있다

K-논술 2025 나침반	179
2025 논술 지원 전략	188
IB 논술로 수능을 대체할 수 있을까?	191
K-면접 2025, 제대로 알고 준비하자	199
면접 준비는 모의 면접이 필수	202
K-논술 면접의 빛과 그림자	206

K-논술 2025 나침반

 K-대학 입시에서 수시 전형의 하나인 논술은 대학 자체적으로 실시하는 대학별고사이다. 지난 「대입제도 공정성 강화 방안」에서 논술고사가 고등학교에서 준비하기 어려워 사교육을 유발하므로 수시의 공정성을 확대하기 위해 폐지를 유도하겠다고 발표했었다. 하지만 대교협의 「2025학년도 대입정보 119」(2023)에 의하면, 2025 논술은 41개교에서 11,266명을 모집하여 전년보다 105명이 증가했다. 고려대(344명), 상명대(85명), 신한대(100명), 을지대(167명)가 논술전형을 신설하였고, 서경대가 논술을 폐지하여 전년 대비 3개교가 증가한 41개교가 논술을 시행한다.

 2025학년도 논술전형 모집인원은 비수도권에서 0.80%에 불과하지만, 수도권에서는 11.39%를 차지한다. 지역별로는 서울이 26개 대학으로 가장 많으며, 경기ㆍ인천 지역은 14개 대학에서 논술을 실시한다. 따라서 입시 경쟁이 치열한 수도권 대학에 진학하기 위해서는 논술전형도 적극적으로 고려할 필요가 있다.

K-논술은 학생부 없이 논술 100%로 선발하는 대학이 많다. 2025 논술에서는 가천대, 건국대, 경희대, 경희대(국제), 고려대, 고려대(세종), 덕성여대, 동덕여대, 성균관대, 연세대, 연세대(미래), 이화여대, 한국기술교대, 한국외대, 한국항공대 총 14개 대학으로 지속적으로 증가하는 추세이다.

2025 논술에서는 교과 성적을 반영하는 대학도 적지 않다. 하지만 실질 반영률이 크지 않아서 동점자 처리 기준 정도로 볼 수 있다. 동국대, 서강대, 중앙대처럼 교과 성적 이외에 출결을 10% 반영하는 대학들도 있다. 한양대는 교과 성적을 반영하지 않고 학교생활 성실도 중심의 종합 평가를 10%로 실시한다.

K-논술은 경쟁률이 가장 높은 전형이다. 2023학년도 논술 경쟁률이 성균관대 101.92 대 1, 한양대 107.94 대 1에 이른다. 2024학년도에는 서강대 112.59 대 1, 한양대 114. 55 대 1을 기록했다. 다만, 논술에서는 수능 최저가 높아서 이를 충족하지 못하는 수험생들이 많으므로 실질 경쟁률은 지원 경쟁률보다 낮은 것이 일반적이다. 2025 논술에서는 수능 최저를 적용하는 대학이 61%인 25개 대학이나 된다. 그리고 서울시립대, 연세대, 한양대를 제외한 서울 주요 대학에서 대부분 적용하므로 수능 최저 충족 여부가 논술에서 매우 중요하다.

▮ 2023학년도 수시모집 대학별 경쟁률 예시 (N: 1) ▮

대학		학생부교과	학생부종합	논술	실기/실적
서울	건국대	10.49	17.93	52.87	23.75
	성균관대	10.22	14.75	101.92	25.44
	연세대	5.76	9.66	38.97	–
	이화여대	5.51	10.95	36.75	7.20
	중앙대	10.19	20.67	79.26	61.96
	한국외대	8.63	8.88	35.00	–
	한양대	8.15	15.60	107.94	17.18
인천	인하대	11.13	11.91	40.01	22.94
경기	단국대	9.79	13.63	23.78	27.00
	아주대	12.33	10.68	83.35	5.60

※ 일반전형(인문/자연) 기준

출처 : 한국대학교육협의회, 「2025학년도 대입정보 119」, 2023.

K-인문 논술 2025

　2025학년도 인문 논술을 운영하는 대학은 서울 23개교, 경기 14개교, 인천 1개교 등 모두 44개 대학이다. 고려대(170명), 상명대(43명), 신한대(26명)와 을지대(24명)가 인문 논술을 신설하였고, 서경대(71명)가 논술전형을 폐지하였다. 경기대는 전년도와 동일하게 인문 논술만 실시한다.

　인문계열 논술은 수리 논술 포함 여부, 영어 제시문 활용 여부, 표나 그래프 등의 통계자료 활용 여부 등에 따라 논제 유형을 구분할 수 있다. 다수의 대학이 언어 논술을 출제하고 있다. 대학에 따라 논제 유형만 다른 것이 아니라 문항 수, 답안 분량 등도 차이가 있다. 한양대는 1,200자 분량의 1개 문항을 출제하고 있고, 서강대는 800~1,000자 분량의 2개 문항을 출제하는 등 대학별로 차이가 있으니 반드시 확인해야 한다.

　일부 대학에서 실시하고 있는 교과 논술(약술형 논술)은 기존의 언어 논술이나 수리 논술에 비해서 문항이 단순하고 답안 분량도 적은 편이다. 2025학년도에 가천대, 삼육대, 수원대는 출제 과목 및 문항 구성, 출제 범위 등에서 매우 유사한 교과 논술을 실시한다. 가천대는 EBS 수능교재 수준의 주관식 서술형으로 국어 9문항과 수학 6문항 총 15문항을 출제한다. 각 문항 10점을 부여하여 만점이 150점인데, 여기에 기본 점수 450점을 더해서 총 600점 만점으로 평가한다.

이와 달리 고려대(세종)는 교과목(국어, 사회, 도덕 등) 통합형으로 분류할 수 있는데, 문항별로 50~500자 내외의 답안 분량을 작성해야 한다. 한국기술교대는 자료 제시형 통합 논술로 분류할 수 있는데, 단어 찾아 쓰기, 기호 연결하기, 200~350자 등 다양한 유형의 문제가 출제된다.

┃ 2024학년도 수시모집 기준 인문계열 교과논술 구성 ┃

대학	고사시간	출제 과목 및 문항 수	출제범위	
가천대	80분	국어 9개 + 수학 6개	국어, 문학, 독서, 화법, 작문, 문법 영역	수학Ⅰ, 수학Ⅱ
삼육대	80분	국어 9개 + 수학 6개	화법과 작문, 독서, 문학	수학Ⅰ, 수학Ⅱ
수원대	80분	국어 10개 + 수학 5개	문학, 독서	수학Ⅰ, 수학Ⅱ
한신대	80분	국어 9개 + 수학 6개	문학, 독서	수학Ⅰ, 수학Ⅱ
고려대(세종)	90분	4개 내외(문제별 소문항 있음)	국어, 사회, 도덕 등 교과목 통합	
한국기술교대	80분	12개 내외	국어, 사회(교과서 및 EBS 수능교재)	

※ 출제범위는 각 대학별 발표 기준

출처 : 한국대학교육협의회, 「2025학년도 대입정보 119」, 2023.

2025학년도 인문 논술에서는 수능 최저가 매우 높다. 신설되는 고려대 인문 논술은 수능 최저가 4개 합 8(경영대는 5)등급 이내로 상당히 높다. 경희대 인문 논술도 국수영탐(2) 2개 합 5등급인데, 탐구 영역의 과목 수를 상위 1개 과목에서 2개 과목 평균으로 강화하였다. 반면에 숭실대처럼 국수영탐(1) 2개 합 4등급에서 2개 합 5등급으로 완화한 대학도 있다. 2025학년도 인문 논술에서 수능 최저를 적용하지 않는 대학은 가톨릭대, 경기대, 광운대, 단국대, 상명대, 수원대, 아주대, 연세대, 을지대, 인하대, 한국공학대, 한국기술교대, 한신대, 한양대 총 14개 대학이다.

K-자연 논술 2025

2025학년도 자연 논술을 운영하는 대학은 40개 대학이며, 모집인원은 전년보다 93명이 증가한 6,697명을 모집한다. 자연 논술은 대부분 수리 논술을 실시한다. 연세대(서울)가 2025학년도부터 과학 논술을 폐지함으로써 추가적으로 과학 논술을 실시하는 대학은 경희대(의·약학 계열), 서울여대, 아주대(의학과), 연세대(미래)(의예과) 4개에 불과하다.

교과 논술을 실시하는 가천대, 삼육대, 수원대, 한신대는 국어와 수학 문제를 푸는 서술형 문항을 출제한다. 고려대(세종)(약학과 제외), 한국기술교대는 수학 교과를 기반으로 하는 약술형 문항으로 일반적인 수리 논술에 비해 많은 문항을 출제한다.

자연 계열 수리 논술의 출제 범위는 〈수학〉, 〈수학 I 〉, 〈수학 II 〉를 기본으로 〈확률과통계〉, 〈미적분〉, 〈기하〉 등의 과목의 포함 여부는 대학마다 다르다. 따라서 자연계 논술에 지원하는 학생들은 어떤 과목들이 출제 범위에 포함되었는지 반드시 확인해야 한다. 이화여대와 연세대처럼 수학 교과 전 과목을 출제 범위로 하는 대학도 있다. 상위권 대학들은 거의 모든 수학 과목을 출제 범위로 하고, 문제 난이도도 매우 높기 때문에 기출 문제를 먼저 풀어 보고 나서 지원 여부를 신중하게 따져 볼 필요가 있다.

┃ 2024학년도 자연계열 수리논술 출제범위와 고사시간 예시 ┃

구분	고사시간					
	70분	80분	90분	100분	120분	150분
수학, 수학Ⅰ, 수학Ⅱ	홍익대(세종)	가천대 삼육대 수원대 한국공학대 한국기술교대	가톨릭대(자연) 한국외대 한국항공대(일부)			
미적분			고려대(세종) 한국항공대(일부)	경북대 숙명여대 성신여대 숭실대	단국대(죽전) 세종대 아주대 인하대	
확률과 통계, 미적분			덕성여대 동덕여대	가톨릭대(의예) 서울과기대	광운대 연세대(미래)	
확률과 통계, 미적분, 기하			동국대 고려대(세종)(약학) 한양대	건국대 부산대 서강대 성균관대	경희대 서울시립대 연세대(미래)(의예) 홍익대	
미적분, 기하					중앙대	
수학교과 전과목				이화여대		연세대
기타			서울여대(과학)	숙명여대(의류)		

출처 : 한국대학교육협의회, 「2025학년도 대입정보 119」, 2023.

2025학년도에는 자연 논술을 실시하는 39개 대학 중 27개 대학 전체 또는 일부 모집 단위에서 수능 최저를 적용한다. 신설되는 고려대 자연 논술은 수능 최저가 4개 합 8등급 이내로 상당히 높다. 의약학 계열은 수능 최저가 매우 높으므로 수능 준비를 철저히 해야 한다. 중앙대 의학과 약학은 4개 합 5등급 이내로 매우 높다. 2025 자연 논술에서 수능 최저를 적용하지 않는 대학은 가톨릭대(일부 모집 단위), 광운대, 단국대, 상명대, 서울과기대, 서울시립대, 수원대, 아주대(일부 모집 단위), 연세대, 인하대(일부 모집 단위), 을지대(성남), 한국공학대, 한국기술교대, 한신대, 한양대 총 15개 대학이다.

2025 논술에서는 수능 최저에서 선택과목 지정을 폐지한 대학이 늘어났다. 그래서 가천대, 가톨릭대, 경북대, 고려대(세종), 단국대, 덕성여대, 동덕여대, 부산대, 연세대(미래), 홍익대 등 10개 대학에서만 미적/기하 + 과탐을 지정하고 있다.

2025 논술에서 의약학 계열은 27개 대학에서 258명을 선발한다. 의예과(109명), 치의예(24명), 수의예(9명)는 모집인원이 전년 대비 다소 감소하였다. 그런데 의예과는 의대 정원이 확대됨에 따라 논술 모집인원도 다소 늘어날 가능성이 있다. 그리고 한의예과(26명)는 변동이 없고, 약학과(90명)는 다소 증가하였다. 2025학년도에는 약학과에서 숙명여대(4명)와 아주대(5명)가 논술을 신설하였다.

2025 의약학 논술에서 수리 논술의 출제범위는 수학, 수학 I, 수학 II 가 기본이며, 미적분, 기하, 확률과 통계 중에서 선택한다. 연세대처럼 고등학교 수학교과 전 범위에서 출제하는 대학도 있다. 그리고 과학논술을 시행하는 경희대와 연세대(미래)는 물리학, 화학, 생명과학 중에서 1과목을 선택해서 응시하는데, 아주대는 생명과학을 지정하고 있다. 의약학 논술에서는 수능 최저에서 수학(미적/기하)이나 과탐을 선택과목으로 지정한 대학이 적지 않다.

[서울 주요 대학 논술 전형방법 및 수능 최저]

대학	전형방법		모집인원		수능 최저
	논술	학생부	인문	자연	
건국대	100	–	107	207	인문: 국,수,영,탐(1) 2개 합 5등급, 한 5 자연: 국,수,영,탐(1) 2개 합 5등급, 한 5 수의예과: 국,수,영,탐(1) 3개 합 4등급, 한 5
경희대	100	–	162	307	인문: 국,수,영,탐(2) 2개 합 5등급, 한 5 한의예과(인문): 국,수,영,탐(2) 3개 합 4등급, 한 5 자연: 국,수(미/기),영,과(1) 2개 합 5등급, 한 5 의예/한의예(자)/치의예/약학: 국,수(미/기),영,과(1) 3개 합 4등급, 한 5
고려대	100	–	170	174	인문(경영대학 제외): 국,수,영,탐(1) 4개 합 8등급, 한 4 경영대학: 국,수,영,탐(1) 4개 합 5등급, 한 4 자연: 국,수,영,과(1) 4개 합 8등급, 한 4
동국대	70	30	151	145	AI소프트웨어융합학부(인문): 국,수,영,탐(1) 2개 합 5등급, 수 포함, 한 4 인문: 국,수,영,탐(1) 2개 합 5등급, 한 4 경찰행정: 국,수,영,탐(1) 2개 합 4등급, 한 4 자연, 경찰행정학부(자연): 국,수,영,과(1) 2개 합 5등급, 수/과 포함, 한 4 약학과: 국,수,영,과(1) 3개 합 4등급, 수/과 포함, 한 4
서강대	80	20	109	64	인문: 국,수,영,탐/직(1) 3개 합 7등급, 한 4 자연: 국,수,영,탐(1) 3개 합 7등급
서울대	–	–	–	–	–
서울 시립대	70	30	–	74	없음
성균관대	100	–	174	207	인문: 국,수,영,탐,탐 3개 합 6등급, 제2외/한문 탐구 1과목 대체 가능 글로벌경영/글로벌경제/글로벌리더: 국,수,영,탐,탐 3개 합 5등급, 제2외/한문 탐구 1과목 대체 가능 자연: 국,수,영,탐1,탐2 3개 합 6등급, 제2외/한문 탐구1과목 대체가능 약학과, 글바메, 반도체: 국,수,영,탐1,탐2 3개 합 5등급 의예과: 국,수,영,탐1,탐2 3개 합 4등급
숙명 여대	90	10	142	75	인문: 국,수,영,탐(1) 2개 합 5등급 자연: 국,수,영,탐(1) 2개 합 5등급 약학: 국,수,영,탐(1) 3개 합 4등급, 수학 포함
연세대	100	–	97	254	없음
이화 여대	100	–	170	112	인문: 국,수,영,탐(1) 3개 합 6등급 스트랜튼학부: 국,수,영,탐(1) 3개 합 5등급 자연: 국,수,영,탐(1) 2개 합 5등급 약학전공: 국,수,영,탐(1) 4개 합 6등급, 수학 포함

중앙대	70	30	224	206	인문: 국,수,영,탐(1) 3개 합 6등급, 한 4, 영어 2등급은 1등급으로 인정 자연: 국,수,영,탐(1) 3개 합 6등급 약학부: 국,수,영,탐(1) 4개 합 5등급, 한 4, 영어 2등급은 1등급으로 인정 의학부(의예): 국,수,영,탐(2) 4개 합 5등급, 한 4, 영어 2등급은 1등급으로 인정
한국 외대	100	–	396	72	인문: 국,수,영,탐(1) 2개 합 4등급, 한 4 L/D, L/T학부: 국,수,영,탐(1) 2개 합 3등급, 한 4 자연: 국,수,영,탐(1) 1개 3등급, 한 4
한양대	90	10	57	113	없음
홍익대	90	10	117	263	인문: 국,수,영,탐(1) 3개 합 8등급, 한 4 자연: 국,수(미/기),영,과(1) 3개 합 8등급, 한 4

☞ 보다 정확하고 자세한 내용은
대학별 모집 요강과 [대입나침반] 네이버 카페의 <2025 대입자료실> 참고.

K-논술은 모집인원이 적고 경쟁률이 매우 높지만, 서울 주요 대학 대부분이 선발하기 때문에 관심을 가질 필요가 있다. 수시에서 학생부전형이 교과 성적과 학생부 서류가 우수한 학생들에게 기회를 준다면, 그렇지 못한 학생들에게 논술은 정시 수능과 마찬가지로 역전의 기회를 주는 것이라고 생각할 수 있다. 그래서 교과 성적이 부족하다고 해서 곧바로 정시 수능으로 넘어갈 것이 아니라, 그나마 남아 있는 수시의 기회를 살리기 위해 논술에 지원하면서 수능 준비를 병행하는 것이 바람직하다.

논술고사는 고등학교 교육과정에서 출제되므로 교과 수업에 충실히 참여하면서 사고 역량을 키우는 것이 무엇보다 중요하다. 인문 논술은 제시문으로 주로 출제되는 국어나 사회 수업 시간에 열심히 공부하는 것 자체가 논술 준비라고 할 수 있다. 특히 인문 논술에는 표나 그래프 등의 통계 자료를 활용한 제시문들이 많이 출제되는데, 사회 과목들을 제대로 공부하면 이에 대한 분석하는 능력을 충분히 기를 수 있다. 그리고 인문 논술은 제시한 지문에 드러나는 두 개 이상의 서로 다른 관점을 비교 ·

이해하는 유형의 문제가 주로 출제되므로 서로 다른 지문의 주제를 파악하여 서로 비교할 수 있는 능력을 기르는 것도 중요하다.

자연 논술은 수학 교과를 기반으로 하므로 기본적인 개념 이해와 고도의 문제 해결 능력을 기르는 것이 중요하다. 자연 논술은 풀이 과정을 포함하여 평가하므로 평소 수업 시간에 문제를 푸는 과정에 집중해야 한다. 그리고 이화여대나 연세대처럼 수학 전 과목을 출제 범위로 하는 등 범위가 넓고 문제가 어렵기 때문에 먼저 기출 문제 등을 통해 자신의 실력을 확인한 이후에 지원 여부를 판단해야 한다.

논술고사 준비의 기본은 대학이 제공한 자료를 활용하는 것이다. 논술을 실시하는 대학들은 매해 3월에 선행학습영향평가보고서를 입학처 홈페이지에 공개한다. 여기에는 전년도 기출 문제의 출제 의도, 출제 근거, 자료 출처, 문항 해설, 채점 기준, 예시 답안 등이 수록되어 있어 대학별 논술을 준비하는 데 큰 도움이 된다. 논술에 지원하려는 학생들은 최우선적으로 희망 대학의 선행학습영향평가보고서부터 꼼꼼히 살펴보기를 바란다.

대학별로 실시되는 모의 논술에 응시하는 것도 필수적이다. 대부분의 대학들은 4~6월경에 모의 논술을 실시한다. 모의 논술은 실제 논술 출제진이 출제하므로 반드시 응시해서 자신의 실력을 점검해 보고, 실제 출제 경향과 채점 기준 등을 미리 알아 두어야 한다. 대학마다 모의 논술 실시 날짜가 다르므로 희망 대학 홈페이지에 자주 들어가서 날짜를 확인하고 기한 내에 신청하기를 바란다.

가천대, 고려대(세종), 수원대의 교과 논술(약술형 논술)은 적성고사가 폐지되어 신설된 전형이다. 다른 대학의 논술고사와 달리 학교 정기고사의 서술형 문항과 유사하게 약술형으로 출제된다. 그리고 주로 EBS 수능 교재에서 출제되므로 정시 수능 준비와 병행할 수 있다. 따라서 교과 성적이 부족해서 학생부전형에 지원하기 어려운 3등급 이후 학생들은 정시로 그냥 넘어가지 말고 교과 논술에 적극적으로 지원해 보길 바란다.

수시 논술은 정시 수능 준비와 병행하는 것이 바람직하다. 일반적으로 논술에 지원하는 학생들은 교과 성적 등 학생부가 부족한 경우가 대부분이다. 그런데 논술 문제의 난이도가 대단히 높고 경쟁률이 매우 높아서 실력이 있다 하더라도 합격을 장담하기가 어렵다. 더구나 서울 주요 대학 논술은 높은 수준의 수능 최저까지 요구한다. 수능 최저를 충족하지 못하면 아무리 훌륭한 답안을 작성해도 합격할 수 없으므로 수능 준비에 최선을 다해야 한다. 그래서 논술에 지원하는 학생들은 오로지 논술만 준비하지 말고, 오히려 수능 준비 시간을 훨씬 많이 확보하는 것이 바람직하다. 이 책을 읽은 수험생들의 수시 논술 합격을 기원한다.

IB 논술로 수능을 대체할 수 있을까?

이주호 교육부 장관이 취임 초기에 교육 격차 해소를 위한 해결책으로 국제바칼로레아(IB)를 언급했었다. 이 장관은 이미 경기도교육감 인수위 원장으로서 정책 제안을 담아 전달한 백서에도 상위권 학생과 하위권 학생의 학력 격차 해소를 위해 국제 공인 교육과정인 IB 프로그램을 도입해 공교육 질을 개선하는 노력이 필요하다고 썼던 것으로 알려졌다.

실제로 최근에 경기도교육청은 IB 교육 예산을 편성하고, 일선 학교에 IB 프로그램 추진 기본 계획을 내려보내기도 했다. 지난 2019년 대구에서 첫 IB 인증 학교가 생긴 이후 현재는 IB 본부의 인증을 받거나 인증 절차가 진행 중인 학교가 대구와 제주에서 다수 운영되고 있다.

IB 고교와 K-대학 입시

IB는 스위스에 본부를 둔 비영리교육재단인 IB 본부에서 개발 운영하는 국제 인증 학교 교육 프로그램이다. 이들은 4차 산업혁명 시대가 요구하는 창의력과 비판적 사고력을 갖춘 창의 융합형 미래 글로벌 인재를 양성하는 것을 목표로 한다. 그리고 역량 중심 교육과정을 기반으로 개념 이해 및 탐구 학습 활동을 통한 학습자의 자기 주도적 성장을 추구한다.

제주교육청의 안내문에 의하면, IB 고교에서도 1학년은 일반 학교와 마찬가지로 공통과목을 주로 이수한다. 하지만 2~3학년은 6개의 교과군과 3개의 핵심 과정(Core)을 중심으로 운영된다. 학생들은 언어와 문학(국어), 언어 습득(외국어), 개인과 사회 3개 교과군 중에서 3과목을 선택해서 과목별로 150시간(주당 3시간) 이수해야 한다. 이와 함께 과학, 수학, 예술 3개 교과군 중에서 3개 과목을 선택해서 과목별 240시간(주당 4-5시간) 이수해야 된다.

IB 고교에서 학생들은 지식 이론, 소논문, 창의 · 활동 · 봉사 3개의 필수 과정도 이수해야 한다. 지식 이론은 철학, 도덕, 논술, 종교 등을 통합한 비판적 이성적 사고훈련 과정으로 2년간 100시간(주당 2시간)을 이수해야 된다. 그리고 소논문은 학생 관심 주제에 대해서 4,000단어 이상 개인 연구 소논문을 작성하는 과정으로 2년간 약 40시간(주당 1시간)을 이수해야 된다. 창의 · 활동 · 봉사는 예술 및 창의 활동, 체육 활동, 지역 사회 참여 및 봉사활동으로 구성된 과정으로 18개월 이상 150시간(주당 3-4시간)을 이수해야 한다.

문제는 IB 고교의 6개 교과군 중에서 4개 교과군만 한국어로 수업이 진행되고, 언어 습득(외국어)과 예술 교과군은 영어로 수업이 진행된다는 것이다. 원래는 에세이도 학생들이 영어로 작성하는 것이니 영어 능력을 일정 수준 이상 갖춘 학생이 아니면 IB 교육을 이수하기가 어려울 수밖에 없다. 결국 조기 유학이나 영어 사교육을 많이 받은 학생에게 유리한 학교이므로 귀족 학교라는 비판을 면하기 어렵다.

IB 고교에서 평가는 우리의 교과 성적에 해당하는 내부 평가와 수능에 해당하는 외부 평가로 구분된다. 먼저, 내부 평가는 과목별로 1, 2개의 프레젠테이션, 프로젝트, 보고서, 실습, 탐구 활동을 대상으로 학교 교사가 평가한다. 교과 성적 부풀리기를 방지하기 위해서 학교에서 IB 본부에 평가 자료를 제출하면 채점 전문가가 무작위로 선별해서 심사하고 부풀리기 여부에 따라 내부 평가 점수를 조정한다.

IB 고교에서 외부 평가는 서논술형 중심으로 평가된다. 우리의 수능처럼 학생들이 지정된 날짜에 IB 본부에서 출제한 시험을 치르고, 이를 IB 본부 채점관이 중복 채점하여 평가한다. 내부 평가는 총점의 20~30% 정도만 반영되고, 외부 평가가 70~80% 정도로 압도적인 비중을 차지한다. IB 교육을 받은 후 시험을 통과하면 국제 학위인 'IB디플로마'를 취득할 수 있다.

이혜정 소장의 공저 『IB를 말한다』라는 책에 의하면, IB 시험은 고급 수준 3과목, 표준 수준 3과목 총 6개 과목 42점, 지식이론(TOK)과 소논문(EE) 3점 총 45점 만점으로 평가된다. IB디플로마 획득 요건은 6개 교과와 3개 핵심 과정을 모두 이수하고, IB 시험 45점 중에서 24점 이상을 획득하는 것이다.

학생들은 한국어, 외국어, 개인과 사회, 과학, 수학, 예술 6개 교과군 중에서 각각 한 과목씩 6과목을 선택해야 한다. 평가 방식은 7등급 절대평가이며, 내부 평가와 외부 평가 점수를 합해서 과목별 최고점이 7점이다. 필수 과정인 지식이론과 소논문은 외부 채점 센터에서 각각 5단계로 채점되고, 두 점수를 합한 조합의 규정에 따라 1~3점이 결정된다. 지식이론은 지식과 배움에 대한 6개의 문제 가운데 1개를 골라서 지식이론 수업 시간에 토론하고 1,600단어(영어 기준) 분량의 논술문을 작성하고 10분 정도 발표하는 필수 과정이다. 구두 발표는 내부 평가로, 논술문은 외부 평가로 채점된다.

소논문은 학생 각자가 자유롭게 주제를 정하고, 교내에서 지정된 지도 교사에게 40시간 이상 지도받으면서 4,000자(영어 기준) 이하의 연구 논문을 작성하는 필수 과정이다. 그리고 창의·활동·봉사는 정량적으로 평가되지는 않지만, 이수 요건을 충족하지 못하면 디플로마가 수여되지 않는 필수 과정이다. IB에서는 체육을 정규 과목이 아니라 이 과정 속에 편성해서 학생들이 스스로 일정 시간 이상 운동하고 기록하게 한다.

IB 고교에서 에세이, 보고서, 프로젝트, 프레젠테이션 등을 중시하는 것은 창의성 등 미래 역량을 기르는 데 의미가 있다고 생각된다. 그런데 이런 활동들은 현재 한국의 교육과정에서도 초등학교나 중학교는 물론이고 고등학교에서도 수행평가 등으로 이미 실시되고 있다.

수시 학생부전형이 K-대학 입시의 대세가 된 이후에는 우리나라의 학교도 과거의 주입식 암기 교육에서 탈피해서 다양한 활동 중심으로 변화해 왔다. 현재 기본 지식과 다양한 교육 활동이 어느 정도 균형을 이루고 있는 한국의 교육과정과 비교해 보면, IB 교육과정은 오히려 학생들의 활동을 과도하게 강조함으로써 폭넓은 기본 지식 교육을 어렵게 만드는 것은 아닌지 모르겠다. IB 고교에서 2년간 이수 과목이 6개에 불과하다는 점도 이런 우려를 뒷받침한다.

문제는 학교의 교과 성적이 당락을 좌우하는 수시 학생부전형이 주요 대학 입시의 60% 이상을 차지하는 상황에서 수행평가나 서논술형 문제만 출제된다면, 채점 시비와 분쟁으로 인해 성적을 확정하기조차 어려워질 가능성이 높다는 것이다. 지금도 교과 성적 등급 경쟁이 치열하므로 수행평가나 서논술형 채점과 관련해서 갈등이 적지 않다. 학부모들이 감점 요인이 무엇인지를 확인하겠다며 다른 학생들의 답안지 공개를 요구하는 것은 물론이고, 학원 강사들을 동원해서 이의 제기를 하고 부분 점수를 요구하는 사례도 비일비재하다. 만약 IB 고교가 확산되어 출신 학생들이 대거 국내 대학에 진학하게 된다면, 정기고사 때마다 채점에 대한 이의 제기와 소송으로 몸살을 앓을 가능성이 높다.

더구나 IB의 핵심이라고 할 수 있는 소논문은 학원에서 대리 작성해 주는 등 입시 부정을 이유로 한국에서 폐지된 지 오래되었다. 이런 상황에서 학종과 유사한 IB 교육과정을 다시 국가적 차원에서 전체 고등학교에 도입한다면 불공정성 문제로 국민적인 저항에 직면할 가능성이 매우 높다.

IB 고교가 외국 대학으로 진학하는 소수 기득권층 자녀만을 위한 고등학교로 전락할 가능성이 높다는 것도 문제이다. 사실 IB 고교에서 학생들이 수능을 준비하기는 어렵다. 그런데 서울의 주요 대학들은 수시 학생부전형에서도 상당히 높은 수준의 수능 최저를 적용하고 있으므로 정시든 수시든 국내 대학으로 진학하기가 어렵다. 그래서 IB 고교는 주로 외국 대학으로 유학을 원하는 기득권층 자녀들을 위한 유학 준비 학교가 될 수밖에 없는 것이 현실이다. IB 고교가 암기식 교육, 수능 위주의 수업에서 벗어나자는 명분을 내세워 소수 기득권층 자녀의 외국 유학을 국가적 차원에서 지원해 주는 수단으로 악용되지 않기를 바랄 따름이다.

IB 논술 평가와 수능 시험

『IB를 말한다』라는 책에 의하면, IB 시험의 핵심인 외부 평가는 논술형 시험이다. 그래서 한국에서도 IB 고등학교가 확산되기 위해서는 국내의 대학 입시에서 진학 성과를 낼 수 있도록 수능을 자격고사 수준으로 약화시키고 IB 논술 평가를 실시해야 할 것이다.

IB 논술은 6개 과목을 약 3주에 걸쳐 실시한다. 전 세계에서 차출된 외부 채점관들이 블라인드로 채점한다. 평가 방식은 7등급 절대평가이고, 등급 점수뿐 아니라 원점수도 제공하며, 재채점 신청도 가능하다. 대부분의 채점은 교차 채점을 하는데, 두 채점관의 채점 결과와 점수가 일정 기준 이상 차이가 나면 재채점을 하는 시스템이다.

IB 논술은 채점관 선발, 채점관의 질과 채점 결과 등 모든 부분을 기본적으로 IB 본부가 책임진다. 채점관은 주로 현직 교사들 중에서 심사를 거쳐 차출한다. IB를 가르치는 현직 교사들 중에서 신청을 받은 뒤 채점

테스트를 통과하면 훈련을 거쳐 채점관으로 활동할 수 있도록 한다.

IB 논술은 조국 가족 입시 부정 사건 이후 높아진 국민들의 공정성 요구에 역행한다고 볼 수 있다. 아무리 전문가들이 교차 채점을 한다고 해도 국민들의 눈높이를 만족시킬 수 있을 정도로 공정성을 확보하기는 어려울 수밖에 없다. 더구나 현행 수시 논술고사 정도의 규모라면 몰라도 정시 수능을 대체하는 수준으로 IB 논술을 확대 실시한다면, 수시 학종 논란과 마찬가지로 공정성을 요구하는 국민적 저항에 직면하게 될 것이 분명하다.

더 큰 문제는 IB 논술 도입으로 인해 논술 사교육이 폭발할 가능성이 매우 높다는 사실이다. IB 논술을 도입한다고 해서 입시 경쟁이 완화되는 것이 아니다. 입시 경쟁이 그대로인 상황에서 IB 논술이 도입되면 여기서 높은 점수를 얻기 위한 치열한 경쟁이 불가피하다. 학생부든 수능이든 IB 논술이든 한국 입시에서 핵심적인 선발 도구가 되면 변별력이 가장 중요해지므로 고난도 킬러 문항들이 출제될 수밖에 없다.

실제로 현재 서울 주요 대학들이 실시하고 있는 논술전형에서 출제되는 문제들은 수능 킬러 문항과는 비교가 되지 않을 정도로 고난도이다. 만약 IB 논술이 K-대학 입시의 핵심으로 확대된다면, '과외망국론'이 나올 정도로 사교육이 극심했던 본고사처럼 IB 논술 사교육이 폭발할 것이 불을 보듯 명확하다. IB 논술 채점관들이 새로운 일타 강사로 이름을 떨치게 될지도 모른다.

논술고사는 창의성과 사고력 등 미래 역량을 기르기 위해 필요하다.

하지만 채점의 공정성이나 사교육 문제 등 너무도 심각한 부작용을 초래한다는 것을 우리의 입시 역사는 증언하고 있다. 세계에서 가장 입시 경쟁이 치열한 한국에 IB 논술을 전면적으로 실시하는 것은 지속 가능하지 않다.

한국의 치열한 입시 현실에서 IB 논술은 고사하고 수능을 논술형으로 바꾸는 것조차도 공정성 문제로 쉽지 않다. 일본도 2020년부터 국어와 수학에 서술식 문제를 도입하겠다고 발표했다가 이를 무기한 연기했다. 50만 명에 이르는 수험생 답안을 공정하고 정확하게 채점할 수 있느냐하는 우려가 컸기 때문이라고 한다. 일본 정부는 애초 민간 회사에 채점을 위탁할 예정이었으나, 모의고사 채점 때 학생 아르바이트까지 동원된 것으로 나타나 반대 여론이 높아졌던 것으로 알려졌다.

현재 K-교육은 세계 최고 수준이다. 아시아의 한국과 일본이 세계 교육을 선도하고 있다는 사실은 OECD의 국제 학업 성취도 평가(PISA) 결과로 입증된다. 우리 교육의 과제는 앞으로도 세계를 선도해 나갈 수 있도록 K-교육을 유지 발전시키는 것이다. 이제는 과도하게 이상화된 서양 교육만 따라가지 말고, 한국의 교육 현실에서 지속 가능한 교육을 만들어 내려고 노력해야 한다. 우리가 가면 길이 된다.

K-면접 2025, 제대로 알고 준비하자

K-대학 입시에서 대학별로 실시되는 면접은 주로 수시 학생부종합(학종)에서 실시된다. 학종은 대체로 1단계에서 학생부 서류 평가로 일정 배수를 선발하고, 2단계에서 면접을 실시한 후 1단계 성적과 합산해서 선발한다. 동일 대학에서 서류형과 면접형으로 전형을 분리하여 운영하는 경우도 적지 않다. 대교협의 『2025학년도 대입정보 119』(2023)에 의하면, 수도권 대학들은 학종 전체 모집인원의 65.9%를 면접형으로 선발한다.

수시 학생부교과에서도 교과 학습 발달 상황을 중심으로 면접을 실시하는 대학들이 있다. 하지만 교과 성적을 중심으로 선발하는 학생부교과의 취지를 감안하면, 면접이 학종만큼 큰 영향을 준다고 보기는 어렵다.

학종에서 면접이 차지하는 비율은 대학별, 전형별로 동일하지 않지만, 30%를 적용하는 대학이 가장 많다. 면접의 비중이 높다는 것은 한편으로 면접으로 역전의 기회를 가질 수 있는 가능성이 높다는 의미가 된다.

K-면접은 크게 학생부 내용을 확인하는 서류 기반 면접과 제시문을 이용하여 문제를 풀어야 하는 제시문 기반 면접으로 구분된다. 대부분

대학은 학생부를 바탕으로 하는 서류 기반 면접을 시행하지만, 고려대, 서울대, 연세대 등 일부 대학에서는 난이도가 매우 높은 문제를 풀어야 하는 제시문 기반 면접을 시행하고 있다.

먼저, 서류 기반 면접은 학생부 서류에 대한 진위 여부를 확인하는 것이 주된 목적이다. 그래서 학생부 서류의 진실성과 기술된 사실의 신뢰성을 확인하는 질문, 나아가 서류를 통해 충분히 확인하지 못한 지원자의 역량을 확인하기 위한 질문으로 구성된다. 학생부에 기재되어 있는 활동 과정에서 배우고 느낀 점, 성장하고 변화한 점 등을 확인함으로써 학생의 역량을 평가하게 된다.

서류 기반 면접은 면접 평가자 2인이 학생 1인을 평가하는 방식이 일반적이다. 면접 시험 시간은 10분 내외이다. 출신 학교 이름이 블라인드 처리되고, 교복을 입을 수 없는 등 블라인드 면접으로 실시된다. 대학 입장에서는 면접 시간 10분으로 확인할 수 있는 학생의 역량이 제한적이므로 특정 평가 항목에 집중할 수밖에 없다. 가령 어떤 학생이 학업역량 가운데 탐구 활동이 두드러진다면 이를 초점화한 질문이 집중될 수 있다. 아니면, 전공(계열) 적합성 가운데 전공 관련 활동과 경험이 특징적이라면 이를 초점화한 면접이 진행될 수 있다. 대체로 면접에서는 학업역량보다 전공(계열) 적합성, 공동체역량 등에 초점을 두는 대학들이 많다.

한편, 제시문 기반 면접은 지원자의 학업역량을 평가하는 것이 주된 목적이다. 그래서 논리적 분석과 추론 능력을 평가하거나 지원 전공과 관련하여 수학 능력을 확인하기 위한 문항으로 실시된다. 제시문 면접은 주어진 제시문을 이해하고, 이에 기반을 두어 자신의 생각이나 경험을 논리적으로 답변하는 과정에서 지원자의 사고력을 평가한다. 이름만 면접일 뿐 사실상 과거 본고사와 마찬가지로 매우 난이도가 높은 구술고사이기 때문에 철저한 준비가 필요하다.

면접 방식은 기본적으로 미리 문제지를 배부해서 일정 시간 답변을 준비하도록 한 다음 면접을 실시하는 경우가 대부분이다. 서울대 사회과학대학, 경영대학은 준비 시간 30분 내외, 면접 시간 15분 내외이고, 자연과학대학, 간호대학, 공과대학은 준비 시간 45분 내외, 면접 시간 15분 내외이다.

2025학년도 서울대는 주어진 제시문과 질문을 바탕으로 면접관과 수험생 사이의 자유로운 상호작용을 통해 문제 해결 능력과 논리적이고 창의적인 사고력을 종합적으로 평가한다. 모집 단위 별로 평가에 활용되는 제시문이 달라지므로 모집 단위별 평가 내용을 반드시 확인해야 한다. 학생부 서류를 참고하여 추가 질문을 할 수도 있다.

2025학년도 고려대는 학종인 학업우수형에서 면접을 폐지하는 대신 수능 최저를 적용한다. 계열적합형에서는 기존대로 면접을 실시한다. 연세대도 학생부교과인 추천형에서는 면접을 폐지하고 수능 최저를 적용한다. 연세대 학종인 활동우수형과 국제형은 이전처럼 면접을 실시하는데, 학업역량에서 논리적 사고력 및 의사소통 능력을 평가하는 것으로 변경되었다.

보다 정확하고 자세한 내용은
대학별 모집 요강과 [대입나침반] 네이버 카페의 <2025 대입자료실> 참고.

면접 준비는 모의면접이 필수

K-면접을 준비하기 위해서는 가장 먼저 지원하고자 하는 대학에서 제공하는 자료들을 철저하게 숙지해야 한다. 각 대학의 수시모집 요강 중에서 면접 평가와 관련된 내용을 살펴보고, 학생부전형 가이드북에서 평가 방식이나 학과별 기출 문제 분석 등 보다 자세한 내용을 확인해야 한다.

먼저, 서류 기반 면접을 준비하기 위해서는 최우선적으로 자신의 학생부를 철저히 분석하고 예상 면접 질문 뽑아서 답변을 작성해야 한다. 면접 준비는 학생 스스로 자신의 학생부를 면밀히 분석하는 것이 필수적이다. 이는 면접 시험만이 아니라 학종 서류 평가 준비에도 도움이 된다. 구체적으로 학종 평가 요소와 학생부의 항목별로 자신의 강점이나 차별적 요소가 무엇인지에 초점을 두고 정리하는 것이 좋다.

다음으로 학생 스스로 자신의 학생부를 바탕으로 항목별 예상 면접 질문과 답변을 작성해 보는 것도 중요하다. 개인적으로 준비하는 것보다는 진로 희망이 유사한 학생들이 팀을 이루어서 질문을 추출하고 토론을 통해 답변을 다듬어 가는 것이 효과적이다.

학생부 가운데 교과 학습 발달 상황에서는 학업역량이나 전공 적합성 관련 질문을 예상해 볼 수 있다. 특히 세부 능력 및 특기 사항에 기재되어 있는 과목별 탐구 활동을 중심으로 질문을 스스로 추출하고 답변을 작성해야 한다. 학생부에는 교과별 탐구 활동이 간략하게 기재되어 있으므로 면접관이 잘 이해할 수 있도록 자세하게 설명해 주는 것이 중요하다. 면접관이 꼬리 질문을 이어 나갈 것에 대비해서 탐구 활동 내용 가운데 면접관이 궁금할 만한 내용을 다시 정리해서 정확하게 답변할 수 있도록 준비해야 한다.

창의적체험활동 가운데 동아리활동과 진로활동에서는 학생이 진로를 결정하게 된 계기와 학과에 입학하여 어떻게 공부하고 싶은지 물어보는 경우가 많다. 그리고 자율활동은 공동체역량의 판단 근거로 많이 활용된다. 따라서 이런 활동에서 전공 적합성과 공동체역량이 충분히 설명될 수 있도록 질문을 추출하고 답변을 작성할 필요가 있다.

면접 준비에서는 실제로 면접을 경험해 보는 모의 면접이 핵심이다. 진로 희망이 유사한 학생들이 팀을 이루어서 방과 후에 학교 교실이나 별도의 장소에서 모의 면접실을 꾸며 놓고, 서로 면접관과 피면접관의 역할을 바꿔 가면서 실제 상황과 유사하게 면접을 진행해 보는 것이 가장 좋다.

모의 면접을 실시한 후에 피드백 과정을 갖는 것도 매우 중요하다. 짧은 시간 안에 학생의 면접 실력을 향상시키기 위해서는 모의 면접 장면을 휴대폰 등으로 반드시 촬영하고, 해당 영상을 통한 피드백의 과정이 있어야 한다. 모의 면접 후 동료 학생들과 함께 모의 면접 영상을 보면서 표정, 몸짓, 시선이나 목소리의 크기, 말의 빠르기, 억양, 어조 등에 대한 개선점을 서로 조언해 주는 과정을 반복하기 바란다.

친구들과의 모의 면접이 끝나면, 가족과 모의 면접도 해 볼 필요가 있다. 실제 면접자와 비슷한 연령의 부모나 형제자매와 모의 면접을 하다 보면 조금 더 실감 나게 준비할 수 있을 것이다. 물론 학교에서 선생님들이 모의 면접을 진행한다면 적극적으로 참여하는 것이 가장 좋은 방법이다. 학교에서 별도의 프로그램이 없다면 담임 선생님께 부탁을 드려서 보다 실전적인 모의 면접을 경험해 보길 바란다.

한편, 제시문 기반은 크게 인문계와 자연계로 구분된다. 인문계 면접은 제시문을 분석하고 요약하는 능력, 제시문에 드러난 특정 대상의 관점을 파악하는 능력, 자신의 의견과 주장을 근거를 들면서 논리적으로 표현하는 능력을 요구한다는 공통점이 있다.

자연계 면접은 수학 또는 과학과 관련된 제시문을 읽고 문제를 해결하는 성격이 강하다. 기본적으로 고교 교육과정 범위 내에서 면접이 이루어지므로 자연과학 분야의 각 과목에 대한 깊이 있는 이해가 우선되어야 한다. 평소 단순 문제 풀이 위주의 학습에서 벗어나 사고력을 요구하는 문제를 탐구해 보거나 관련 이론 등에 대한 이해와 응용 연습을 해 보는 경험이 필요하다. 교육과정 내에서 깊은 생각이 필요한 문제를 만들어 친구들과 토론 학습을 해 보는 경험이나, 자연과학 이론이나 관심 주제에 대해 질문을 만들어 고등학생 수준에서 과제를 해결해 보고 발표하는 활동에 적극 참여하는 것이 중요하다.

  제시문 면접을 준비하는 가장 효과적인 방법은 대학에서 출제된 면접 문제 유형을 살펴보는 것이다. 각 대학들은 제시문 면접 기출 문제와 관련 정보들이 담겨 있는 선행학습영향평가서를 홈페이지에 공개한다. 따라서 이를 통해 지원하고자 하는 대학의 제시문 수준과 문제 난이도, 출제의 바탕이 되는 교과목의 범위 등을 반드시 확인해야 한다.

K-논술 면접의 빛

대학 입시는 말 그대로 대학에서 학생들을 선발하는 것이다. 그래서 대학이 자율적으로 학생을 선발하는 것이 가장 이상적인 방안으로 보인다. 실제로 초대 이승만 정부는 대학의 자율성을 최대한 존중하는 미국의 고등교육 모델에 따라 대학별 단독 시험제인 본고사를 실시했었다. 지금도 학생 선발권을 포함한 대학의 자율성을 완전히 보장하기 위해 수능과 학생부를 제외하고 본고사를 부활해야 한다고 주장하는 사람들이 적지 않다.

이주호 교육부 장관도 취임하자마자 교과 성적 전 과목 절대평가 개편과 함께 AI 수능, IB 논술 평가 등을 강조하면서 수능 폐지나 자격고사화를 언급했다. 이것은 결국 대학 입시 자율화와 본고사 부활을 염두에 둔 것으로 이해된다. 교과 성적과 수능의 변별력이 모두 약화되면 변별력을 확보하기 위해 대학별고사가 과거 본고사 수준으로 강화될 수밖에 없기 때문이다.

K-대학별고사인 논술 면접은 객관식 선택형인 수능과 달리 주관식 서논술형이나 구술형이라는 점에서 미래 교육에서 필수적인 고등 사고력과 창의성을 평가하는 데 적합하다는 장점이 있다. 지금 학생부나 IB 논술 평가로 수능을 대체해야 된다고 주장하는 사람들이 가장 중요하게 내세우는 명분도 바로 이것이다.

K-논술 면접의 그림자

과거에 실시되었던 본고사는 사교육 열풍으로 인한 '과외망국론'과 학교의 입시 학원화 등을 이유로 현재는 금지되어 있다. 한국대학교육협의회가 발표하는 「대학 입학전형 기본사항」에는 학교 교육 정상화와 사교육비 절감을 위해 본고사, 기여입학제, 고교등급제 금지가 명시되어 있다.

초대 이승만 정부는 대학의 자율성을 최대한 존중하는 미국의 고등교육 모델에 따라 대학별 단독 시험제인 본고사를 실시했다. 입시 관리는 형식적으로 국가가 관장했지만, 입시 주체는 정부의 별다른 규제 없이 각 대학에서 자율적으로 실시할 수 있도록 위임되었다.

당시 대학 입시의 핵심 문제는 부정 입학이었다. 대학들이 자율성을 악용하여 학력 무자격자들을 정원 외로 대거 부정 입학시키는 문제가 발생했던 것이다. 정부가 1955년에 대학설치기준령을 공시하면서 대규모 부정 입학을 저지른 대학들에 대한 폐교 또는 학생 모집 중지 등의 조치를 내릴 정도였다.

이승만 정부는 대학 입시 자율화로 인해 발생한 무자격자의 부정 입학과 정원외 초과 모집으로 인한 고등교육의 질적 저하를 막기 위해 1954년에 국가고사인 '대학 입학 연합고사'를 도입하기도 했다. 당시 연합고사는 합격자만이 본고사에 응시할 수 있는 자격이 주어지는 예비고사로서 정원의 140%를 선발했었다. 하지만 시험 문제가 유출되고 탈락자의 항의가 빗발치자 시행 1년 만에 폐지하고 다시 본고사로 돌아갔다.

이후 박정희 정부는 1962년부터 '대학 입학 자격 국가고사'를 실시해서 '예비고사+본고사' 체제를 수립했다. 그런데 본고사가 국영수 중심의 지나치게 난해한 주관식 문항으로 출제되어 과열 과외 열풍을 불러왔다. 당시에는 '과외망국론'이 등장할 정도로 사교육이 폭증했다. 더구나 1973학년도 대입에서는 예비고사 성적을 본고사 성적과 함께 반영하면서, 고등학생의 입시 부담이 과중되어 '고3병'이 사회적 문제로 크게 대두되었다. 학교가 예비고사와 본고사를 모두 준비해 주는 입시 교육 기관으로 전락하고 있다는 비판도 제기되기 시작했다.

이후 전두환 정부는 1980년에 과외 금지와 대학별 본고사 폐지를 골자로 하는 7·30 교육 개혁 조치를 발표하였다. 예비고사+본고사 체제에서는 말 그대로 예비고사와 본고사를 모두 준비해야 한다. 이로 인해 학교는 교육과정을 운영하는 것보다 입시 준비에 몰두할 수밖에 없었다. 그래서 전두환 정부의 본고사 폐지와 김대중 정부의 본고사 금지 조치는 학교 정상화를 위해 불가피한 선택이었다고 할 수 있다.

본고사 폐지와 금지 이후에도 대학 입시 자율화는 노무현 정부가 도입하고 이명박 정부에서 2008년부터 실시한 미국식 입학사정관제로 다시 부활했다. 이후 박근혜 정부에서 수시 학생부종합(학종)으로 개편되면서 더욱 확대되었다. 대학의 자유로운 선발권을 보장하는 대학 입시 자율화는 본고사 금지와 함께 무덤으로 들어갔다가 대학의 입학사정관들이 자율적으로 선발하는 수시 학종으로 화려하게 부활한 것이다.

하지만 숙명여고 시험지 유출 사건과 드라마 〈SKY 캐슬〉 그리고 조국 가족 입시 부정 사건 이후 대학 입시 자율화의 유력한 수단이었던 수시 학종은 공정성을 요구하는 국민들을 더 이상 설득하기 어렵게 되었다. 문재인 정부에서 2018년에 실시했었던 '2022학년도 대입제도 개편 공론화'에서는 대입제도의 방향과 관련된 시민참여단 조사에서 공정하고 투명한 입시 제도가 중요하다는 의견이 95.7%로 가장 높게 나타난 반면에 대학의 특성을 반영하는 입시 제도는 51.2%로 가장 낮았다.

표 5-6 입시제도 방향성에 따른 결정요인

	중요함(%)	중요하지 않음(%)	중요도 (5점 척도)
1) 학교교육 정상화에 기여하는 입시제도	92.8	1.6	4.42
의제1 지지	89.9	2.2	4.29
의제2 지지	97.2	0.5	4.62
의제3 지지	93.3	1.2	4.45
의제4 지지	89.7	2.1	4.32
2) 공정하고 투명한 입시제도	95.7	0.9	4.62
의제1 지지	99.1	0.0	4.76
의제2 지지	92.3	1.4	4.51
의제3 지지	91.8	0.0	4.48
의제4 지지	98.0	0.0	4.74
3) 다양한 적성 개발에 부합하는 입시제도	86.7	2.2	4.27
의제1 지지	78.3	3.5	4.03
의제2 지지	96.2	0.9	4.56
의제3 지지	94.2	0.7	4.47
의제4 지지	82.1	2.8	4.07

4) 대학의 특성을 반영하는 입시제도	51.2	9.9	3.51
의제1 지지	47.4	14.3	3.38
의제2 지지	57.0	4.9	3.67
의제3 지지	65.8	3.9	3.81
의제4 지지	51.0	13.1	3.45
5) 교육기회의 형평성을 제고하는 입시제도	85.5	1.3	4.22
의제1 지지	86.9	1.1	4.26
의제2 지지	86.2	0.9	4.24
의제3 지지	82.2	2.2	4.12
의제4 지지	87.2	1.3	4.24

* 의제별 지지는 각 의제에 지지(지지+매우지지)를 응답한 시민참여단으로 판단하고 분석하였음. 따라서 시민참여단이 중복되어 있음

출처 : 국가교육회의(2018), 「2022학년도 대입제도 개편 공론화 결과 발표」

지금도 일부에서 대학 입시 자율화를 꾸준히 주장하고 있지만, 수시 학종 확대는 불공정성의 문제로 국민들을 설득하기 어려울 것이다. 더구나 대학 입시 자율화가 기여입학제, 본고사, 고교등급제 금지의 삼불정책까지 부정하는 것이라면 문제는 더욱 심각해진다.

그동안 삼불정책 덕분에 K-대학 입시가 부모의 권력이나 재력 그리고 학력으로부터 비교적 자유로웠던 것이 사실이다. 대통령이든 대기업 회장이든 서울대 교수든 자녀를 서울대에 보내려면 모두 평등하고 공정한 선발 경쟁 시스템을 거쳐야만 하기 때문이다.

우리나라는 학교를 대학별 맞춤형 입시 학원으로 만들었던 과거 본고사를 금지함으로써 학교의 일상적인 교육 활동을 입시로부터 그나마 보호할 수 있었다. 그리고 출신 학교 수준으로 학생을 차별하는 고교등급제 금지도 입시의 공정성을 보장하는 핵심 장치로 작동해 왔다. 그리고 대학에 일정한 돈을 주고 뒷문으로 들어가는 기여입학제 금지도 입시에서 교육 기회의 평등을 보장하는 중요한 역할을 해 왔다.

이제는 국민 눈높이에서 공정하고 평등한 입시 그리고 학교 정상화를 가능하게 하는 대학 입시를 상상해야 한다. 이미 수시 학종으로 인해 고교등급제 금지가 사실상 무너진 상황에서 대학의 선발권 보장을 이유로 본고사까지 허용한다면 공정과 평등, 학교 정상화 모두 사라져 버릴 수 있다. 치열한 계급 전쟁터에서 장렬하게 전사한 지 오래인 대학 입시 자율화를 자꾸 불러내서는 안 된다.

지난 문재인 정부에서는 조국 사태와 함께 수시 학종의 불공정성에 대한 국민들의 분노가 터져 나왔었는데, 이번 윤석열 정부에서는 본고사 부활 등 대학 입시 자율화로 인해 국민적 저항에 직면하게 되지 않기를 바랄 따름이다.

K-논술 면접은 빛과 그림자를 모두 가지고 있다. 따라서 대학별 논술 면접의 빛나는 장점을 살리면서도 어두운 단점을 줄일 수 있도록 학생부나 수능으로 보완하는 다원적인 해법을 찾는 지혜가 필요하다.

5장

K-수능으로
역전을 노린다

K-정시 2025 나침반	215
K-수능 2025, 이것은 알아야 한다	224
수능 표준점수의 의미	232
2025 정시 지원 전략	237
2028 수능은 완전 통합형	240
수능에서 킬러 문항을 제외하는 이유	244
수능 절대평가가 지속 가능하지 않은 이유	249
수능을 1년에 두 번 실시하면 안 되나요?	257
AI 평가로 수능을 대체할 수 있을까?	260
K-수능의 빛과 그림자	268

K-정시 2025 나침반

K-대학 입시에서 정시 수능 전형은 대학수학능력시험 성적을 중심으로 선발하는 전형이다. 대교협의 「2025학년도 대입정보 119」(2023)에 의하면, 2025학년도 정시 모집인원은 전국적으로 18.7%에 불과하지만, 서울 주요 15개 대학에서는 39.9%로 매우 많다. 따라서 입시 경쟁이 치열한 서울 주요 대학에 지원하기 위해서는 정시도 적극적으로 고려할 필요가 있다.

K-정시는 가, 나, 다 군별로 모집한다. 학생들은 수시모집에서 최대 6개의 대학에 지원할 수 있지만, 정시모집에서는 군별로 1회씩 최대 3개 대학만 지원할 수 있다. 군별 모집 대학은 단일군에서만 모집하는 대학과 여러 군에 걸쳐 분할 모집하는 대학으로 구분된다. 단일군에서만 모집하는 대학보다는 군별 분할 모집하는 대학의 수가 더 많다. 모집군에 따라 군별 모집인원도 다르고 경쟁률이나 합격선도 달라지기 때문에 지원 대학의 모집군을 반드시 확인해야 한다. 모집 기간 군이 같은 대학이나 동일 대학 내 모집 기간 군이 같은 모집 단위 간에는 복수 지원이 금

지된다. 단, 산업대학, 전문대학은 모집군의 제한이 없다.

2025학년도의 경우 서울 소재 15개 대학은 다군의 모집 대학 수와 모집인원이 매우 적은 편이라 가군이나 나군에서 합격할 수 있는 지원 전략 수립이 필요하다. 그나마 2024 대입과 달리 성균관대(66명)와 서울시립대(8명)가 다군에서 일부 인원을 모집한다.

K-정시에서는 수능 성적이 핵심이다. 특히, 수도권 대학의 경우에는 수능 100%로 선발하는 대학이 대다수이다. 서울의 주요 대학들은 수능 점수 가운데 표준점수를 활용하는 대학이 많은 반면에 수도권 대학들은 주로 백분위를 반영한다.

K-정시에서 대학들은 수능 성적표에 나와 있는 성적을 단순 합산하여 학생을 선발하는 것이 아니라 대학별 활용 지표, 영역별 반영 비율, 변환 표준점수, 가산점 등 다양한 요소를 활용한 대학별 환산 점수를 산출하여 학생을 선발한다. 대학마다 수능 점수를 활용하는 방식에 차이가 있기 때문에 수능 성적표에 나와 있는 점수가 아니라, 대학이 반영하는 방법에 따라 산출된 대학별 환산 점수에 맞춰서 지원해야 한다.

대부분의 대학에서는 국어 · 수학 · 영어 · 탐구 4개 영역을 모두 활용해서 성적을 산출하지만, 성적이 우수한 3개 영역 또는 2개 영역만을 반영하는 대학들도 있다. 탐구 영역의 경우 서울의 주요 대학들은 2과목을 모두 반영하는데, 수도권에서는 1과목만 반영하는 대학이 대부분이다.

2025 정시에서 큰 변화 중 하나는 자연 계열 지원자들의 필수 응시과

목을 해제한 대학들이 많다는 것이다. 대학의 선택과목 지정은 주로 자연 계열 모집 단위 또는 의약학 계열 지원을 위한 조건인 경우가 많다. 2025학년도에 선택과목 필수 반영을 폐지한 대학은 건국대, 경희대, 광운대, 국민대, 동국대, 서울과기대, 성균관대, 세종대, 숭실대, 아주대, 연세대, 이화여대, 인하대, 중앙대, 한국항공대, 한양대, 한양대(에리카) 등 17개교이다.

대학들은 수학 영역에서 기하, 미적분 중 한 과목 선택을 지정하는 경우가 일반적이다. 그런데 2025학년도에는 확률과 통계를 응시한 학생들에게도 자연 계열 모집 단위 지원을 허용하는 대신 미적/기하 선택자에게 가산점을 주는 대학이 증가하였다. 국민대, 동국대와 숭실대는 미적/기하 선택자에게 표준점수의 3%를 가산점으로 부여한다. 그리고 광운대, 삼육대, 상명대, 세종대 등은 미적분/기하 선택자에게 백분위의 일정 비율을 가산점으로 부여한다.

자연 계열 대학은 탐구 영역으로 과학탐구를 지정하는 경우가 일반적이다. 일부 대학에서는 사회탐구 선택자들에게도 자연계 지원을 허용하는 대신 과학탐구 선택에 가산점을 준다. 2025학년도에 서울대와 서강대는 과학탐구 Ⅱ 과목에 가산점을 부여한다. 강원대는 과학탐구 Ⅰ, Ⅱ 과목에 상관없이 가산점을 부여한다.

탐구 영역에서 서울대를 제외한 서울의 주요 대학들은 수능 성적표에 기재되지 않는 변환표준점수를 반영한다. 변환표준점수는 선택과목인 탐구 과목 간의 유불리를 완화하기 위해서 표준점수를 대학별로 다시 보정한 점수이다. 성적표에 있는 사회탐구나 과학탐구 과목의 표준점수를 그대로 반영하지 않고, 대학이 백분위마다 별도로 배정해서 변환한 표준점수를 부여하는 것이다.

가령 생활과 윤리와 생명과학의 백분위 98%의 표준점수가 생활과 윤리는 60점인데, 생명과학은 68점으로 훨씬 높다면, 대학마다 생활과 윤리, 생명과학의 백분위 98%에 자신들이 정한 표준점수를 줄 수 있다. 만약 대학에서 사회탐구보다 과학탐구 변화 표준점수를 높게 설정하면 자연계 학생들이 인문계 학과에 지원하는 교차 지원이 유리하게 되고, 반대라면 불리하게 된다. 변환표준점수는 각 대학에서 자율적으로 결정하기 때문에 공개되는 일정도 각각 다르다.

한편, 절대평가 영어의 반영 방법은 대학마다 다른데, 크게 등급별 점수 반영 후에 비율을 정하는 대학과 감점이나 가산점을 주는 대학으로 구분된다. 2025학년도에 서울대와 고려대는 감점을 하는 반면에 서강대와 중앙대는 가산점을 부여한다. 연세대는 등급별 점수 반영 후 비율을 적용한다. 자세한 반영 방법은 대학의 정시모집 요강에서 확인할 수 있다.

K-정시에서 필수 과목이자 절대평가인 한국사 반영 방법은 크게 감점과 가산점으로 구분된다. 3등급 또는 4등급까지 만점을 주는 대학들이 대부분이다. 2025학년도에 서울대, 연세대 등은 감점을 하는 반면에, 고려대와 성균관대 등은 가산점을 부여한다.

이와 함께 K-정시에서는 교과 평가를 반영하는 대학이 증가하는 추세이다. 서울대는 2023학년도부터 반영하였고, 고려대는 2024학년도부터 반영하였으며, 연세대도 2026학년도부터는 도입할 것을 예고했다. 2025학년도에도 서울대 교과 평가는 학생부종합 방식으로 실시된다. 과목 이수 내용, 교과 성취도, 세부능력 및 특기 사항 등을 3등급 절대평가 방식으로 평가한다. A 등급은 모집 단위 학문 분야 관련 교과를 적극적으로 선택하여 이수하고, 전 교과 성취도가 우수하며 교과별 수업에서 주도적 학업 태도가 나타나는 경우에 부여된다.

서울대는 2023학년도부터 정시에도 지역균형전형을 신설했다. 그래서 교과 평가 반영 방식도 지역균형과 일반전형에서 차이가 있다. 먼저 정시 지역균형에서는 수능 60점과 교과 평가 40점을 합산해 선발한다. 평가 등급은 A(10점), B(6점), C(0점)로 하고, 2명의 평가자가 독립적으로 평가하여 등급을 매긴다. 그리고 조합에 따라 AA(10점), AB(8점), BB(6점), BC(3점), CC(0점) 점수를 부여한 후에 기본 점수 30점을 합산해서 총 40점 만점으로 평가한다.

다음으로 정시 일반전형에서 교과 평가는 수능 100%로 2배수를 선발한 후 1단계 성적 80점과 교과 평가 20점을 합산해 최종 합격자를 선발한다. 평가 등급은 A(5점), B(3점), C(0점)로 하고, 2명의 평가자가 독립적으로 평가하여 등급을 매긴다. 그리고 조합에 따라 AA(5점), AB(4점), BB(3점), BC(1.5점), CC(0점) 점수를 부여한 후에 기본 점수 15점을 합산해서 총 20점 만점으로 평가한다.

2025학년도 고려대 교과우수전형은 수능 성적 80%에 교과 성적 20%를 더해서 선발한다. 교과 성적은 고등학교 1학년 1학기부터 3학년 2학기까지 6학기 동안의 교과 평균 등급을 산출해서 정량적으로 평가하는 학생부교과 방식이다.

K-정시에서는 2025학년도 대입부터 「학교 폭력 근절 종합 대책」(2023.04.)에 따라 학교 폭력 조치 사항을 반영한다. 2025학년도에 반영하는 대학은 가톨릭대, 감리교신학대, 건국대, 경기대, 경북대, 경일대, 계명대, 고려대, 고려대(세종), 국민대, 대전가톨릭대, 부산대, 서울대, 서울시립대, 세종대, 아신대, 장로회신학대, 전북대, 전주교대, 한양대, 홍익대 총 21개교이다.

[서울 주요 대학 정시 수능 반영방법]

대학	계열	모집 인원	영역 수	필수과목 수학	필수과목 탐구	반영비율 국어	반영비율 수학	반영비율 영어	반영비율 탐구	반영비율 한국사	탐구 수	비고
건국대	언어 중심	405	4			40	30	10	20	감점	2	
건국대	수리 중심	794	4			30	40	10	20	감점	2	
건국대	예체 능	260	3			45	(30)	25	(30)	감점	2	
경희대	인문	679	4			30	30	15	25	감점	2	사회계
경희대	인문	679	4			35	20	15	30	감점	2	인문계
경희대	자연	350	4			20	35	15	30	감점	2	
경희대	예체 능	127	3			50		20	30	감점	1	
고려대	인문	794	3			36	36	감점		가산 점	2	전형별 상이 (특수교육, 특성화고 제외)
고려대	자연	829	3		과탐	31	38	감점		가산 점	2	가정교육과, 간호대학 제외 전형별 상이 (특수교육, 특성화고 제외)
고려대			3			36	36	감점		가산 점	2	가정교육과, 간호대학 전형별 상이 (특수교육, 특성화고 제외)
고려대	체능	81	3			36	36	감점		가산 점	2	
고려대	예능	81	2			56		감점		가산 점	2	
동국대	인문	625	4			35	25	15	25	감점	2	
동국대	자연	585	4			25	35	15	25	감점	2	
동국대	예체 능	49	4			35	25	15	25	감점	2	영화영상학과, 체육교육과
동국대	예체 능	49	3			45		15	40	감점	2	조소전공
서강대	인문	371	3			37	43	가산 점	20	가산 점	2	
서강대	자연	245	3			37	43	가산 점	20	가산 점	2	

대학	계열	모집인원		미적/기하	과탐	국어	수학	영어	탐구	한국사		비고
서울대	인문	453	3			33	40	감점	27	감점	2	제2외국어 응시 필수
	자연	685	3	미적,기하	과탐	33	40	감점	27	감점	2	
	예체능	171	3			50		감점	50	감점	2	
			3			33	33	감점	33	감점	2	디자인과
			3			33	40	감점	27	감점	2	체육교육과
서울시립대	인문	323	4			35	30	15	20	감점	2	모집단위별 상이
	자연	376	4	미적,기하	과탐	20	40	10	30	감점	2	일부 모집단위 상이
	예체능	116	3			40	35	25		감점		
성균관대	인문	678	4			35	25	10	30	가산점	2	일부 모집단위별 상이
			4			30	40	10	20	가산점	2	
	자연	772	4			30	40	10	20	가산점	2	일부 모집단위별 상이
			4			20	40	10	30	가산점	2	
	예체능	112	4			36	36	10	18	가산점	1	스포츠과학과, 일부 모집단위 상이
숙명여대	인문	521	4			35	25	20	20	가산점	2	
			4			30	30	20	20	가산점	2	경상대
	자연	340	4			25	35	20	20	가산점	2	수학과-미적, 기하 지정
			4			25	40	20	15	가산점	2	모집단위별 상이
	예체능	201	3			40		30	30	가산점	2	미술대(회화과 제외), 모집단위별 상이
연세대	인문	657	4			33	33	17	17	감점	2	모집단위별 상이
			4			37.5	25	12.5	25	감점	2	
	자연	674	4			22.3	33.3	11.1	33.3	감점	2	모집단위별 상이
			4			33	33	17	17	감점	2	
	예체능	174	2			33	33	17	17	감점	2	

이화여대	인문	340	4			30	30	20	20	가산점	2	
	자연	432	4			25	30	20	25	가산점	2	일부 모집단위 상이
	예체능	336	2			(50)	(50)		(50)	가산점	2	
중앙대	인문	758	3			35	30		35	가산점	2	인문사회계열
			3			30	40		30	가산점	2	경영경제
	자연	771	3			30	35		35	가산점	2	
	예체능	59	2			50			50	가산점	2	공간연출전공, 연극전공
			3			35	30		35	가산점	2	영화전공, 체육교육과
한국외대	인문	755	4			30	35	15	20	가산점	2	모집단위별 상이
한양대	인문	431	4			35	35	10	20	감점	2	상경계열
			4			35	30	10	25	감점	2	인문계열
	자연	841	4			25	40	10	25	감점	2	모집단위별 상이
	예체능	142	4			40	30	10	20	감점	2	실내건축디자인학과, 의류학과 상이
			4			35	30	10	25	감점	2	영화전공
홍익대	인문	272	4			30	30	15	25	가산점	2	
홍익대	자연	556	4	미적, 기하		20	35	15	30	가산점	2	서울캠퍼스자율전공(인문·예능) 수학 미지정
	예체능	94	3			(40)	(40)	20	(40)	가산점	2	

보다 정확하고 자세한 내용은
대학별 모집 요강과 [대입나침반] 네이버 카페의 <2025 대입자료실> 참고.

K-수능 2025, 이것은 알아야 한다

2025 수능 주요 내용

K-대학 입시에서 대학수학능력시험(수능)은 국가에서 실시하는 표준화 시험이다. 한국교육과정평가원이 발표한 「2024학년도 대학수학능력시험 채점 결과」(2023)에 의하면, 2024학년도 수능 응시자는 444,870명으로 2023학년도 447,669명에 비해 2,799명이 감소한 수치다. 이 가운데 재학생은 64.6%인 287,502명인데, 졸업생과 검정고시 합격자 등은 35.4%인 157,368명이나 된다. 졸업생의 비율은 31.7%로 전체 지원자의 1/3을 차지하여 1996년 이후 최고치를 기록하였다. 앞으로 킬러 문항 배제, 반도체 등 첨단학과의 모집 인원 증원, 의대 정원 확대 등으로 인해 졸업생이 더욱 증가할 것으로 전망된다.

한국교육평가원에서 주관하는 수능은 국어, 수학, 영어, 한국사, 탐구(사회/과학/직업), 제2외국어/한문 모두 6개 영역으로 구분된다. 수능에서 한국사 영역은 모든 수험생이 필수적으로 응시해야 하고, 나머지 영역은 전부 또는 일부를 임의로 선택하여 응시할 수 있다. 수능 문항의 형태는 객관식 5지 선다형으로 출제되고, 수학 영역에서만 단답형 문항이 30% 포함된다.

2025학년도 수능은 전년도와 마찬가지로 국어, 수학, 탐구 영역은 상대평가로, 영어, 한국사, 제2외국어/한문 영역은 절대평가로 산출된다. 2022학년도부터 시작된 국어와 수학의 공통과목＋선택과목 체제도 그대로 유지된다. 계열 구분 없이 최대 2개 과목을 선택하는 탐구 영역 과목 선택 방식도 동일하다.

지난 2024 수능에서는 국어의 언어와 매체, 수학의 미적분 선택자가 크게 증가했다. 특히, 미적분 선택자가 확률과 통계 선택자를 처음으로 앞지르는 현상이 나타났다. 이것은 인문계 기피 현상과 함께 미적분 선택자의 표준점수가 상대적으로 높게 나타나기 때문인 것으로 보인다.

2024 수능은 국어, 수학, 영어 모두 난이도가 매우 높은 불수능이었다. 국어 표준점수 최고점은 전년 대비 16점 상승하여 150점으로 매우 높았다. 그리고 수학의 표준점수 최고점은 148점으로 전년 대비 3점 상승했다. 이와 함께 절대평가인 영어도 1등급 비율이 4.7%에 불과했다. 3등급까지 합친 비율도 46.9%로 작년에 이어 계속 감소하면서 수도권 대학에 지원하는 경우 영어 성적의 영향력이 커지고 있다.

한국사 영역은 절대평가로 시행되는데, 필수 영역이므로 응시하지 않으면 수능 응시 자체가 무효 처리되고 성적 전체가 제공되지 않는다. 탐구 영역을 선택하지 않은 수험생들은 한국사 영역 시험 종료 후 답안지와 문제지를 제출하고 대기실로 이동하면 된다.

　탐구 영역 가운데 사회/과학 탐구는 17개 선택과목 중에서 최대 2과목을 영역 구분 없이 자유롭게 선택할 수 있다. 사회탐구는 생활과 윤리, 윤리와 사상, 한국지리, 세계지리, 동아시아사, 세계사, 경제, 정치와 법, 사회 · 문화에서, 그리고 과학탐구는 물리학 I , 화학 I , 생명과학 I , 지구과학 I , 물리학 II, 화학 II, 생명과학 II, 지구과학 II 과목에서 출제된다.

　수험생은 반드시 응시원서 작성할 때에 본인이 선택했던 영역 및 과목의 문제만 풀어야 하고, 임의로 선택과목을 변경할 수 없다. 탐구 영역의 경우 선택과목 시간별로 해당 선택과목만 풀어야 한다. 본인이 선택한 제2선택과목의 문제지를 동시에 보는 경우 부정행위로 처리된다는 점을 유의해야 한다.

　2024 수능에서 사회탐구 선택자는 46.6%인 199,886명인데, 과학탐구 선택자는 47.1%인 210,834명으로 과학탐구 선택자가 증가하고 있는 추세이다. 그리고 수험생들이 사회탐구에서는 생활과 윤리, 사회문화를 주로 선택하고, 과학탐구에서는 지구과학 I , 생명과학 I 을 주로 선택하는 과목 쏠림현상이 반복되고 있다.

　2024 수능에서는 과학탐구 I 과 II 사이 표준점수 차이가 큰 것으로 나타났다. 더구나 서울대처럼 5점의 가산점을 받는 대학에 지원하는 경우 II과목 선택자가 매우 유리한 것이 사실이다. 따라서 2025 수능에서는 과학탐구 II과목 선택자들이 늘어날 것으로 예상된다.

　한편, 직업탐구는 산업 수요 맞춤형 및 특성화 고등학교 전문 교과 II

교육과정을 86단위(2016년 3월 1일 이전 졸업자는 80단위) 이상 이수한 사람만 응시할 수 있다. 직업탐구 영역은 농업 기초 기술, 공업 일반, 상업 경제, 수산 · 해운 산업 기초, 인간 발달 과목에서 각각 20문항이 출제된다. 전문 공통과목인 '성공적인 직업생활'과 5개 선택과목 중에서 최대 2개 과목을 선택할 수 있다.

영역	구분	문항 수	출제 범위(선택과목)
국어		45	· 공통과목 : 독서, 문학 · 선택과목(택 1) : 화법과 작문, 언어와 매체 · 공통 75%, 선택 25% 내외
수학		30	· 공통과목 : 수학Ⅰ, 수학Ⅱ · 선택과목(택 1) : 확률과 통계, 미적분, 기하 · 공통 75%, 선택 25% 내외
영어		45	영어Ⅰ, 영어Ⅱ를 바탕으로 다양한 소재의 지문과 자료를 활용하여 출제
한국사 (필수)		20	한국사를 바탕으로 우리 역사에 대한 기본 소양을 평가하기 위한 핵심 내용 위주로 출제
탐구	사회 · 과학 탐구	과목당 20	생활과 윤리, 윤리와 사상, 한국지리, 세계지리, 동아시아사, 세계사, 경제, 정치와 법, 사회·문화 물리학Ⅰ, 화학Ⅰ, 생명과학Ⅰ, 지구과학Ⅰ, 물리학Ⅱ, 화학Ⅱ, 생명과학Ⅱ, 지구과학Ⅱ **17개 과목 중 최대 택 2**
	직업 탐구	과목당 20	**1과목 선택** : 농업 기초 기술, 공업 일반, 상업 경제, 수산·해운 산업 기초, 인간 발달 중 택 1 **2과목 선택** : 성공적인 직업생활 + 위 5개 과목 중 택 1
제2외국어 /한문		과목당 30	독일어Ⅰ, 프랑스어Ⅰ, 스페인어Ⅰ, 중국어Ⅰ, 일본어Ⅰ, 러시아어Ⅰ, 아랍어Ⅰ, 베트남어Ⅰ, 한문Ⅰ **9개 과목 중 택 1**

출처 : 한국교육과정평가원, 「2024학년도 대학수학능력시험 시행세부계획 공고」, 2023.

수능 원서 접수 및 유의 사항

수능에 응시하려면 먼저 응시원서를 접수해야 한다. 졸업 예정자와 졸업자는 출신 고등학교에 수능 원서를 제출하는 것을 원칙으로 한다. 검정고시 합격자 및 기타 학력 인정자는 주민등록상 현재 주소지의 시 · 도 교육감이 지정하는 장소에, 입원 중인 환자, 군 복무자, 수형자 등은 관련 증빙서류를 갖추어 응시하고자 하는 시 · 도의 교육감이 지정하는 장소에 직접 제출해야 한다.

수능에 지원하고자 하는 수험생은 응시 원서를 접수할 때 본인이 선택한 영역 수에 따라 응시 수수료를 접수 창구에 납부해야 한다. 4개 영역 이하는 37,000원, 5개 영역은 42,000원, 외국어/한문 포함 6개 영역은 47,000원이다.

수능 응시 수수료가 면제되는 대상은 원서 접수일 현재 수험생이 ① 국민기초생활 보장법 제2조에 의한 국민기초생활수급자(생계, 의료, 주거, 교육 급여 및 생계 급여 조건부, 보장 시설 수급자 중 1개 이상 해당하는 자), ② 법정차상위계층(장애인 연금, 장애 수당, 자활 근로, 차상위 본인 부담 경감, 차상위계층 확인 대상자 중 1개 이상 해당하는 자), ③ 한부모가족지원법 제5조에 의한 한부모가족 지원 대상자 중 하나에 해당하는 자로서 응시 수수료를 면제받고자 하는 자이다.

일반적으로 수능은 매년 11월에 실시된다. 2025학년도 수능은 2024년 11월 14일 목요일에 실시될 예정이다. 수험생은 시 · 도 교육감이 지정하는 장소에서 수능 시험일 전날에 실시되는 예비 소집에 참가하여 주의 사항 등을 전달받고 본인이 응시할 시험장과 시험실을 확인해야 한다.

수험생은 시험 당일 수험표와 주민등록증 또는 주민등록번호가 있는 학생증 등 본인임을 입증할 수 있는 신분증(사진이 부착되어 있어야 함)

을 반드시 지참해야 한다. 수험표를 분실한 경우에는 고사 본부에서 수험표를 재교부받아야 한다.

　모든 수험생은 물품에 대한 관리 절차 및 감독관의 지시에 따라야 한다. 시험장에 가지고 올 수 없는 시험장 반입 금지 물품은 휴대전화, 스마트 기기(스마트 워치 등), 디지털 카메라, 전자사전, MP3 플레이어, 태블릿 PC, 카메라 펜, 전자계산기, 라디오, 휴대용 미디어 플레이어, 통신·결제 기능(블루투스 등) 또는 전자식 화면 표시기(LCD, LED 등)가 있는 시계, 전자 담배, 통신(블루투스) 기능이 있는 이어폰 등 거의 모든 전자 기기이다. 시험장 반입 금지 물품을 불가피하게 시험장에 반입한 경우는 1교시 시작 전에 감독관의 지시에 따라 제출해야 한다. 제출하지 않으면 부정행위로 간주되므로 반드시 제출하고, 시험 종료 후에 돌려받기를 바란다.

　시험 중에 학생이 휴대 가능한 물품도 있다. 검은색 컴퓨터용 사인펜, 흰색 수정 테이프, 흑색 연필, 지우개, 샤프심(흑색, 0.5mm), 아날로그 시계는 준비하는 것이 좋다.

　수험생 입실 완료 시간은 1교시를 선택하지 않은 수험생 포함해서 모두 08시 10분까지이다. 4교시 한국사/탐구 영역이 16시 37분에 끝나는데, 5교시가 있는 학생들은 17시 45분에 끝난다. 한국사 영역은 모든 수험생이 반드시 응시해야 하는 필수 영역이다. 따라서 한국사 영역에 응시하지 않으면 수능 성적 전체가 무효 처리된다는 점에 유의해야 한다.

교시	시험 영역	시험시간	배점	문항 수	비고
1	국 어	08:40~10:00 (80분)	100	45	
2	수 학	10:30~12:10 (100분)	100	30	◦ 단답형 30% 포함
3	영 어	13:10~14:20 (70분)	100	45	◦ 듣기평가 문항 17개 포함 (13:10부터 25분 이내)
4	한국사, 탐구(사회·과학·직업)	14:50~16:37 (107분)			
	한국사	14:50~15:20 (30분)	50	20	◦ 필수 영역
	한국사 영역 문답지 회수 탐구 영역 문답지 배부	15:20~15:35 (15분)			◦ 문·답지 회수·배부 및 탐구 영역 미선택자 대기실 이동
	탐구(사회·과학·직업) 시험: 2과목 선택자	15:35~16:05 (30분)	50	20	◦ 선택과목 응시 순서는 응시원서에 명기된 탐구 영역별 과목의 순서에 따라야 함.
	시험 본 과목 문제지 회수	16:05~16:07 (2분)			
	탐구(사회·과학·직업) 시험: 1~2과목 선택자	16:07~16:37 (30분)	50	20	◦ 문제지 회수 시간은 2분임.
5	제2외국어/한문	17:05~17:45 (40분)	50	30	

출처 : 한국교육과정평가원, 「2024학년도 대학수학능력시험 시행세부계획 공고」, 2023.

수능에서 1교시 국어 영역, 2교시 수학 영역, 3교시 영어 영역 및 4교시 한국사 영역 문제지는 홀수형/짝수형으로 문형을 구분하여 제공된다. 하지만 4교시 탐구 영역과 5교시 제2외국어/한문 영역 문제지는 영역별로 단일 합권(1권)으로 제공된다. 매 교시 감독관의 수험생 본인 확인 및 휴대 가능 시계 여부 확인 절차에 따라야 하며, 문제지 문형 확인 및 부정행위 방지를 위해 매 교시 종료 후 문제지도 답안지와 함께 제출해야 한다.

수능에서 부정행위를 한 자는 「고등교육법」 제34조에 의거 당해 시험을 무효로 하고, 당해 시험의 시행일이 속한 연도의 다음 연도 1년간 응시 자격을 정지한다. 다만, 시험의 공정한 관리를 위하여 금지된 물품의 소지 또는 반입, 감독관 지시 사항의 불이행 등 교육부장관이 정하는 경미한 부정행위를 한 자에 대해서는 응시 자격을 정지하지 아니한다. 학생들은 부정행위로 인해 불이익을 당하지 않도록 주의하기를 바란다.

수능 성적 통지표는 원서를 접수한 곳에서 배부하는데, 재학생들은 학교에서 받을 수 있다. 성적증명서 발급 사이트에서도 발급이 가능하다. 한국교육과정평가원에서는 대학에 수능 성적 자료를 온라인으로 제공하여 입학 전형 자료로 활용할 수 있도록 하고 있다. 2025 수능 성적은 2024년 12월 6일 금요일에 통지된다. 이 책을 읽은 수험생들의 수능 대박을 기원한다.

▪▪ 보다 정확하고 자세한 내용은
   한국교육과정평가원과 [대입나침반] 네이버 카페의 <2025 대입자료실> 참고.

K-수능 성적 통지표에서 국어, 수학, 탐구 영역은 상대평가이므로 표준점수, 백분위, 등급 세 가지의 성적이 제공된다. 하지만 영어, 한국사, 제2외국어/한문 영역은 절대평가이므로 등급만 제공된다. 표준점수와 백분위는 주로 정시모집에서 대학별 환산 점수를 산출하는 활용 지표로 활용되고, 등급은 주로 수시모집에서 수능 최저 기준으로 활용된다.

수험번호	성 명		생년월일	성별	출신고교 (반 또는 졸업 연도)		제2외국어/한문
12345678	홍 길 동		05. 09. 05.	남	한국고등학교 (9)		
영 역	한국사	국어	수학	영어	탐구		제2외국어/한문
선택과목		화법과 작문	확률과 통계		윤리와 사상	지구과학 I	독일어 I
표준점수		131	135		59	66	
백 분 위		96	95		75	93	
등 급	2	1	2	1	4	2	2

출처 : 한국교육과정평가원, 「2024학년도 대학수학능력시험 시행세부계획 공고」, 2023.

수능성적표에는 실제 수능에서 채점된 원점수는 표시되지는 않는다.

원점수는 각 과목을 문항별 배점대로 채점한 단순 합산 점수이다. 국어, 수학, 영어가 각 100점, 그리고 한국사, 탐구, 제2외국어, 한문이 각 50점이 배정되어 있다.

K-수능에서 표준점수는 응시영역과 과목의 응시자 집단에서 해당 수험생의 상대적인 위치나 성취 수준에 관한 정보를 제공하기 위해 도입되었다. 표준점수는 수험생이 선택한 과목의 난이도 차이를 보정하기 위해서 수험생의 원점수를 전체 집단의 평균과 표준편차로 계산한 점수이다.

표준점수를 계산하기 위해서는 수험생 개인의 원점수에서 수험생이 속한 집단의 평균 점수를 뺀 다음, 이를 수험생이 속한 집단의 표준편차로 나눈 Z 점수를 먼저 산출해야 한다. Z 점수는 기본적으로 표준점수와 그 성질이 동일한데, 그 값이 대체로 작고 음의 값으로도 표시될 수 있기 때문에 일련의 과정을 통해 어느 정도 표준적인 값이 되도록 변형해야한다. 국어와 수학 영역에서는 평균 100, 표준편차 20으로 변형하고, 탐구와 제2외국어/한문은 평균 50, 표준편차 10으로 계산한다.

선택과목이 있는 국어와 수학의 표준점수는 공통과목 점수를 활용하여 선택과목 점수를 조정함으로써 산출된다. 공통과목과 선택과목의 배점이 각각 74점과 26점이므로 공통과목 표준화 점수에 0.74, 선택과목 조정 표준화 점수에 0.26을 곱하여 합산한다. 그리고 '표준화 점수 가중합'을 평균 100과 표준편차 20인 표준점수로 변환한 후에 소수점 이하 첫째 자리에서 반올림한 정수로 최종 표준점수를 산출한다.

이런 조정 과정을 거치면. 국어, 수학 원점수 총점이 동일한 경우에도 두 수험생의 선택과목이 다르면 최종 표준점수가 다르게 산출될 수 있다. 그리고 두 수험생의 선택과목이 같다고 해도, 배점 비율이 큰 공통과목 원점수를 높게 받은 수험생의 최종 표준점수가 공통과목 원점수를 낮게 받은 수험생에 비해 높아질 수 있다.

표준점수는 만점이 정해져 있지 않기 때문에 최고점이라고 표현한다. 해당 연도의 시험 난이도에 따라 과목별 최고점이 달라질 수 있다. 일반적으로 어려운 시험일수록 표준점수 최고점이 높아진다. 즉 동일한 원점수라도 시험이 어려워서 응시생 평균 점수가 낮다면 표준점수가 높게 나오고 반대라면 낮게 나온다.

국어의 경우 언어와 매체 선택자의 표준점수가 화법과 작문에 비해 높게 나오는 것이 일반적이다. 성적 우수자들이 주로 선택하는 언어와 매체 선택자들의 공통과목 원점수가 화법과 작문 선택자들에 비해 높기 때문에 표준점수 최고점도 더 높게 나오는 것이다. 수학의 경우도 성적 우수자들이 주로 선택하는 미적분과 기하 선택자들의 공통과목 원점수가 확률과 통계 선택자들에 비해 높기 때문에 표준점수 최고점도 더 높게 나타난다.

한편, K-수능에서 백분위는 표준점수를 기준으로 수험생이 얻은 점수보다 낮은 점수를 얻은 수험생들의 비율을 나타낸다. 특정 학생의 점수보다 낮은 점수를 받은 학생이 전체 학생 중 몇 %가 있느냐를 나타내 주는 표시 방법이다. 백분위는 집단의 크기를 언제나 100명으로 생각했을 때의 순위이므로 상위 누적 퍼센트 개념의 역이라고 할 수 있다.

수능 백분위는 나보다 낮은 표준점수를 받은 학생들의 비율을 백분율로 나타낸 지표로 일종의 석차 개념이라고 보면 된다. 가령 백분위가 90이라면 나보다 점수가 낮은 하위 그룹이 전체 학생의 90%라는 의미이다. 즉, 응시자를 100명이라고 가정했을 때 백분위가 90이라는 것은 자신보다 성적이 낮은 수험생이 90명이 있다는 것으로 이해하면 된다. 따라서 백분위 점수가 높을수록 성적이 우수한 것이 된다. 단, 동점자가 있을 경우 나와 동점인 학생 수의 절반만 계산된다. 그래서 백분위 산출식은 [(수험생 표준점수보다 낮은 점수를 받은 수험생의 수)+(동점자 수)÷2 / 해당 과목의 수험생 수] × 100이다.

수능 백분위는 집단의 크기나 시험의 종류가 다르더라도 전체 응시집단에서 상대적인 위치를 서로 비교해 볼 수 있다. 그래서 대교협에서 발표하는 대학별 전년도 입시 결과는 백분위 성적으로 제시되어 있다. 학생들이 자신의 수능 백분위 성적을 대교협의 전년도 입시 결과와 비교해 보면 지원 가능한 정시 라인을 대략적으로 확인해 볼 수 있다.

한편 K-수능에서 등급은 수험생이 응시한 영역별로 부여된다. 상대평가로 시행되는 국어, 수학, 탐구 영역의 수능 등급은 영역별 표준점수를 기준으로 누적 비율에 따라 9등급제로 부여된다. 1등급 상위 4%, 2등급 11%, 3등급 23%, 4등급 40%, 5등급 60%, 6등급 77%, 7등급 누적 89%, 8등급 96%, 9등급 하위 4%이다.

절대평가로 실시되는 영어, 한국사, 제2외국어/한문은 원점수에 따라 등급이 부여한다. 영어는 100점 만점이므로 1등급 90점, 2등급 80점, 3

등급 70점, 4등급 60점, 5등급 50점, 6등급 40점, 7등급 30점, 8등급 20점, 9등급 0점이다. 그리고 한국사는 50점 만점이므로 1등급 40점, 2등급 35점, 3등급 30점, 4등급 25점, 5등급 20점, 6등급 15점, 7등급 10점, 8등급 5점, 9등급 0점이다.

수능 등급 구분 점수에 놓여 있는 동점자에게는 해당되는 등급 중 상위 등급이 부여된다. 예를 들어 1등급은 본래 상위 4% 이내 학생들에게 주어지는 등급이지만, 1등급에 해당하는 최하위 표준점수 동점자가 많을 경우 4%를 초과하는 학생들도 1등급에 포함될 수 있다. 따라서 난이도가 너무 낮아서 원점수 만점이 많이 나오면 모두 1등급 처리되고 대신 누적비율만큼 2등급이 없거나, 한 문제 틀렸는데도 3~4등급이 될 수 있는 상황이 발생할 수 있다. 이 책을 읽은 수험생들의 수능 대박을 기원한다.

2025 정시 지원 전략

　K-대학 입시에서는 '재학생 수시, 졸업생 정시'라는 공식이 작동하고 있다. 수능 성적이 우수한 졸업생들이 전체 수능 시험 지원자의 30%에 이를 정도로 많기 때문이다. 물론 서울 주요 대학의 경우 지난 「대입제도 공정성 강화 방안」에 따라 정시 수능의 비중이 40%로 확대된 것은 사실이다. 그렇다고 해서 고등학교 재학생들에게 정시의 문이 대폭 넓혀진 것이라고 보기는 어렵다. 오랫동안 공부해 온 졸업생들이 여전히 강세를 보일 수밖에 없기 때문이다. 그래서 서울 주요 대학에서 정시가 확대되었음에도 불구하고 재학생들은 정시를 목표로 삼을 경우 재수할 가능성도 염두에 두어야 한다. 특히 1~2학년 학생들은 졸업생들이 포함되지 않은 1~2학년의 모의고사 성적을 기준으로 자신의 수능 경쟁력을 지나치게 낙관하여 일찌감치 정시에 올인하지 않도록 주의해야 한다.

　K-정시에서는 수능 성적이 가장 중요하다. 공통과목과 선택과목으로 구분되는 국어, 수학 영역의 경우는 공통과목의 배점이 훨씬 높으므로 공통과목에서 고득점을 목표로 계획을 세우는 것이 필요하다. 그리고 통

합형 수능이 정착되어 자연 계열 모집 단위에서 수학과 과탐 지정 과목은 점점 사라지고 있는 추세이다. 따라서 본인이 선호하고 점수를 잘 받을 수 있는 과목을 선택하는 것이 바람직하다.

정시에서는 2022학년도부터 시작된 통합형 수능으로 인해 교차 지원이 늘어나고 있는 추세이다. 따라서 인문계 학생들은 상위권 대학의 경우 자연계 학생들의 교차 지원까지 감안해서 지원 전략을 세워야 한다. 특히 수학 점수가 낮은 문과생들은 지난해 이과생이 교차 지원을 많이 했던 학과는 가급적 피하는 것이 좋다.

교차 지원은 자연계 수학(미적분, 기하), 과학탐구의 표준점수 고득점자가 대폭 증가하면서 자연계 과목 선택자가 인문계 모집 단위에 지원하는 것을 말한다. 특히 서울대를 비롯해서 학생들의 선호도가 높은 대학들의 교차 지원 비율이 매우 높다. 사실상 상위권 대학교 인문계열의 경우 합격생의 절반 이상이 교차 지원자인 것으로 추정될 정도이다.

한편, K-정시에서 학생들은 가·나·다군에 있는 대학에 각 한 번씩 지원할 수 있다. 군별 지원 전략은 상향, 적정, 안정에 각각 1개씩 배분하는 것이 일반적이다. 그런데 선호도가 높은 대학들은 가군과 나군에 집중된 경향이 있다. 따라서 성적별로 선호도에 따른 가·나·다군의 지원 경향을 살펴보아야 한다. 그리고 대학별 모집군의 이동도 확인할 필요가 있다.

수능 시험이 전년도와 별 차이가 없는 경우에는 전년도 입시 결과가 정시 합격 라인을 잡는 데에 가장 믿을 만한 자료이다. 대교협 '어디가'에 있는 전년도 국수탐 백분위 평균 70% cut과 자신의 백분위 평균을 비교해 보면, 자신이 지원할 수 있는 대학을 대략적으로 확인할 수 있다.

K-정시에서는 반영 지표, 반영 영역, 반영 비율, 가산점 등에 따라서 대학별 환산 점수가 달라지므로 자신에게 가장 유리한 대학을 찾아서 지원하는 것이 중요하다. 대학은 성적표에 기재된 표준점수, 백분위, 등급을 그대로 합산하지 않고, 다양하게 환산해서 점수를 산출하므로 표준점수나 백분위가 동일하더라도 대학별 환산 점수는 다르기 마련이다.

서울시교육연구정보원에서 무료로 제공하는 '쎈진학 나침판'(https://ipsi.jinhak.or.kr)을 활용하면, 대학별 환산 점수에 따른 정시 지원 가능 대학을 누구나 쉽게 확인해 볼 수 있다. 쎈진학 나침판에 자신의 성적을 입력하여 지원 가능 대학을 확인한 후에 학교 선생님과 상담한다면 보다 정확하게 합격 예측을 할 수 있을 것이다. 이 책을 읽은 수험생들의 정시 합격을 기원한다.

2028 수능은 완전 통합형

교육부는 「미래 사회를 대비하는 2028 대학 입시 제도 개편 확정안」(2023)에서 2028학년도 대입 수능을 선택과목 없는 통합형으로 개편하겠다고 발표했다. 교육부는 현행 선택형 수능에서 발생하는 선택과목에 따른 유불리를 해소하고, 미래에 필요한 역량을 함양할 수 있도록 융합형 학습을 유도하기 위해 입시 안정성을 저해하지 않는 범위에서 교과 간 벽을 허물고 공정성을 확보하겠다고 설명했다.

2028 수능에서 현행 선택형인 국어와 수학은 공통 국어와 공통 수학으로 개편된다. 그리고 지금도 공통으로 출제되고 있는 영어와 한국사는 그대로 유지된다. 특히 탐구 영역은 통합사회와 통합과학을 출제하고, 문이과 구별 없이 모든 학생이 동일하게 응시해야 한다. 그리고 제2외국어/한문은 총 9과목 중에서 1과목을 선택하는 현행 방식을 유지한다.

먼저, 국어는 공통과목(독서+문학)에다 선택과목(화법과 작문/언어와 매체) 가운데 하나를 선택해서 응시했던 선택형 국어에서 모든 학생이 문학, 화법과 언어, 독서와 작문을 필수적으로 응시하는 공통 국어로 개편된다. 그리고 수학도 현행 공통과목(수학Ⅰ+수학Ⅱ)에다 선택과목(확률과통계/미적분/기하) 중 하나를 선택해서 응시했던 선택형 수학에서 모든 학생이 대수, 미적분1, 확률과통계를 필수적으로 응시하는 공통 수학으로 개편된다.

애초에 교육부는 통합형 수학에서 미적분Ⅱ나 기하 과목이 제외되어 이공계 대학을 중심으로 학력 저하 문제가 제기될 수도 있는 문제를 해결하기 위해서 심화 수학(미적분Ⅱ+기하)을 5교시 제2외국어/한문과 함께 선택과목으로 추가하는 시안을 발표했었다.

하지만 국가교육위원회(국교위)는 「국가교육위원회 제24차 회의 의결서」(2023)에서 심화 수학을 제외할 것을 의결했다. 국교위는 심화 수학이 디지털 시대 미래 역량을 함양하기 위해 매우 중요한 과목이라는 점에 대해서는 깊이 공감한다고 밝혔다. 하지만 공정하고 단순한 수능을 지향하는 통합형 수능의 취지와 학생의 학습 부담을 고려하고, 수능에서 심화 수학 과목을 도입하지 않더라도 학생들은 학교에서 관련 교과목을 학습할 수 있고, 대학은 그 평가 결과를 확인할 수 있으므로 제외하기로 결정했다고 설명했다.

교육부는 국교위의 권고에 따라 심화 수학을 수능에서 제외했다. 그리고 심화 수학 신설로 사교육이 유발되고, 학생·학부모 부담을 가중시킬 것이라는 우려와, 대학은 학생부를 통해 학생의 수학적 역량과 심화학습 여부를 충분히 확인할 수 있다는 제외 이유를 덧붙였다.

다음으로 탐구 영역은 현행 17개 과목 가운데 최대 2과목을 선택하는 방식에서 통합사회와 통합과학을 문이과 구별 없이 모든 학생이 동일하게 응시하는 통합형으로 개편된다. 2022 개정 교육과정에서 1학년에 개설되어 있는 통합사회와 통합과학 과목에서 출제될 예정이다.

교육부는 2028 수능에서부터 심화 수학 없이 핵심적인 수학 과목들만 출제되고, 사회와 과학탐구도 통합사회와 통합과학을 통해 사회와 과학의 기본 소양을 중심으로 평가하므로 수능 수학·사회·과학에 대한 사교육 수요가 경감될 것으로 기대한다고 밝혔다.

이와 함께 교육부는 평가 및 성적 제공, EBS 연계 방식 등은 현행을 유지하겠다고 발표했다. 그리고 수능 이권 카르텔 근절 방안으로 학원에 문항 등을 판매한 사교육 영리 행위자의 위원풀 구성에서 배제, 출제 후 5년간 참여 경력을 이용한 사교육 영리 행위 금지 등의 대책도 제시했다.

<2028학년도 개편 확정안(요약)>

영역		현행 (~2027 수능)	개편안 (2028 수능~)
국어		**공통 + 2과목 중 택1** • 공통 : 독서, 문학 • 선택 : 화법과작문, 언어와 매체	**공통** (화법과 언어, 독서와 작문, 문학)
수학		**공통 + 3과목 중 택1** • 공통 : 수학 I, 수학 II • 선택 : 확률과 통계, 미적분, 기하	**공통** (대수, 미적분 I, 확률과 통계)
영어		**공통** (영어 I, 영어 II)	**공통** (영어 I, 영어 II)
한국사		**공통** (한국사)	**공통** (한국사)

탐구	사회·과학	**17과목 중 최대 택2**
		• 사회 : 9과목
		  한국지리, 세계지리, 세계사,
		  동아시아사, 경제, 정치와 법,
		  사회·문화, 생활과 윤리, 윤리와 사상
		• 과학 : 8과목
		  물리학 I, 화학 I, 생명과학 I,
		  지구과학 I, 물리학 II, 화학 II,
		  생명과학 II, 지구과학 II
			• **사회 : 공통**
			  (통합사회)
			
			• **과학 : 공통**
			  (통합과학)

	직업	**1과목 : 5과목 중 택1**
		2과목 : 공통 + [1과목]
		• 공통 : 성공적인 직업생활
		• 선택 : 농업 기초 기술, 공업 일반,
		  상업 경제, 수산·해운 산업 기초,
		  인간 발달
			• **직업 : 공통**
			  (성공적인 직업생활)

제2외국어/한문		**9과목 중 택1**
		• 제2외국어/한문 : 9과목
		  독일어 I, 프랑스어 I, 스페인어 I,
		  중국어 I, 일본어 I, 러시아어 I,
		  아랍어 I, 베트남어 I, 한문 I
			9과목 중 택1
			• 제2외국어/한문 : 9과목
			  독일어, 프랑스어, 스페인어, 중국어, 일본어, 러시아어,
			  아랍어, 베트남어, 한문

※ 음영표기는 "절대평가" 적용 영역

출처 : 교육부, 「미래 사회를 대비하는 2028 대학 입시 제도 개편 확정안」, 2023.

2028학년도 대학 입시에 대한 보다 자세한 내용은
[대입나침반] 네이버 카페의 <2028 대입자료실> 참고.

수능에서 킬러 문항을 제외하는 이유

교육부가 2024학년도 대학수학능력시험 성적을 분석한 결과를 발표했다. 국어 영역의 경우 표준점수 최고점이 작년 134점에 비해 16점이나 상승한 150점으로 나타났다. 교육부는 전년도 수능 대비 표준점수 최고점자 수가 줄고, 1~2등급 구분 점수는 높아진 것을 볼 때, 상위권 변별이 확실하게 이루어졌다고 분석했다. 이번 수능에서 국어가 '불국어'였던 것은 분명하다.

수학의 경우 표준점수 최고점은 작년 145점보다 3점 높아진 148점이다. 수학도 작년보다 어려웠다는 얘기다. 국어와 수학 영역의 표준점수 최고점 격차는 작년 11점에서 이번에는 2점으로 감소하여, 상대적으로 특정 영역이 대입에 미치는 영향력이 대폭 완화되었다고 볼 수 있다. 그래서 교육부는 초고난도 '킬러 문항'을 배제하고도 상위권 변별력이 높았다고 분석했다.

한국 사회에서 저출산이 가장 핵심적인 문제로 대두된 상황에서 대통령이 쏘아 올린 사교육 경감이라는 공이 결코 작지 않고 매우 큰 교육적

과제인 것은 사실이다. 지금 우리 국민들이 매달 학원에 지불하고 있는 사교육비는 너무도 막대하기 때문이다.

과연 사교육비를 줄일 수 있는 대책이 있는가? 물론 사교육을 줄일 수 있는 근본적인 대책은 입시 경쟁을 미국이나 유럽 수준으로 줄이는 것이다. 입시 경쟁이 사라진다면 굳이 막대한 돈을 들여서 사교육을 시킬 필요가 없을 것이니 말이다. 하지만 입시 경쟁을 완화시킬 수 있는 현실적인 방법이 별로 없다는 것이 문제다. 이번에 대통령이나 교육부 장관이 수능에서 고등학교 교육과정을 벗어난 초고난도 킬러 문항 제외를 사교육 대책으로 제시했다는 것 자체가 아직도 뾰족한 해법을 찾지 못했다는 반증이기도 하다.

교육부에서 말하는 킬러 문항은 고등학교 교육과정에서 벗어난 초고난도 문항이지, 정답률이 낮은 고난도 문항인 것은 아니다. 이번 시험에서 확인되었듯이 수능은 교육과정 밖에서 출제되는 초고난도 킬러 문항이 없이도 변별력을 충분히 확보할 수 있다.

교육과정에 충실한 학교 시험에서도 변별력 확보를 위해 정답률이 매우 낮은 고난도 문제를 출제하는 경우가 적지 않다. 학교 시험에서도 교육과정에서 벗어난 문항인지가 문제이지, 정답률이 낮다고 해서 문제가 되거나 문제를 삼는 경우는 거의 없다.

수능에서 고등학교 교육과정에서 벗어난 초고난도 킬러 문항을 출제하지 말라는 것은 의미가 있다. 하지만 어려운 문항 자체를 출제하지 말라는 것은 비상식적이다. 최상위권 학생들을 변별하지 못하는 시험은 선발 도구로서의 역할을 제대로 수행할 수 없기 때문이다.

만약 학교 시험에서도 사교육비를 줄이기 위해 고난도 문항을 출제하지 말라고 주문한다면 교사들은 황당해질 수밖에 없다. 문제가 너무 쉬워서 100점 만점 학생이 1등급 한도인 4%를 초과하면 모두 2등급으로 처리되어 대학 입시에서 엄청난 피해를 당하기 때문이다.

쉬운 물수능이 무조건 좋은 것도 아니다. K-수시에서는 불수능보다 오히려 물수능이 더 문제다. 수능이 너무 쉬워지면 실수로 틀린 한 문제 때문에 등급이 갈려서 수능 최저를 못 맞출 수도 있기 때문이다. 현재 전국적으로 K-대학 입시의 80% 정도를 차지하고 있는 수시에서는 수능을 최저기준으로 활용하고 있다. 이미 수시에서는 수능이 절대평가 자격고사의 역할을 하고 있는 것이다. 그래서 물수능은 실수로 틀린 한 문제 때문에 수능 최저를 못 맞추는 학생들을 양산할 수 있다.

K-정시에서도 물수능이 오히려 불수능보다 더 문제가 크다. 정시에서는 수능 성적이 당락을 결정하는데, 수능이 변별력을 상실하면 정시모집 자체가 어려워질 수밖에 없기 때문이다. 특히 SKY의 경영대나 의대 등 최상위권 학생들을 변별하기 위해 교육과정 밖의 초고난도 문항인 킬러문항은 배제해야 되지만, 변별력을 위한 고난도 문항은 필수적이다. K-정시에서는 거의 수능 100%로 선발하기 때문에 물수능으로 발생될 수많은 동점자들을 변별할 방법이 없기 때문이다.

수능이 쉬워지면 다른 것은 몰라도 학생들의 입시 부담과 사교육비가 줄어들 것이라고 생각하는 사람들이 많다. 하지만 입시 경쟁이 치열한

K-대학 입시에서는 수능의 변별력이 과도하게 낮아지면, 서울 주요 대학들이 변별력 확보를 이유로 대학별 논술 면접을 본고사 수준으로 강화하여 오히려 사교육이 확대될 가능성이 높다.

지난 문재인 정부도 「2021학년도 수능 개편 시안」(2017)에서 수능 전 과목 절대평가의 문제점으로 수능 변별력 약화에 따른 학생부 미흡·부재, 학생 재도전 기회 축소, 학생부전형 확대로 인한 고교 교과 성적 부담 및 공정성 문제 제기, 학생부 및 고교 교과 성적 경쟁 과열 등과 함께 '변별을 위한 타 전형 요소 확대로 사교육 부담 확대 우려'를 제시했었다.

쉬운 물수능이 어려운 불수능보다 입시 경쟁을 완화하는 것도 아니다. 물수능이든 불수능이든 경쟁률 자체는 달라지지 않는다. 그래서 학생들의 입시 부담과 사교육비가 줄어들 리가 없다. 오히려 수능이 선발 도구로서의 변별력을 충분히 확보하지 못하면 본고사 등 다른 시험의 경쟁률이 높아질 수밖에 없는 우리 입시 현실을 직시해야 한다.

교육부가 이번 수능에서 교육과정 밖의 초고난도 킬러 문항을 배제하고도 상위권 변별력이 높았다고 분석한 것은 사실에 부합하는 것 같다. 그런데 킬러 문항을 배제한 것이 애초에 의도했던 사교육비 경감에 얼마나 효과가 있었는지에 대한 분석은 빠져 있다. 그래서 킬러 문항을 배제하는 것은 이유가 있지만, 얼마나 효과가 있는지는 분명하지 않다.

수능에서 초고난도 킬러 문항을 제외해야 되는 이유는 학원에서 배워야만 풀 수 있는 문제를 없애서 사교육비를 줄이기 위함이다. 그런데 이것은 초고난도 킬러 문항을 풀어야 합격할 수 있는 일부 최상위권 학생들에게 국한된 해법이므로 전체 학생들의 입시 부담과 사교육비를 줄이기가 어렵다.

나는 수능에서 킬러 문항 제외는 필요하지만 충분하지 않다고 본다. 이보다는 지금 유치원부터 고등학생까지 막대한 사교육을 유발하고 있는 영어를 수능에서 제외하는 것이 효과적이다. 정부는 수능에서 '킬러 문항'을 배제하는 것에 그치지 말고, 영어를 제외하는 등 저출산 문제 해결을 위해 사교육비를 실질적으로 줄일 수 있는 대책을 마련하길 바란다.

수능 절대평가가 지속 가능하지 않은 이유

　교육부는 2028학년도 수능 시험을 현행처럼 국어, 수학, 탐구 영역은 상대평가로, 영어, 한국사, 제2외국어/한문은 절대평가로 실시하겠다고 발표했다. 진보와 보수를 막론하고 고교학점제에서 학생들의 선택권을 실질적으로 보장하려면 수능이 절대평가 방식의 자격고사로 실시되어야 한다고 주장하는 사람들이 아주 많다.

　대학 입시와 관련해서 가장 오래된 담론 중의 하나가 전교조를 비롯한 진보 교육계에서 주장해 온 수능의 절대평가 자격고사화이다. 이주호 교육부 장관도 취임 초기에는 절대평가 확대와 수능의 자격고사화를 언급했었다. 진보 교육계에서 입시 부담 완화를 통한 공교육 정상화에 초점을 맞추고 있다면, 보수 교육계에서는 대학 입시 자율화와 본고사 부활을 위해 국가고사인 수능의 영향력을 약화시키려는 것으로 보인다.

 나는 지난 문재인 정부에서 마련된 현행 수능이 변별력 확보를 위한 상대평가와 입시 경쟁 완화를 위한 절대평가가 균형을 이루고 있으므로 지속 가능한 다원적 시스템이라고 본다.

 문재인 정부는 출범 직후인 2017년의 「2021학년도 수능 개편 시안」에서 학생 간 무한 경쟁, 과잉 고난도 문항 출제, 시험 부담 등의 교육 문제 해결 필요성을 이유로 수능 절대평가 확대 방안을 발표했었다. 교육부의 제1안인 '일부 과목 절대평가' 방안은 기존의 영어, 한국사에 통합사회·통합과학, 제2외국어/한문만 추가하는 방안이다. 교육부는 제1안의 기대 효과로서 수능 체제 변화 최소화로 대입 안정성 및 예측 가능성 우위, 수능 변별력 유지로 학생부 미흡·부재 학생(재수생, 검정고시 등) 재도전 기회 확보, 기존 수능과 유사하여 고교에서의 학생 진로 지도에 용이, 수능 변별력 유지로 대학에서 학생 선발 상대적 용이 등을 제시했었다.

 한편, 교육부의 제2안인 '전 과목 절대평가'는 말 그대로 수능 전 과목을 절대평가로 개편하는 방안이다. 교육부는 기대 효과로서 수능 부담 경감으로 학생 희망·진로별 학습 집중 기대, 수능 영향력 축소로 학생 참여 수업, 과정 중심 평가 활성화 기대, 상대평가 과목 쏠림 학습 해소를 제시했다.

 그런데 당시 교육부가 전 과목 절대평가의 문제점도 지적했다는 점에 주목할 필요가 있다. 교육부는 변별력 약화에 따른 학생부 미흡·부재 학생 재도전 기회 축소, 학생부전형 확대로 인한 고교 교과 성적 부담 및 공정성 문제 제기, 학생부 및 고교 교과 성적 경쟁 과열, 변별을 위한 타 전형 요소 확대로 사교육 부담 확대 우려, 대입 전형 체계의 전반적 변화를 수반하므로 대입 안정성 저하 등을 전 과목 절대평가의 문제점으로 명시했다.

당시 교육부는 수능 개편을 유예하면서, 수능을 포함한 대학 입시 제도 전반을 대통령 직속 국가교육회의에서 충분한 숙의·공론화를 통해 제출하는 권고안을 받아 결정하기로 발표했다. 이에 따라 2018년에 국가교육회의는 2022년 대입제도 개편을 위한 공론화를 실시했다. 「대입제도 개편 공론화 결과 발표」(2018)에 의하면, 시민참여단은 중장기 수능 평가 방법으로 절대평가 과목 확대(27.0%), 전 과목 절대평가(26.7%), 전 과목 상대평가(19.5%), 상대평가 과목 확대(15.3%), 현행 유지(11.5%) 순으로 응답했다.

국가교육회의는 이런 결과에 대해 상당수의 시민참여단이 수능 절대평가 과목의 확대를 지지하였으므로 중장기적으로는 절대평가 방식에 대해서도 준비해야 한다고 판단했다. 하지만 전 과목 절대평가가 적절하다는 의견이 26.7%에 그쳤다는 점에서, 시민참여단은 2022학년도 대입 제도 개편에서 전 과목 절대평가로의 전환을 이르다고 판단한 것으로 분석했다. 2022학년도 대학 입시에서는 당시보다 절대평가를 확대할 필요가 있지만, 그렇다고 전 과목 절대평가는 시기상조라고 본 것이다.

결국 문재인 정부는 공론화 결과에 따라 2022학년도 대입에서부터 영어, 한국사, 제2외국어/한문 영역만 절대평가로 실시하고, 나머지 국어, 수학, 탐구 영역은 상대평가를 유지하기로 결정했다. 수능 절대평가 논란이 매우 뜨거웠지만 결국 기존의 영어, 한국사에다 제2외국어/한문 영역만 추가하는 선에서 마무리된 것이다.

수능 전 과목 절대평가는 당시 교육부도 지적했듯이 변별력 약화에 따른 학생부 미흡·부재 학생의 재도전 기회를 축소하는 것일 뿐만 아니라, 변별력 확보를 위해 대학별 논술 면접이 과거 본고사 수준으로 강화되어 사교육 부담이 확대될 우려가 크기 때문에 사실상 폐기된 정책이라고 할 수 있다.

수능 절대평가와 고교학점제

진보와 보수를 막론하고 고교학점제에서 학생들의 과목 선택권을 실질적으로 보장하려면 수능이 절대평가 방식의 자격고사로 실시되어야 한다고 주장하는 사람들이 아주 많다. 하지만 수능을 아예 폐지한다면 몰라도 절대평가로 성적 산출 방식만 바꾼다고 해서 학생들의 실질적인 과목 선택권이 보장되는 것은 아니다. 지금도 수능에서 영어가 절대평가로 바뀌었지만 영어 과목을 선택하지 않는 학생들은 별로 없다. 수능이 절대평가로 바뀐다고 해도 대학에 진학하기 위해서는 수능에서 출제되는 과목을 선택하지 않을 수 없는 것이 현실이다.

학생들의 과목 선택권이 현행 수능 상대평가 때문에 보장되지 않는다는 말도 현실과 다르다. 현재 K-대학 입시에서 가장 큰 비중을 차지하는 수시에서는 수능이 최저 기준으로 등급만 반영되고 있기 때문이다. 지금 K-대학 입시에서 '재학생은 수시, 재수생은 정시'라는 공식이 작동하고 있다. 고등학교 재학생들은 대부분 어떤 선택과목을 이수했는지를 가장 중시하는 수시 학생부전형에 지원하고 있으므로 이미 수능 유불리보다는 자신의 진로 희망에 따라 과목을 선택하고 있다.

더구나 지금도 수시에서는 수능이 최저 기준으로 등급만 반영된다. 수능이 상대평가이지만 등급만 반영되기 때문에 수시에서는 이미 수능이 자격고사로 운영되고 있는 것이다. 따라서 고교학점제가 실시되더라도 수능을 자격고사로 만들겠다고 굳이 절대평가로 바꿀 이유가 없다.

지금 학생들의 과목 선택권이 상대평가 수능 때문에 보장되지 않는다는 것은 일부 정시파 학생들에게만 국한된 문제이다. 그래서 수능을 절대평가로 개편해야 한다는 주장은 일부 정시파 학생들의 과목 선택권도 보장해 주어야 한다는 말과 다름없다.

하지만 수시 학생부전형이 아니라 정시에서 수능으로 대학에 가려는 학생이라면, 수능에서 자신에게 가장 유리한 과목을 선택하는 것이 합리적이다. 학생 입장에서도 자신이 좋아해서 열심히 공부하는 과목이 수능에서도 성적이 좋을 가능성이 높으므로 그다지 큰 문제로 느끼지 않을 것이다. 따라서 일부 정시파 학생들의 과목 선택권을 보장하기 위해서 현행 상대평가 수능을 절대평가로 바꿀 실익도 별로 없다.

수능이 절대평가 자격고사로 실시되면 수능의 영향력이 축소되어 학생 참여 수업, 과정 중심 평가가 활성화될 것으로 기대하는 것도 사실과 다르다. 수시 학생부전형 확대로 인해 이미 학교에서는 학생 참여수업, 과정 중심 평가가 자리 잡고 있기 때문이다. 수시 학생부전형에서는 학생 참여 수업, 과정 중심 평가가 핵심적인 평가 요소이므로 수능이 상대평가인지 절대평가인지는 별로 중요하지 않은 것이다.

한편, 진보와 보수를 막론하고 수능을 절대평가로 개편하면 입시 부담이 완화되어 사교육비를 대폭 경감할 수 있다고 생각하는 사람들도 아주많다. 하지만 올해 2024학년도 수능에서 영어 채점 결과는 절대평가가입시 부담 완화와 사교육비 경감을 가져오는 만능 열쇠가 아니라는 사실을 그대로 보여 주었다.

한국교육과정평가원의 「2024학년도 대학수학능력시험 채점 결과」(2023)에 의하면, 영어 1등급 학생 비율은 4.71%로 작년 7.83%보다 대폭감소했다. 절대평가인 영어가 상대평가인 국어 1등급 4.07%나, 수학 1등급 4.20%와 별 차이가 없을 정도로 어렵게 출제된 것이다. 이것은 동일한 절대평가인 한국사의 1등급 학생 비율이 18.81%인 것과 비교해 보면얼마나 어려운 '불영어'인지 쉽게 알 수 있다.

수능에서 상대평가인 국어와 수학은 변별력 확보를 위해서 어느 정도난이도를 갖추어야 한다. 수능이 너무 쉽게 출제되면 변별력을 이유로대학별 본고사가 부활할 가능성이 높기 때문이다. 하지만 수능에서 상대적 서열보다 학생들의 학업 성취도 자체를 중시하는 절대평가 영어는 굳이 어렵게 출제할 필요가 없다. 그런데도 1등급 학생 비율이 상대평가인 국어, 수학과 별 차이가 없을 정도로 어렵게 출제된다면 문제가 아닐 수 없다. 입시 부담 완화와 사교육비 경감을 위해 영어를 절대평가로 개편한 취지를 전혀 살릴 수 없기 때문이다. 난이도를 극단적으로 높이면 오히려 상대평가보다 1등급 학생 비율이 적을 수도 있는 것이 절대평가인 것이다.

수능 절대평가와 본고사 부활

수능 절대평가는 과거 수능 전성시대에 수능으로 인한 과도한 입시 부담을 완화하기 위해서 절실히 요청되었던 것이 사실이다. 하지만 현행 수시 중심 대입 체제에서는 수능이 이미 최저 기준으로 활용되고 있기 때문에 실효성을 상실한 정책이라고 할 수 있다.

만약 지금 수능 절대평가 정책을 제기한다면, 그것은 정시 수능전형에서도 수능을 수시처럼 최저 기준으로 활용하자는 말이 된다. 그런데 수능이 당락을 좌우하는 정시 수능전형과 수능 절대평가 자격고사화는 양립하기 어렵다. 수능 전형이라고 하면서 수능을 변별력이 매우 약한 자격고사로 만들면, 대학들은 변별력 확보를 위해 또 다른 평가 체제를 추가해야 되기 때문이다. 수능이 절대평가 자격고사로 개편된다면 변별력 상실로 인해 서울 주요 대학에서 본고사 부활이 불가피하다. 결국 수능 절대평가 자격고사화는 K-정시를 과거 '예비고사+본고사' 체제로 개편하자는 말이나 다르지 않다.

만약 정시가 수능+논술 면접으로 개편된다면, 수능 절대평가로 인해 완화된 경쟁이 논술 면접으로 밀려가서 풍선처럼 터져 버릴 수밖에 없을 것이다. 수능 자격고사화로 인해 다소 완화된 입시 부담이 대학 본고사 수준의 논술 면접 준비라는 더욱 강화된 형태로 이동할 뿐이다.

우리나라에서 본고사는 사교육 열풍으로 인한 과외망국론과 학교의 입시 학원화 등을 이유로 과거 전두환 정부에서 폐지하고, 김대중 정부에서는 아예 금지한 정책이라는 것을 기억할 필요가 있다. 지난 노무현 정부에서는 수능이 9등급 상대평가였음에도 불구하고 변별력 부족으로 통합 논술이 사실상 본고사 수준으로 부활했었다.

수능이 당락을 좌우하고 있는 정시에서 절대평가로의 개편은 수능이 유의미한 선발 장치로서 지속 가능할 수 없도록 만드는 것이다. 따라서 학생 선택권 확대를 위해 고교학점제를 실시하더라도 교과 성적과 수능 모두 선발 도구로서의 변별력을 확보할 수 있도록 상대평가를 유지할 필요가 있다. 세계에서 입시 경쟁이 가장 치열한 우리나라에서는 공정한 변별력을 위한 수능, 학교 정상화를 위한 학생부, 대학 선발권 보장을 위한 논술 면접 사이에서 균형점을 찾아야 지속 가능할 수 있다.

수능을 1년에 두 번 실시하면 안 되나요?

K-수능은 정시 수능전형에서 당락을 좌우하는 고부담 시험이다. 수능 시험은 수험생 입실 완료 시간인 08시 10분부터 4교시 한국사/탐구 영역이 끝나는 16시 37분까지 8시간 30분에 가까운 중노동이다. 5교시가 있는 학생들은 17시 45분에 끝나니 시험 시간만 9시간 30분이 넘는다.

시험 감독을 하는 교사 입장에서 보면, 수능은 아침 6시 깜깜할 때 출발해서 저녁 6시 어두울 때 돌아오는 12시간 장시간 노동이다. 수능 감독 시간이 너무 길다 보니 이런저런 불만이 터져 나오고 시험을 진행하는 학교 본부와의 마찰도 발생하기 마련이다. 수능 감독은 육체적으로만이 아니라 정신적으로도 진을 빼는 일이다. 감독관 유의 사항이 A4 용지로 47쪽이나 되니 제대로 다 읽어 내기도 벅차다.

학생들 입장에서도 수능은 일생일대의 큰 시험이니 긴장하고 예민해지지 않을 수 없다. 그것을 누구보다 잘 알기 때문에 감독 교사들도 끝날 때까지 마음을 놓을 수가 없다. 해가 갈수록 학생들이 예민해지고 감독관에 대한 민원도 쉽게 내서 시험을 감독하는 것보다 민원에 시달리지 않도록 학생들 눈치를 보는 것이 더 피곤한 일이다.

특히 2교시 영어 듣기 평가는 고사 본부와 감독 교사들 모두 피가 마르는 시간이다. 고사 본부에서는 혹시 방송 사고가 나지 않을까 노심초사이고, 감독 교사들은 혹시 기침이라도 나서 방해가 되지 않을까 숨도 제대로 못 쉰다. 영어 듣기 평가 때문에 비행기도 제대로 못 뜨는 전쟁터가 바로 K-대학 입시다.

학생들과 교사들 모두 진을 빼는 이런 수능 전쟁을 두 번이나 치르자는 사람들이 적지 않다. 물론 수능을 여러 번 실시하는 것은 학생들에게 더 많은 기회를 준다는 점에서는 의미가 있다. 하지만 수능은 1년에 한 번인데도 시험장을 준비하고 운영하는 학교나 감독하는 교사 그리고 치르는 학생들의 몸과 마음을 모두 소진시키는 시험이다. 이런 고비용, 고위험, 고스트레스 시험을 1년에 2회나 실시하자는 주장에 찬성하는 교사나 학생들은 거의 없을 것이다.

K-수능을 문제은행식으로 바꾸고, 학교와 교사가 아닌 별도 기관에서 실시한다면 우리도 미국의 SAT처럼 여러 번 실시할 수 있을지도 모른다. 1년에 7회나 실시되는 미국 SAT는 비영리 회사인 칼리지 보드(College Board)가 감독·실시하며, 토플과 토익 시험을 주관하는 ETS(Educational Testing Service)에서 출제하고 채점한다. 하지만 정시 수능전형에서 당락을 좌우하는 고부담 시험이라서 보안 문제 등으로 문제은행식으로 바꾸기가 어렵고, 학교와 교사들이 책임지고 실시하고 있는 고부담 K-수능을 자격시험에 가까운 미국의 SAT처럼 여러 번 실시

하는 것은 쉽지 않을 뿐만 아니라 바람직하지도 않다.

더 큰 문제는 수능 실시 횟수를 늘리면 학교가 수능 문제풀이 학원으로 변질될 수밖에 없다는 것이다. 만약 수능이 1학기 말과 2학기 말에 두 번 실시된다면, 고등학교 3학년은 1년 내내 EBS 수능 문제를 풀어 주는 학원이나 다름없게 될 것이다. 2025년부터 고교학점제를 실시한다고 해도 3학년 교실에서는 유명무실해진다는 얘기다. 우리가 지난 1994학년도 수능에서 1차와 2차로 나누어 실시했다가 곧바로 폐지했던 주된 이유도 여기에 있을 것이다.

학생들의 응시 기회를 늘려 주기 위해 수능 횟수를 늘리려면, 미국처럼 수능을 학교가 아닌 별도 기관에서 시행하고, 문제은행식으로 출제하며, 부차적인 자격 기준 정도로만 활용해야 한다. 하지만 아무런 전제 조건도 갖춰지지 않은 상황에서 성급하게 고비용, 고위험, 고스트레스 시험인 수능의 횟수만 늘린다면 취지도 제대로 살리지 못하면서 입시 대란만 불러올 가능성이 매우 높다. 지금 당장 수능 횟수를 늘리는 것은 시기상조다.

AI 평가로 수능을 대체할 수 있을까?

인공지능(AI) 기반 맞춤 학습

이주호 교육부 장관은 취임 초기에 인공지능(AI) 평가로 대학수학능력시험을 대체할 필요가 있다는 말을 했었다. 창의성 등 미래 역량을 기르기 위해서는 고부담 시험인 K-수능을 폐지하거나 자격고사로 약화시키고, 대신에 AI와 교사의 협업을 통한 지속적 맞춤 평가로 대체해야 된다는 것이다.

이 장관은 공저인 『AI 교육 혁명』(2021)이라는 책에서 수능이 인공지능 기반의 맞춤 학습 체제로 대체될 것이라고 전망했었다. 빅데이터와 학습 분석 기술을 통해 일상적으로 학생 개개인의 학습 상태를 진단해 주는 'AI 개인 교사'나, 학생 개개인의 학습 이력과 지식 체계의 성장 과정을 분석한 정보를 제공해 줄 수 있는 'e-포트폴리오' 등이 도입되면, 현재의 수능처럼 고부담 시험은 서서히 사라질 것이라는 주장이다.

이 책에서 저자들은 미래 교육의 핵심 내용으로 인간의 지적 능력을 컴퓨터로 구현한 인공지능에 대체되지 않을 역량인 창의성과 평생 학습 능력 등을 제시했다. 그리고 학생들에게 오지선다형의 문제 풀이를 강요하고, 스스로 생각하는 힘을 길러 주지 못하는 입시 위주 교육에서 벗어나 이해하고 암기한 것을 바탕으로 지식을 적용하고 분석하고 창조하는 '인지 역량'을 길러야 한다고 강조했다.

그들의 말대로 교사가 일방적으로 강의하고 학생은 강의를 듣고 이해하는 방식의 수직적 학습에서 학생들이 동료 학생들과 협력해서 스스로 문제를 정의하고 해결하는 수평적 학습으로 전환할 필요가 있는 것은 사실이다. 하지만 중고등학교 단계에서 기본 지식과 원리에 대한 교사의 상세한 강의와 학생의 충실한 이해 없이 전적으로 학생들 스스로 수평적 학습이 가능할 것이라고 보는 것은 비현실적이다.

물론 저자들도 인공지능 시대에 갖춰야 할 핵심 역량으로 '개념적 지식'을 제시하고 있기는 하다. 그런데 창의성, 비판적 사고, 융합 역량, 인성, 컴퓨팅 사고 등에 초점을 맞추다 보니 핵심적인 개념을 이해하고 활용하는 기본 지식 교육을 경시하는 것은 아닌가 생각된다.

수직적 학습은 무조건 악이고 수평적 학습은 무조건 선이라는 양자택일적 이분법은 합리적이지 않다. 기본적인 지식과 원리를 교육하는 수직적 학습은 이후 학생 활동 중심의 수평적 학습을 위한 필수적인 전제 조건이기 때문이다. 기본적인 지식과 원리를 충분히 이해한 이후에 이를 실제 사례에 적용하고 분석하고 창조하는 수평적 학습으로 나가는 것이 중요한 것이지, 지식과 원리 이해를 위한 수직적 학습을 거부하고 무조건 학생 활동 중심의 수평적 학습만 해야 되는 것은 아니다.

저자들이 수평적 학습의 핵심 방법으로 제시하는 것이 인공지능 기반의 개별화 맞춤 학습 체제이다. 그들이 제시하는 '하이터치 하이테크'는 교사와 함께하는 하이터치(High touch) 학습과 인공지능과 함께하는 맞춤형 하이테크(High Tech) 학습을 결합한 개념이다. 그들은 AI 개인 교사가 하이테크 기술을 통해 학생이 각자의 속도로 기본 지식을 이해할 수 있도록 지원하면, 교사는 더 고차원적이고 인간적인 하이터치 학습을 진행할 수 있을 것이라고 설명한다.

"교사는 인간적인 연결을 강화하여 학생들의 적용, 분석, 평가, 창조 역량을 키우는 보다 높은 차원의 학습에 집중해야 한다. 나아가 학생의 사회적, 정서적 역량을 키워 주는 '하이터치' 학습이 이루어져야 한다."

저자들이 제시하는 것은 AI가 교실 수업에서 보조 교사로 참여해서 교사와 팀 티칭을 하는 것이다. 교실 수업 시간에 학생들이 AI 개인 교사를 활용하여 스스로 학습을 하고, 교사는 직접 강의를 하는 것이 아니라 학생들이 AI에 집중할 수 있도록 학습 동기를 부여하는 방식이다. 인공지능 시대에 교사들은 그동안 해 왔던 지식 전달을 AI에게 맡기고, 개별 학생들에게 최적의 학습 환경을 설계해 주는 '학습 디자이너'로 변모해야 한다는 것이다.

"무엇보다 교사가 강단에서 강의하는 방식으로 지식을 전달하는 역할은 최소화된다. 따라서 교사는 코치의 역할에서 한 걸음 더 나아가 학생에게 각각 최적의 학습 환경을 설계해 주는 '학습 디자이너'로 변모할 전망이다."

인공지능 시대에 교사가 수업 시간에 AI를 활용하는 방법들은 갈수록 늘어날 것이다. 하지만 AI 개인 교사에게 지식 전달 수업을 완전히 맡기고 교사는 '학습 디자이너'의 역할을 하는 것이 과연 바람직한 교육인지는 분명하지 않다. 개별화 교육이라는 일면만 지나치게 강조한 나머지 교실 수업에서 교사의 역할을 관리 차원으로 과도하게 축소시켜서 기본적인 지식과 원리 교육이 소홀해질 수도 있기 때문이다.

학교에서 배워야 할 지식이 폭발적으로 증가하는 지식 기반 사회에서는 교실 수업에서 이를 제대로 이해시키는 것도 쉬운 일이 아니다. 그런데 교사가 기본적인 강의를 하지 않고 AI 개인 교사에게 맡겨 놓는 것은 수업 시간에 EBS 교육 방송을 틀어 주거나 각자 인터넷 강의을 들으면서 자습하라고 하는 것만큼이나 무책임한 일이 될 수 있다.

물론 저자들이 수업 시간에 AI를 활용해서 자습을 시키라는 것은 아니다. 그들은 학생들이 학교 밖에서 AI를 활용해 기본 지식을 개별적으로 습득하고, 학교에서 프로젝트 수업을 실시하는 방안을 제시하고 있다. 프로젝트 학습은 학생이 스스로 제안한 과제(프로젝트)를 다른 친구들과 서로 협력하여 해결하는 과정에서 자연스럽게 학습이 이루어지도록 유도하는 교육 방법이다. 이제는 교사들이 교실에서 지식 전달이 아니라 프로젝트 수업을 하라는 것이다. 그리고 이를 위해 온라인 원격 수업이 교실 수업을 보완하는 수준을 넘어 대체할 수 있을 정도로 상시적인 체제가 마련되어야 한다고 주장한다.

문제는 얼마나 많은 학생이 교실 밖에서 이런 AI 학습 체제를 자신의 학습에 활용할 수 있을지 장담할 수 없다는 것이다. 지난 코로나 시기 온라인 원격 교육에서 드러났듯이 EBS 온라인클래스, e학습터, 구글 클래스룸 등 학습 플랫폼을 통한 개별 수업으로는 기본적인 지식 교육도 제대로 이루어지기 어렵다. 학생들이 교실 밖에서 스스로 학습 플랫폼을 활용해서 학습하도록 만드는 일 자체가 너무도 힘든 일이기 때문이다. 온라인 학습 영상을 틀어만 놓고 핸드폰을 보거나 딴짓을 해도 전혀 교육적인 지도를 할 수 없는 상황에서도 대부분의 학생이 스스로 기본 지식과 원리를 충실하게 학습할 것이라고 기대하는 것은 교육 현장을 모르는 비현실적인 발상일 뿐이다. 온라인 교육도 줌(ZOOM) 등을 활용해서 교사가 실시간으로 직접 지도해야 그나마 효과를 기대할 수 있다.

코로나 기간 동안 확산된 온라인 원격 교육은 오히려 학교 대면 교육의 필요성을 국민적으로 일깨워 주는 계기가 되었다. 온라인 원격 교육의 확대로 인해 기본적인 교육 활동이 어려워지고 교육 격차가 심해짐에 따라 비대면 원격 교육이 따라올 수 없는 학교 대면 교육의 가치가 더욱 부각된 것이다.

'학교는 왜 존재하는가? 왜 학교에 다녀야 하는가?' 하는 질문이 코로나 초기에는 굳이 학교를 다니지 않아도 비대면 원격 수업만으로 충분한 것이 아니냐는 뜻으로 이해되었다. 하지만 이후에는 학교의 대면 수업에 대한 국민적 요구가 커지면서 비대면 원격 수업의 한계를 지적하는 질문으로 바뀌었다. 학교는 비대면 원격 수업으로는 해결될 수 없는 교사와 학생 간의 직접적인 상호작용을 위해서 반드시 존재해야 한다는 의미로 변한 것이다. 지금 국민들 사이에서는 원격 수업이 교실 대면 수업을 대체할 수 없고, 대체해서도 안 된다는 인식이 지배적이라고 할 수 있다.

이런 상황에서 지식 습득은 학교 밖에서 학생들이 AI와 함께 개별적으로 실시하고, 학교에서는 교사가 프로젝트 학습만 하라는 것은 사실상 기본 지식교육을 포기하라는 말이나 다르지 않다. 교사는 AI와 함께 미리 공부해 온 학생들과 고차원적인 수업을 하면 되지, 그렇지 않은 학생들에 대한 기본 지식 교육까지 책임질 필요가 없다는 말로 이해될 수 있기 때문이다.

인공지능(AI) 평가와 수능 시험

『AI 교육 혁명』(2021)의 저자들은 미래 학교에서는 평가도 인공지능 기반의 맞춤 학습 체제로 대체될 것이라고 본다. 일상적으로 빅데이터와 학습 분석 기술을 통해 학생 개개인의 학습 상태를 진단해 주는 AI 개인 교사나, 학생 개개인의 학습 이력과 지식 체계의 성장 과정을 분석한 정보를 제공해 줄 수 있는 e-포트폴리오가 도입되면, 현재의 수능처럼 고

부담 시험은 서서히 사라질 것이라는 말이다.

"e-포트폴리오를 활용해 학생은 자신에게 가장 적합한 대학과 직장을 선택할 수 있다. 대학과 기업 역시 가장 적합한 학생을 선발할 수 있다. 앞으로 한두 번의 시험이 인생을 바꾸고 삶을 평가하는 일은 점차 사라질 것이다."

과연 AI 평가가 현행 수능을 대체할 수 있을까? 실제로 대학에서 개개인의 학습 이력과 지식체계의 성장 과정을 분석한 방대한 AI 정보를 가지고 수많은 학생을 공정하게 변별해서 선발할 수 있을지 의문이다. 저자들도 인정하듯이 AI는 간단한 지식이나 원리를 습득하는 데에는 유용할지 몰라도 고차원적인 사고력이나 창의성을 교육하거나 평가하는 데에 한계가 있는 것도 사실이다.

저자들은 이미 서술형 평가나 과제 평가도 인공지능으로 채점할 수 있게 되었다고 설명한다. 인공지능을 활용한 자연어 처리 기술이 평가에 접목되면서 긴 문장의 서술형 답변을 분석하여 채점할 수 있게 되었다는 것이다. 그리고 수행평가에서 과제평가도 인공지능이 신속하게 처리할 수 있다고 장담한다. 하지만 과연 인공지능이 서논술형 평가나 수행평가에서 고차원적인 사고력을 평가하고, 국민들의 눈높이에 맞을 정도로 공정하게 채점할 수 있을지는 회의적이다.

더 큰 문제는 AI 평가가 현행 수능을 대체할 수 있을 정도로 정교해진다고 해도 교육적으로 바람직하지 않다는 사실이다. 일상적으로 이루어지는 AI 진단과 평가 결과가 대학 입시에 반영된다면, 학생들은 더욱 일상적인 입시 부담과 압박 속에서 시달려야 되기 때문이다. 하루하루 AI를 활용할 때마다 대학 입시를 생각하도록 만드는 것이니 학생들을 그야말로 '입시 기계'로 만드는 일이라고 해도 과언이 아니다.

인공지능 시대에는 학교에서 인공지능 기반 개별화 맞춤 학습 시스템을 적극 활용할 필요가 있다. 하지만 이것이 교사의 역할 자체를 변화시키거나 당장 K-수능을 대체해야 한다는 주장으로 이어지는 것은 너무 성급한 일이다. 지금은 교육 혁명이나 대전환이라는 거시적인 구호가 아니라, 세계 최고 수준의 K-교육을 유지 발전시키기 위한 미시적이고 섬세한 노력이 더욱 절실한 시점이다.

K-수능의 빛과 그림자

한국 교육계에서는 수능이 만악의 근원인 것처럼 비난하는 사람들이 아주 많다. 하지만 K-수능은 학생부나 논술 등 다른 전형 요소들과 마찬가지로 그림자만이 아니라 빛도 가지고 있다.

K-수능의 빛

K-대학 입시에서 국가고사는 이미 초대 이승만 정부 시절인 1954년부터 '대학 입학 연합고사'라는 이름으로 실시되었다. 당시 대학별로 자율적으로 실시된 본고사로 인해 무자격자 입학, 부정 입학이 사회적 문제로 대두되자 이를 해결하기 위해 국가고사를 도입한 것이다. 이후에도 국가고사는 예비고사, 학력평가 등을 거쳐 1994학년도부터 대학수학능력시험으로 개편되어 지금까지 계속 시행되고 있다.

K-수능은 객관식 선택형이므로 창의성을 직접 평가하기는 어렵지만, 그 기반이 되는 폭넓은 기본 지식을 평가하는 데 가장 적합한 선발 시스

템이다. 논술 면접이 소수의 서논술형 문항으로 깊이 있는 해답을 요구하는 것과 비교해 보면, 수능은 다양한 객관식 문항으로 폭넓은 지식을 평가하는 시스템임을 알 수 있다. 대학별 논술 면접이 수능보다 깊은 지식 수준을 평가할 수 있다면, 수능은 논술 면접보다 훨씬 넓은 지식의 양을 평가할 수 있다는 장점이 있는 것이다.

이와 함께 현행 수능은 객관식 선택형이라는 한계에도 불구하고 폭넓은 사고력을 평가하는 데에 가장 적합한 시스템이기도 하다. 특히 과거 교과서 중심의 학력고사에서 사고력 중심의 대학수학능력시험으로 개편된 이후에 단순 암기식 문제는 더 이상 출제되지 않는다. 수능은 시험 범위가 출제되는 과목 전체이므로 시험 범위가 정해져 있어서 암기 요소를 배제하기 어려운 고등학교의 정기고사와는 비교할 수 없을 정도로 암기 요소가 적다. 객관식이므로 문제 풀이 요령이 약간 도움이 될 수도 있겠지만, 요령만으로 좋은 성적을 내는 것도 불가능하다. 해마다 수능이 끝나면 '킬러 문항'이니 '불수능'이라는 말이 나오는 것처럼 수능은 폭넓은 지식과 사고력 없이 단순 암기나 요령만으로 좋은 성적을 낼 수 있는 허술한 시험이 아니다. 이것은 수능 문제를 직접 풀어 보면 누구나 쉽게 알 수 있는 사실이다.

수능이 폭넓은 지식과 사고력을 교육하고 평가하는 데에 대단히 효과적이라는 사실은 PISA에서 세계 최고 수준의 학업 성취도를 보이고 있는 한국과 일본이 모두 수능과 유사하게 표준화된 국가고사를 실시하고 있다는 점으로 뒷받침된다. PISA 2022에서 OECD 가운데 수학 1위, 읽기 2위, 과학 1위를 기록한 세계 최고 수준인 일본의 대학 입시도 우리의 수능과 유사하게 객관식 문제로 출제되는 '대학입학공통시험'을 중심으로 이루어지고 있다. 앞으로는 학생부나 논술 중심으로 성취도가 낮은 서양이 성취도가 높은 아시아의 수능 중심 대학 입시를 모방하게 될지도 모른다.

K-수능은 객관적 정량평가로서 주관적 정성 평가인 수시 학생부종합보다 공정한 선발 시스템이다. 정시 수능은 개인의 수능 성적인 표준점수와 백분위만으로 당락이 결정되기 때문에 수시 학종에서처럼 부모의 특권이나 출신 학교의 영향이 직접적으로 힘을 발휘할 수 없다. 세계에서 가장 입시 경쟁이 치열한 나라에서 주관적 정성 평가는 필연적으로 공정성 문제를 초래할 수밖에 없다. 입시 문제가 부동산 문제와 함께 전 국민적인 최대 관심사가 된 나라에서 자신이 왜 떨어졌는지도 알 수 없는 '깜깜이 전형'은 지속 가능하지 않다.

수능이 대학별 논술 면접보다 공정한 것도 분명한 사실이다. 일본 정부는 2020년부터 수능 국어와 수학에 서술식 문제를 도입하겠다고 발표했다가 이를 무기한 연기했다. 그리고 그 이유로 50만 명에 이르는 수험생 답안을 공정하고 정확하게 채점할 수 있느냐는 우려가 컸기 때문이라고 밝혔다.

한국교육과정평가원이 발표한 「2024학년도 대학수학능력시험 채점 결과」(2023)에 의하면, 수능 응시자가 444,870명에 이른다. 우리나라도 45

만 명에 가까운 대규모 평가인 수능에서 서논술형을 도입하거나 수능을 논술로 대체한다면 채점의 불공정성 문제가 수시 학종보다 더 심하게 대두될 가능성이 높다. 대규모 평가에서 공정한 변별력을 확보할 수 있는 선발 장치로서 수능을 대신할 수 있는 것이 현재로선 없다.

한편, 학생 입장에서 보면, 수능은 부족한 교과 성적을 만회할 수 있는 역전의 기회이다. 사실 고등학교 5학기 내내 좋은 성적을 유지하는 것은 쉬운 일이 아니다. 여러 가지 사정으로 인해 교과 성적이 다소 부족한 학생들에게는 수능이 이를 만회할 수 있는 역전 기회로 여겨지는 것이 자연스러운 일이다.

지난 국가교육회의의 「대입제도 개편 공론화 결과 발표」에서 '의제 1'은 정시 수능의 선발 인원을 45% 이상 선발해야 하는 이유로 역전의 기회 제공을 제시했다. 상위권 대학 수시 학생부 전형의 합격자 대부분이 고교 교과 성적 상위권이기 때문에 중·하위 학생들이 대학에 진학할 수 있는 전형은 거의 정시가 유일하다. 그런데 당시 정시 수능이 20% 수준으로 급격히 축소되어 졸업생들과의 경쟁을 고려하면 재학생이 체감하는 정시 비율은 사실상 10% 이내에 불과하기 때문에 정시를 확대해야 한다는 것이다.

실제로 현재 일반고의 경우 수시 학생부전형으로 4년제 수도권 대학에 지원하려면 교과 성적 등급 평균이 3.0등급 이내로 들어와야 한다. 그런데 교과 성적 3등급은 학교 전체에서 23% 이내에 들어야 받을 수 있는 성적이다. 지방까지 고려해서 최대한 4등급인 40% 이내로 넓혀 잡아도 일반고 학생 가운데 수시에서 4년제 대학에 진학할 수 있는 학생들은 절반도 되지 않는다.

이와 함께 교과 성적이 우수한 학생들에게도 수능은 역전 기회가 될 수 있다. 자신의 교과 성적으로 갈 수 있는 수시 대학보다 더 상위권 대학에 진학하기 위해 정시를 준비하는 학생들도 적지 않기 때문이다.

K-수능의 그림자

K-수능이 객관식 오지선다 선택형이므로 고등 사고력이나 창의력을 평가하기가 어려운 것은 부인할 수 없는 사실이다. 그리고 학생부나 논술에 비해서는 공정하기는 하지만 그렇다고 개인의 능력을 전적으로 공정하게 평가하는 선발 체제라고 보기는 어렵다. 공부한 것보다 모자란 결과가 나오면 쪽박일 것이고, 잘 찍어서 공부한 것보다 훨씬 넘치는 결과가 나와야 대박인데 누구나 수능 대박을 꿈꿀 정도로 수능은 불공정한 면도 가지고 있다.

수능이 수시 학종에 못지않게 사교육의 영향을 크게 받는다는 것도 부인하기 어렵다. 이것은 서울 강남 지역 학생들의 수능 성적이 다른 지역보다 월등히 높은 것으로 쉽게 알 수 있다. 그래서 수능이 과도하게 확대되면 서울에 비해 사교육 시설이나 프로그램이 턱없이 부족한 지방 학생들이 입시에서 더욱 불리해질 수밖에 없다.

정시 수능이 확대되면, 학교를 문제 풀이 입시 학원으로 만들 수도 있다는 것도 문제이다. 수능 비중이 과도하게 높아지면, 오로지 수능 준비만 해 주는 학원에 다니기 위해 학교를 나가는 검정고시 지원자들이 대거 늘어날 가능성도 있다. 입시에서 수능이 교과 성적보다 더 많은 비중을 차지하는 만큼 학생들이 학교에 남을 이유는 줄어들 것이기 때문이다.

K-수능은 수시 학생부나 대학별고사와 마찬가지로 빛과 그림자를 모두 가지고 있다. 따라서 수능의 빛나는 장점을 살리면서도 어두운 단점을 줄일 수 있도록 학생부나 논술 면접으로 보완하는 다원적인 해법을 찾는 지혜가 필요하다.

6장

K-대학 입시의
미래를 디자인한다

수시 대 정시, 다원적 균형이 답이다	277
사립대 수시, 국공립대 정시 방안	288
학교 정상화를 위해 수시와 정시모집 시기 통합	294
교과 성적을 5등급 상대평가로 일원화	299
수능에서 심화 수학을 선택과목으로 추가	305
수능에서 통합사회와 통합과학을 선택과목으로	313
사교육비 경감을 위해 수능에서 영어 제외	318
의대 정원 확대, 규모는 신중하게 결정	323
양성평등을 위해 여자대학을 남녀공학으로	326

수시 대 정시, 다원적 균형이 답이다

수시 학종 전성시대

수시 대 정시, 학종 대 수능의 논쟁은 아직 끝나지 않았다. 2025년부터 실시될 예정인 고교학점제를 둘러싸고 수시 학종 확대를 요구하는 대학과 고등학교 그리고 정시 수능 확대를 요구하는 학생과 학부모 사이의 갈등과 대립이 다시 첨예하게 부딪칠 것으로 예상된다.

이민경 교수는 「정시 확대를 둘러싼 대학 입시 담론에 대한 비판적 분석」(2020)이라는 논문에서 학부모와 학생들은 정시 수능 확대에 찬성한 반면에 교사와 대학 등 교육계는 반대하는 사람들이 많다고 분석했다.

"교사들은 학교 교육 정상화 등을 이유로 정시 확대를 반대하고 있고, 대학은 학생 선발권과 대학 비전에 적절한 인재 양성을 이유로 정시 확대에 난색을 표명하고 있다. 반면, 학부모와 학생들은 주로 입시 선발 과정에서의 공정성에 초점을 맞추면서 정시 확대에 찬성하고 있다."

물론 수시 학종은 교과 성적 등 점수 위주의 선발 방식에서 벗어나 문제 해결 능력, 창의력, 리더십, 봉사성 등 다양한 능력을 갖춘 학생을 선발하자는 것으로 21세기가 요구하는 이상적인 평가 시스템이라고 할 수 있다. 그래서 학종이 고등학교 정상화와 대학 선발권 보장을 모두 만족시킬 수 있는 신의 한 수로 여겨졌던 것도 사실이었다. 과거 난공불락의 요새였던 수능이 허물어지고 어느새 학종 전성시대가 도래한 것도 학교와 대학을 모두 만족시킬 수 있었기 때문이다.

고등학교 입장에서는 수능 준비를 위해 입시 학원으로 전락했던 학교가 학교생활기록부 비중이 절대적인 학종 덕분에 정상화되었으니 효자가 아닐 수 없다. 그동안 수능 문제 풀이만 해 주던 학교가 학종 덕분에 교육적으로 의미 있는 활동은 뭐든지 다 할 수 있는 명실상부한 교육기관으로 정상화된 것은 분명한 사실이다. 교사들도 교육적 의미가 크고 가르치는 재미도 있는 토론 수업이나 프로젝트 수업이 가능한 학종을 수능보다 선호하는 것이 일반적이다.

대학 입장에서도 수시 학종으로 상당한 정도의 학생 선발권을 누릴 수 있으니 만족스러울 수밖에 없다. 학종에서 기본 평가 자료는 고등학교의 학생부이지만, 이를 바탕으로 하면서도 자체 입학사정관들을 통해서 얼마든지 대학이 원하는 학생들을 선발할 수 있기 때문이다.

더구나 학종은 주관적 정성 평가이므로 합법적으로 고교등급제를 실시할 수도 있다. 특목고-자사고-일반고 등으로 서열화되어 있는 학교 간의 학력 차이를 얼마든지 촘촘하게 반영해서 선발해도 고교등급제 위반이라는 법적 도덕적 책임을 면할 수 있는 것이다.

정부 입장에서도 고등학교와 대학에서 모두 환영하는 학종을 반대할 이유가 없다. 객관식 문제 풀이 시험이라는 한계와 과도한 입시 경쟁의 주범이라는 비판을 받아 왔던 수능의 비중을 굳이 유지할 이유도 명분도 없었다. 그래서 노무현 정부가 입학사정관제를 도입한 이후 이명박 정부와 박근혜 정부를 거치면서 입학사정관제를 바탕으로 한 수시 학종이 서울 주요 대학 입시에서 80%를 차지할 정도로 대세로 자리 잡았다.

정치권에서도 수시 학종 확대를 주장하는 사람들이 대부분이다. 자유를 중시하는 보수 정치권에서는 기득권층에게 유리함에도 불구하고 대학의 선발권이 거의 완벽하게 보장되는 미국식 입학사정관제를 주장하는 사람들이 적지 않다. 윤석열 정부가 정시를 확대하지 않고 있는 이유도 대학의 선발권 보장 요구 때문일 것이다.

평등을 중시하는 진보 정치권에서도 기득권층의 부모 찬스가 직접적으로 작용할 수 있음에도 불구하고 학종을 고수하는 사람들이 적지 않다. 이것은 교육적 관점에서 학종이 토론 수업 등 다양한 교실 수업을 가능하게 만들기 때문인 것으로 보인다.

수시 학종의 위기

수시 학종은 드라마 〈SKY 캐슬〉과 조국 가족 입시 부정 사건 이후 위기를 맞게 되었다. 국민들은 학종이 기득권층의 계층 대물림 수단으로 작용하면서 입시의 공정성과 기회의 평등이 무너졌다고 분노했다.

　문재인 정부에서 2018년에 실시했었던 2022학년도 대입제도 개편 공론화에서 시민참여단 가운데 정시 수능 전형이 확대되어야 한다는 의견이 80% 이상일 정도로 압도적인 다수였다. 그리고 정시 수능의 적절 비율을 40% 이상~50% 미만이라고 응답한 사람이 27.2%로 가장 많았다.

표 5-7 일반대학 수능위주전형의 적절 비율

(단위: %)

	10% 미만	10%이상 ~20%미만	20%이상 ~30%미만	30%이상 ~40%미만	40%이상 ~50%미만	50%이상 ~60%미만	60%이상 ~70%미만	70%이상	일률적으로 정하기 어려움
전체	4.1	5.0	14.2	21.2	27.2	12.8	3.7	3.6	8.2
남자	5.8	4.7	14.0	20.5	25.6	12.6	4.2	5.1	7.5
여자	2.5	5.3	14.5	21.9	28.8	13.0	3.3	2.2	8.5
20대	1.1	4.2	23.4	28.6	19.8	11.3	2.8	3.4	5.4
30대	9.6	1.3	16.7	19.7	22.7	9.0	1.3	4.2	15.5
40대	3.3	8.0	16.5	24.5	23.4	7.9	3.9	3.3	9.2
50대	3.8	6.4	10.1	21.4	29.3	18.6	4.1	1.9	4.4
60대 이상	3.6	4.6	7.7	14.3	36.6	15.6	5.6	5.2	6.8
수도권	3.1	4.6	13.5	21.6	28.7	12.5	4.2	3.8	8.0
충청권	9.7	3.5	19.3	17.8	21.5	12.6	3.6	1.6	10.4
호남권	2.1	5.6	13.3	21.8	32.8	13.2	1.8	3.3	6.1
영남권	5.0	6.4	14.0	21.4	23.7	13.3	3.5	4.5	8.2

출처 : 국가교육회의, 「2022학년도 대입제도 개편 공론화 결과 발표」, 2018.

　시민참여단 가운데 중장기 대입제도로 학생부와 수능 간에 유사한 비율을 확보하는 것이 적절하다고 응답한 사람도 43.3%로 가장 많았다. 국민들은 수시 학생부와 정시 수능이 균형을 이루기를 바라고 있었다는 말이 된다.

표 5-10 중장기 대입제도 선발방법

(단위: %)

	학생부위주전형(%)	수능위주전형(%)	전형 간 유사한 비율 확보(%)
중장기 대입제도 선발방법	32.2	24.3	43.3
의제1 지지	13.9	38.5	47.6
의제2 지지	51.0	13.1	35.5
의제3 지지	48.8	10.1	41.1
의제4 지지	15.5	36.1	48.4

출처 : 국가교육회의, 「2022학년도 대입제도 개편 공론화 결과 발표」, 2018.

당시 리얼미터 여론 조사(2019.10.28)에서도 대입 정시 확대는 찬성이 63.3%로 반대 22.3%에 비해 압도적으로 높았다. 모든 지역, 연령, 이념 성향, 정당 지지층에서 정시 수능 확대를 찬성하는 응답이 압도적으로 높았다.

지난 문재인 정부는 「대입제도 공정성 강화 방안」(2019)에서 2024학년도 입시부터 그동안 학종에서 중시되었던 자기소개서와 수상 경력 그리고 비교과 영역 상당수가 대입에 반영하지 않도록 개편했다. 대신에 교과 활동 중에서 '세부 능력 및 특기 사항(세특)' 기재를 필수화하였다. 앞으로는 학종이 사실상 교과 성적과 세특 중심으로 운영된다는 뜻이다.

나는 문재인 정부가 수시 학종을 대폭 간소화한 것은 기득권층 부모 찬스를 배제하고 공정성을 높이기 위해 불가피한 조치라고 본다. 학종은 기여입학제만큼은 아니더라도 부모의 특권이 직접적으로 개입될 수 있는 소지가 있는 것이 사실이기 때문이다.

이런 대책에도 불구하고 문재인 정부 공정성 방안의 가장 큰 문제는 대학의 입학사정관제가 여전히 유지되고 있다는 점이다. 학종이 불공정하다고 지적받는 가장 큰 이유는 주관적 정성 평가라는 것인데, 여전히 입학사정관들의 평가가 당락을 결정한다는 점에서 부모 찬스나 출신 고교에 따른 차별이 근본적으로 차단되었다고 보기 어렵다.

사실 입학사정관들이 학생부에 대한 일회적인 서류 심사로 수많은 학생의 인지적 특성(사고력, 적성, 표현력)과 정의적 특성(인성, 흥미, 태도, 잠재력) 그리고 대학 및 학과에의 적합성 등을 제대로 가려낼 수 있을지 의문이 들지 않을 수 없다.

마이클 샌델 교수도 『공정하다는 착각』(2020)에서 유명한 야구 선수 놀란 라이언이 18세 때 드래프트가 열두 바퀴 돌 때까지 지명을 받지 못했고, 미식축구 스타인 톰 브래디도 199번째로 드래프트 지명된 사실을 강조했다. 야구나 미식축구처럼 특정한 재능을 평가하는 것도 어려운 일인데 학생들의 지적 능력을 입학사정관들이 제대로 판별할 수 있겠느냐는 말이다.

샌델 교수는 재능을 야구나 미식축구에서 누가 더 유망한지 따져 보는 것에 한정해도 예측력이 떨어지는데, 고등학생의 잠재된 능력을 두고 그것이 사회에 얼마나 넓고 깊은 영향을 줄 것인지 따지거나, 아직 확실하지 않은 미래의 영역에서 얼마나 빛을 발할지를 평가하는 것은 거의 말도 안 되는 일이라고 비판했다.

당시 교육부는 입학사정관제의 공정성을 높이기 위해 모든 지원자의 서류가 내실 있게 평가될 수 있도록 충분한 평가 시간을 확보하고, 입학 사정관의 역량을 강화할 것이라고 발표했다. 평가 세부 단계에서도 다수 위원 평가를 의무화하고, 서류 평가 시에 전임 사정관 1인 이상 참여를 권고하며, 1인당 평가 시간을 확보하는 방안 등을 제시했다. 하지만 이런 대책만으로 입학사정관제의 불공정성이 획기적으로 개선될 것으로 기대하는 국민들은 별로 없을 것이다.

이런 상황에서 기득권층의 교육 카르텔에 의해 좌우되지 않고 출신 고교에 따라 차별되지 않는 입시, 오로지 학생의 능력에 따라 선발되는 공정하고 투명한 입시를 요구하는 국민들의 요구는 지극히 정당하다.

정시 수능의 문제점

희망하는 대학에 진학하기 위해 당장 치열한 경쟁을 뚫어야만 하는 학생과 학부모 입장에서는 기득권층의 교육 카르텔에 의한 부모 찬스가 개입될지도 모르고, 특목자사고 출신 학생들에게 유리한 수시 학종을 반대하고 정시 수능 확대를 요구하는 것이 당연하다.

하지만 수시 학종이 불공정하다는 이유로 이를 완전히 폐지하는 것은 물론이고 정시 수능을 현행보다 확대하는 것이 능사는 아니다. 정시 수능이 주관적 정성 평가인 수시 학종보다 객관적이고 공정한 것은 분명하지만, 이 또한 입시의 공정성을 완전히 보장해 주지는 못하기 때문이다.

현행 수능은 오지선다 선택형이므로 고등 사고력이나 창의력보다는 문제 풀이 능력을 평가한다는 한계를 벗어나기가 어렵다. 더구나 킬러 문항처럼 지극히 어려운 문제라도 초등학교 수준의 학생이 찍어서 맞출 수 있는 것이 수능이다. 이것을 우리는 수능 대박이라고 부른다. 노력한 것보다 모자란 결과가 나오면 쪽박일 것이고, 잘 찍어서 훨씬 넘치는 결과가 나와야 대박인데 누구나 수능 대박을 꿈꿀 정도로 수능은 불공정한 시험이기도 하다.

수능이 사교육의 영향을 크게 받기 때문에 학종 못지않게 불평등한 금수저 전형이라는 것도 문제이다. 수능이 과도하게 확대되면 서울에 비해 사교육 시설이나 프로그램이 턱없이 부족한 지방 학생들이 입시에서 더욱 불리해질 수밖에 없다.

샌델 교수도 같은 책에서 미국의 수학능력시험(SAT)이 사회경제적 배경에 좌우된다는 점을 신랄하게 비판했다. SAT 점수는 응시자 집안의 부와 연관도가 매우 높아서 소득 사다리의 단이 하나씩 높아질수록 평균 점수가 올라간다는 것이다. 그래서 사교육의 힘으로 유리한 점수를 받을 수 있는 SAT 시험을 아예 입시에서 배제함으로써 불평등을 시정해야 한다고 강조했다.

"그런 시험에 덜 의존함으로써 대학들은 불우한 배경의 학생들을 더 많이 받아들일 수 있을 것이며, 그로 인한 재학생의 학업 능력 저하는 아예 없거나 아주 약간 있을 것이다."

정시 수능이 과도하게 확대되면, 입시를 위한 대대적인 서울 집중과 강남 쏠림 현상을 초래해서 지역 균형 발전을 어렵게 만들 가능성도 매우 높다. 실제로 과거 수능 전성시대에는 해마다 수능 난이도에 따라 강남 집값이 오르락내리락한다는 언론 보도를 쉽게 접할 수 있었다.

더 큰 문제는 수능의 과도한 확대가 학교를 입시 학원으로 만들 수밖에 없다는 사실이다. 이미 과거 수능 전성시대에 충분히 경험했던 것처럼 교실에서 EBS 수능 문제 풀이가 교과서와 교육과정을 몰아낼 것이 불을 보듯 뻔하다.

고교학점제가 학생들의 과목 선택권을 보장하는 취지대로 내실 있게 운영되기 위해서도 수능 비중을 과도하게 높여서는 안 된다. 만약 수능이 과도하게 확대되면, 고교학점제가 실시되어 선택과목이 아무리 다양해져도 모두 수능 과목 문제 풀이에만 열중하게 될 것이 틀림없다. 수능의 유불리가 학생의 과목 선택을 결정해 버리는 것이 우리의 엄연한 입시 현실이다.

수능 비중이 과도하게 높아지면, 심지어 오로지 수능 준비만 해 주는 학원에 다니기 위해 학교를 나가는 검정고시 지원자들이 대거 늘어날지도 모른다. 입시에서 수능이 학생부보다 더 많은 비중을 차지하면 할수록 그만큼 학생들이 학교에 남을 이유는 줄어들 것이기 때문이다.

K-학종이 빛과 그림자를 모두 가지고 있듯이 K-수능도 빛과 그림자를 모두 가지고 있다. 그래서 수시와 정시의 장점을 살리면서도 단점을 최소화할 수 있는 균형점을 찾아야 지속 가능할 수 있다.

수시와 정시의 다원적 균형

K-대학 입시에서는 수시 비중이 정시보다 압도적으로 높다. 전국적으로 보면, 수시 모집인원이 전체의 79.6%를 차지하는 반면에 정시는 20.4%에 불과하다. 수시가 정시의 4배나 되는 것이다. 특히 비수도권의 경우는 수시가 185,635명으로 88.9%나 되는 반면에 정시는 23,173명으로 11.1%에 불과하다. 이미 지방 대학들은 대부분 수시로 선발하고 있는 것이다.

전국적으로는 수시 비중이 80% 가까이 되기 때문에 현행 대학 입시의 핵심은 수시 학생부라고 할 수 있다. 국민들이 요구하는 공정성 확보를 위해서 입시 경쟁이 특히 치열한 서울 일부 대학만 정시를 확대한 것인데도 여전히 일부에서 수시 확대를 요구하는 이유를 이해하기 어렵다.

나는 문재인 정부가 입시 경쟁이 치열한 서울 주요 대학의 정시를 40%로 확대한 것은 대입제도의 공정성을 높이기 위해 불가피한 조치였다고 본다. 입시 경쟁이 가장 치열한 이들 대학은 당시에 수시에서 학생부교과도 없이 주관적 정성 평가인 학종만으로 거의 80% 정도를 선발했었다. 그래서 공정성 확보를 위해 이들 대학들만 정시 수능을 40%로 확대한 것이다.

지금 K-대학 입시에서는 재학생은 수시, 재수생은 정시라는 공식이 작동하고 있다. 서울 주요 대학의 정시가 40%로 확대된 이후에도 재학생의 정시 합격률이 30% 정도에 불과하기 때문이다. 따라서 지금도 대학 입시는 여전히 수시 학생부 중심으로 이루어진다고 볼 수 있다. 지금에 와서 보면, 서울 주요 대학들만 정시를 40% 수준으로 확대한 것은 결과적으로 수시 학생부 중심의 대학 입시를 유지함으로써 학교를 살리면서도 공정한 입시를 바라는 국민들의 정시 수능 확대 요구에도 부응한 것으로 적절했다고 볼 수 있다.

앞으로 고교학점제가 실시되더라도 현행 수시와 정시의 균형을 유지할 필요가 있다. 학생 선택권 보장을 이유로 경쟁이 치열한 서울 주요 대학의 수시 학종 비중을 이전 수준으로 다시 높인다면 불공정성 문제로 국민적인 정시 수능 확대 요구에 다시 직면할 가능성이 매우 높다.

대학 입시에서 미래 교육적 가치와 공정한 선발 시스템은 어느 것 하나 소홀히 할 수 없을 정도로 모두 중요하다. K-대학 입시에서 수시 학종은 학교 정상화와 미래 교육을 위해 필요하고, 정시 수능은 공정한 선발을 위해 필요하다. 그래서 수시 학종과 정시 수능을 선악 이분법적으로 양자택일할 것이 아니라, 양극 사이에서 균형점을 찾아 가는 지혜가 절실히 요구된다. 우리나라의 복잡한 입시 문제를 일거에 해결할 수 있는 요술 방망이는 없다.

사립대 수시, 국공립대 정시 방안

이준석 개혁신당 대표는 지난 2021년에 『공정한 경쟁』이라는 책에서 국민적 논란이 되었던 수시와 정시 비율 문제를 사립대와 국공립대의 차이를 통해 해결하는 매우 참신한 대안을 제시했었다. 국공립대는 공정성을 위해 정시 100%로 선발하는 반면에 사립대는 다양성을 위해 수시 100%로 선발하자는 다원적인 방안이다.

먼저, 이 대표는 공정성 시비가 전혀 나오지 않도록 국공립대에서는 철저하게 수능으로 선발해야 한다고 주장했다. 그리고 등록금을 가능한 최저 수준으로 낮춰서 지방 학생들이 자기 지역의 대학에 진학할 수 있도록 유도해야 한다고 덧붙였다. 여기에 정부에서 지방 국공립대 지원을 대폭 늘리면 지방 대학 활성화는 물론이고 지역 균형 발전에도 큰 도움이 될 것이라고 보았다.

"저는 국·공립대 입시는 지금 정시를 운용하는 방식으로 가져가야 한다고 생각합니다. 국·공립대는 철저하게 수능으로 줄 세우기를 해서 학생들을 뽑아야죠. 공정성 시비가 전혀 나오지 않도록 말이죠. 그리고 국·공립대는 등록금을 낮출 수 있는 데까지 낮춰 지방 학생들이 자기 지역의 대학에 갈 수 있도록 유도해야 한다고 생각합니다. 서울시립대 정도까지 말입니다. 현재 사립대에 주는 지원금도 국립 지방대 쪽으로 돌려 국립대의 공공성을 강화할 필요가 있다고 봐요. 이렇게 되면 국·공립대가 훨씬 좋아질 겁니다. 그러면 자연스럽게 지방 대학도 활성화될 수 있고요. 그것 때문에 지방도 어느 정도 좋아질 수도 있고요."

나는 이 대표가 국공립대 등록금을 최저 수준으로 낮추자는 데에는 전적으로 동의한다. 더 나가서 재원 마련이 가능하다면 국공립대는 무상교육을 실시할 필요도 있다고 본다. 다만 이 대표 말대로 지방 국공립대에서 수능 100%로 선발하는 것에는 동의하기 어렵다. 만약 그렇게 된다면, 수시에서 서울의 주요 사립대를 지원하기 어려운 대부분의 일반고 중상위권 학생들은 일찍부터 국공립대 수능 준비를 위해 학원에 매달릴 가능성이 매우 높기 때문이다.

지금은 K-대학 입시에서는 재학생은 수시, 재수생은 정시 공식이 작동하고 있다. 고등학교 재학생들은 교과 성적에 비해 상대적으로 수능 성적이 부족하므로 대부분 수시 학생부전형에 지원하는 반면에 수능 성적이 상대적으로 우수한 재수생들이 정시 수능전형에 주로 합격한다는 뜻이다. 이런 상황에서 지방 국공립대가 수시 없이 정시로만 선발한다면, 대부분 재수생들 차지가 되어 재학생 합격자가 그만큼 줄어들 가능성이 높다.

지금은 수시에서 서울의 주요 사립대를 지원하기 어려운 대부분의 일반고 중상위권 학생들이 수시로 지방 국공립대에 지원하고 있다. 그런데 국공립대에서 정시로만 선발하면 이 학생들이 수시로 갈 곳이 없어진다. 결국 수시 합격이 어려워진 일반고 중상위권 학생들은 일찍부터 수시를 포기하고 정시 수능 준비를 위해 학원에 매달리다가 결국 대거 재수 행렬에 동참하게 될 가능성이 매우 높다.

한편, 이 대표는 사립대에 학생 선발의 자율권을 보장하는 것이 중요하다고 강조했다. 사립대가 원하는 대로 학생을 선발할 수 있도록 국가가 개입하지 않는 대신에 재정 지원도 아예 없애야 한다는 것이다.

"중요한 것은 사립대학에 학생 선발의 자율권을 주는 겁니다. 사립대학이 원하는 대로 학생을 선발할 수 있도록 국가가 아예 개입하면 안 된다고 봐요. 정부 지원 사업을 가져가는 것은 괜찮지만 재정 지원은 아예 없애는 겁니다. 이렇게 하면 사립대의 등록금이 올라가겠죠. 미국처럼 사립대는 높은 등록금을 내고, 주립대는 등록금이 거의 없게 만들면 됩니다."

물론 사립대의 경우는 이 대표의 말대로 국가의 개입을 최소화하고 자율성을 보장하는 것이 기본 방향이 되어야 한다. 하지만 세계에서 입시 경쟁이 가장 치열하고, 사립대가 대학의 대부분을 차지하는 한국에서는 국민들의 생활에 미치는 영향이 지대하므로 전적으로 대학에만 맡겨 놓을 수가 없는 것이 현실이다.

이 대표의 말대로 사립대에서 학생부로만 100%로 선발한다면 수시 공정성 논란이 다시 제기될 가능성도 높다. 공정성 확보를 위해 정시 수능을 40% 이상 확대한 서울 16개 대학 가운데 서울대와 서울시립대를 제외한 14개 대학이 사립대이다. 그런데 공정한 수능을 아예 배제하고 수시 학종만으로 선발하는 것은 정시 확대를 요구해 온 국민들의 정서에 정면으로 배치되는 일이다.

학생들 입장에서도 서울 주요 사립대들이 수시로만 선발한다면, 일반고 중상위권 학생들이 부족한 교과 성적을 수능 성적으로 보완하는 역전이 불가능하게 된다. 지금은 고등학교 5학기 가운데 한 학기만 삐끗해도 서울의 주요 사립대에 진학하기 어렵다. 일반고 중상위권 학생들은 수능 역전을 기대하면서 수능 시험 날까지 열심히 공부한다. 그런데 서울 주요 사립대들이 정시 수능으로 전혀 선발하지 않는다면 이런 역전 의지마저 가질 수 없게 된다.

이와 함께 사립대에 정부 지원 없이 전혀 없다면 등록금 인상이 불가피하다는 것도 문제이다. 이 대표도 사립대가 돈 많은 친구들이 가는 학교가 될 수도 있다는 것을 인정하면서, 미국 사립대처럼 가난하지만 성적이 좋은 학생을 유치하기 위해 저소득층 장학금 제도를 만들면 된다고 설명했다.

하지만 우리나라 대학의 대부분을 차지하는 사립대들의 등록금 인상을 초래하는 입시 정책은 빈부 격차, 소득 양극화가 심해지고 있는 현실에서 국민적 반발에 직면할 가능성이 매우 높다. 더욱이 시대적 과제로 떠오른 저출산 문제를 해결하기 위해 사교육비 경감이나 대학 등록금 인하가 필요한 상황에서 바람직하지도 않다.

더구나 이 책에서 기여입학제에 대해서까지 찬성 입장을 밝힌 것은 국민 정서에 심히 반하는 것으로 보인다. 이 대표는 '돈과 입학을 맞교환하는 제도'를 반대하지 않는다고 하면서, 재정이 독립적이고, 선발권을 준 이상 정부가 간섭할 명분이 있느냐고 반문했다. 하지만 국민들이 기득권층의 대물림 수단으로 전락한 수시 학종의 불공정성에 분노하면서 정시 확대를 요구하고 있는 상황에서 돈으로 입학할 수 있는 기여입학제까지 도입한다면 거대한 국민적 반대에 부딪칠 것이 분명하다. 기여입학제는 개인의 능력에 따라 선발한다는 입시의 공정성과 정면으로 배치되는 제도이기 때문이다.

나는 입시 경쟁이 치열한 한국에서는 공정성이 다양성보다 우선시되어야 한다고 본다. 미국과 달리 우리나라에서는 아직도 교육이 계층 사다리가 될 수 있다고 믿는 국민들이 대부분이기 때문이다. 누구나 미래에 대한 희망을 가지고 입시 경쟁에 뛰어들고 있는 상황에서 일부 재력가 자녀들이 돈을 주고 명문대에 진학하는 것을 국민들이 용인할 리가 없다.

가장 큰 문제는 이 대표의 말대로 대학 선발권을 완전히 보장하면, 대학들이 본고사를 부활시킬 가능성이 매우 높다는 것이다. 대학 입장에서는 대학의 선발권이 보장되지 않는 정시 수능이나, 학교 간의 차이를 반영해서 세세하게 변별하기가 어려운 수시 학종보다는 대학의 선발권이 완벽하게 보장되면서 변별력도 확보할 수 있는 본고사를 선호하기 마련이다. 그래서 대학별 논술 면접을 과거 본고사 수준의 고난도 시험으로 개편하고, 모집인원도 대폭 늘릴 가능성이 매우 높다.

만약 사립대 논술 면접이 본고사 수준으로 부활한다면, 우리 입시 역사가 증언하듯이 사교육비 폭증으로 인해 과외망국론도 함께 부활할 수밖에 없다. 국민들에게 사립대 등록금이 올라갈 뿐만 아니라 논술 면접 사교육비도 대폭 늘어나는 이중고를 떠넘기게 될지도 모른다는 말이다.

이 대표가 사립대 수시와 국공립대 정시 방안을 제시한 것은 수시와 정시 가운데 이분법적 양자택일을 강요하는 거대 양당보다는 훨씬 합리적인 해법이다. 하지만 입시 경쟁이 크게 문제 되지 않는 미국에서 성공적으로 운영되고 있는 제도라고 해서 세계에서 입시 경쟁이 가장 치열한 한국에서도 성공할 것이라고 기대하기는 어렵다. 이보다는 수시와 정시 사이에서 다원적인 균형점을 찾아 가고 있는 K-대학 입시가 지속 가능할 수 있다.

학교 정상화를 위해 수시와 정시모집 시기 통합

K-대학 입시는 크게 수시모집과 정시모집으로 구분되어 있다. 수시모집 원서 접수는 대체로 9월 중순부터 시작된다. 전국의 모든 고3 학생들은 난생처음으로 인생에서 매우 중대한 결정을 내려야 한다.

학생들은 일차적으로 자신의 교과 성적과 수능 모의고사 성적을 비교해서 수시파인지 정시파인지부터 선택해야 한다. 교과 성적이 상대적으로 수능 성적보다 우수한 편이라면 수시 중심으로, 반대라면 정시 중심으로 지원하는 것이 당연하다. 수시에서 단 한 곳이라도 합격하면 등록을 하지 않더라도 정시에 지원할 수가 없으니 정말 신중하게 판단해야 된다.

이제는 그동안 수시와 정시를 구분해서 실시해 왔던 관행에 대해 진지하게 공과를 따져 볼 때도 되었다. 먼저, 학생들 입장에서 생각해 보면, 현행 수시는 단지 예측만으로 대학에 지원하도록 강제하면서도 그러한 선택에 대한 책임을 학생들에게 전적으로 떠넘기는 무책임한 시스템이라고 할 수 있다. 현행 입시에서 주요 대학의 수시에 합격하기 위해서는 수능 최저를 반드시 통과해야 되기 때문이다.

　수도권의 경우는 수능 최저를 적용하는 대학이 매우 많아서 미적용 대학을 찾아보는 것이 더 쉬울 정도이다. 그런데 수시모집에서는 수능 성적이 나오기도 전인 9월 이내에 원서 접수가 끝나기 때문에 자신이 수능 최저에 도달할 수 있는지도 미리 알 수 없는 상태에서 지원을 해야만 한다. 그래서 해마다 수능 최저를 맞추지 못해서 수시모집에 탈락하는 학생들이 지원자의 절반 수준이나 된다.

　수시모집에 합격하면 아무리 수능 성적이 좋아도 정시모집에 지원할 수 없는 '수시 납치'도 문제이다. 수시 합격자는 최초 합격이나 충원 합격 여부에 관계없이 정시에 지원할 수 없다. 일단 합격하면 등록하지 않아도 정시 지원 자체가 불가능한 것이다.

　수능 이전에 모든 일정이 마무리되는 대학의 수시에 합격하면 아무리 수능 성적이 좋아도 정시에는 지원조차 할 수 없다. 그나마 수능 이후 대학별고사를 치르는 전형에 지원하는 경우 수능 가채점 결과가 좋으면 논술 면접에 가지 않고 정시에 지원하면 된다. 하지만 수능 성적표가 배부되기 전까지 자신의 수능 성적이 얼마나 좋은지 정확하게 알기가 어렵다. 지금 '수시 납치'라는 말이 있다는 사실 자체가 수시가 능력에 따른 성취를 보장하지 못하는 불공정하고 비상적인 시스템이라는 증거이다.

　K-대학 입시에서는 자신의 수능 성적도 모르는 채 대학에 지원하다 보니 수능 최저를 맞추지 못해서 떨어지거나, 반대로 '수시 납치'를 당해서 수능 성적이 아무리 좋아도 정시에는 지원조차 할 수 없는 학생들이

해마다 양산되고 있다. 아무리 모의고사를 많이 본다고 해도 모의고사는 말 그대로 모의 연습일 뿐이다. 어린 학생들이 누구도 예측할 수 없는 불확실성 속에서 너무도 중대한 선택을 하도록 언제까지 방치할 것인지 답답한 노릇이다.

한편, 고등학교 입장에서 수시모집은 정상적인 교육 활동을 어렵게 만드는 대단히 비교육적인 시스템이다. 실제로 수시 원서 접수 이후 전국의 고등학교 3학년 2학기 교실에는 이미 졸업한 것이나 다름없다는 착각의 강이 흐르기 때문이다. 수시 원서 접수가 끝나고 나면, 전국 대부분의 고3 교실은 파행 정도가 아니라 거의 개점휴업 상태가 되어 버린다.

과거 수능 전성시대에는 교과 성적보다 수능 성적이 절대적으로 중요했기 때문에 적어도 수능 시험 전날까지는 교실에서 학습 분위기가 유지되었다. 당시에는 학생들이 수능 문제 풀이에만 열중하고 있어 학교 교육과정이 외면당한다거나, 수능 이후에 교육 활동이 정지되는 것이 문제였다. 하지만 지금은 수시 원서 접수 이후 2학기 전체의 교육 활동이 정지되는 문제가 해마다 되풀이되고 있다.

고등학교 재학생들은 대부분 수시모집에 지원하므로 입시에서 반영되지 않는 2학기 교과 성적이나 출결 등이 의미가 없다. 9월 중순에 수시 지원이 끝나면 사실상 학생들이 학교에 등교해야 할 이유조차 없어지는 것이다. 학부모 가운데에도 2학기가 성적이나 출결이 전혀 입시에 반영되지 않는데 왜 학교에 가야 하느냐고 따지는 사람이 있을 정도이다.

물론 수능 최저를 맞추기 위해 수능 공부를 하는 학생들이 없는 것은 아니다. 하지만 일반고에는 이런 학생들이 학습 분위기를 주도할 정도로 많은 것이 아니다. 여기에 수시 논술 면접이나 예체능 실기 시험 등 대학별 수시 일정이 계속되기 때문에 여기에 응시하느라 합법적으로 등교하지 않는 학생들이 매우 많다. 그러니 절반도 넘는 학생들이 빠져나가서 학습 분위기를 전혀 기대할 수 없는 학급들이 대부분이다.

당장 수시 예체능 실기를 준비하는 학생과 학부모들은 학교 일과 중에 학원에 가지 못하게 막는 학교를 오히려 원망하기도 한다. 학교에서 제대로 준비할 수 없는 실기 준비하러 학원에 가는데 왜 미인정 결석이나 조퇴로 처리하는지 교육청에 따지겠다는 학부모들도 적지 않다.

이제는 수시를 폐지하고 모집 시기를 정시와 통합해서 학생들이 수능 성적이 확정된 이후에 대학에 지원하도록 개편해야 한다. 현행 학생부와 논술을 2학기 초인 9월이 아니라, 수능 성적이 발표된 이후인 12월에 수능과 함께 실시해야 한다. 일부에서 제기하듯이 수시 학생부를 폐지하고 정시에서 수능 100%로만 선발하자는 것이 아니라, 지금 수시 학생부와 논술 원서 접수 시기를 수능 성적표 배부 이후로 옮겨서 수능과 동시에 실시하자는 것이다.

이렇게 모집 시기가 정시로 통합된다면, 학생들은 2학기 교과 성적은 물론이고 수능 성적까지 모두 확정된 상태에서 자신에게 가장 유리한 대학들을 합리적으로 선택할 수 있게 된다. 교과 성적이 상대적으로 좋은 학생들은 지금처럼 학생부전형에 주로 지원하고, 수능 성적이 상대적으로 좋은 학생들은 수능전형에 지원하면 된다.

세계에서 입시 경쟁이 가장 치열한 나라에서 학생들이 자신의 성적도 모르는 채로 대학을 선택하고, 학교의 교육과정이 끝나지 않은 상황에서 교육 활동이 사실상 정지되는 것은 비상식적이고 비합리적인 일이다. 수시 납치니 수능 최저 미달이니 하는 이상한 일들이 더 이상 발생하지 않도록 수시모집을 폐지하여 정시모집으로 통합하는 것이 시급하다. 수시와 정시로 나누어진 복잡한 시스템 속에서 제대로 작동하는 나침반도 없이 불확실한 예측만으로 운영되는 입시 시스템은 지속 가능하지 않다.

교과 성적을 5등급 상대평가로 일원화

교육부는 「미래 사회를 대비하는 2028 대학 입시 제도 개편 확정안」 (2023)에서 고교학점제가 실시되는 2025년 입학생들이 치르는 2028학년도 대학 입시에서 교과 성적을 전체 학년 모두 5등급 절대평가·상대평가 병기 방식으로 개편하겠다고 발표했다.

지난 문재인 정부의 고교학점제 계획에서는 1학년 공통과목은 상대평가인 9등급 석차등급제로, 2~3학년 선택과목은 절대평가인 5단계 성취평가제로 실시하겠다고 발표했었다. 그런데 이번에 교육부는 1~3학년 모두 상대평가와 절대평가를 병기함으로써 사실상 현행처럼 상대평가를 유지하기로 변경한 것이다.

이와 함께 교육부는 교과 성적 상대평가 석차등급을 현행 9등급에서 5등급으로 축소하겠다고 발표했다. 학령인구 감소 상황에서 학생 간 과잉 경쟁을 유발하는 9등급제를 해외 주요국 추세에 맞춰 5등급제로 축소하겠다는 것이다.

현재 학생들의 교과 성적 경쟁이 치열한 것은 사실이다. 현행 상대평가 9등급제에서는 1등급 상위 4%, 2등급 누적 11%, 3등급 누적 23%, 4등급 누적 40%, 5등급 누적 60%, 6등급 누적 77%, 7등급 누적 89%, 8등급, 누적 96%, 9등급 누적 100%이다. 그런데 5등급제로 바뀌면, 1등급 상위 10%, 2등급 누적 34%, 3등급 누적 66%, 4등급 누적 90%, 5등급 누적 100%가 된다.

교과 성적 상대평가를 9등급에서 5등급으로 축소하는 것은 교과 성적 경쟁을 완화하는 데에 도움이 될 것으로 보인다. 현재 상대평가 9등급제 학생들의 교과 성적 경쟁이 매우 치열한 것은 사실이기 때문이다. 특히 1등급이 4%에 불과하므로 학교마다 1등급을 받기 위한 교과 성적 경쟁이 치열하다. 한숭희 교수는 경향신문의 〈상대적 서열화가 지배하는 사회〉(2021.06.10)라는 칼럼에서 상대평가 방식의 서열화가 학교뿐만 아니라 우리 사회 전체를 지배하고 있는 현실을 비판했다.

"학교에서 상대평가로 매겨지는 성적과 등급, 상대적으로 서열화된 대학들, 연봉에 의해 서열화된 일자리들, 수도권으로부터의 거리로 서열화된 전국 시·도, 은행 신용 등급 등등. 우리는 서열화가 지배하는 세상에 살고 있다."

한 교수의 지적대로 학교에서 이루어지고 있는 상대평가가 이런 상대적 서열화와 그로 인한 불평등을 어릴 때부터 조장하고 익숙하게 하는 핵심 장치라는 것은 부인하기 어렵다. 그렇다고 교과 성적을 절대평가로 바꾸거나 아예 폐지할 수는 없다. 대학 입시 경쟁이 치열한 상황에서 교과 성적의 변별력이 사라지면 과거처럼 학교가 수능이나 논술 면접 준비 학원으로 돌아갈 가능성이 매우 높기 때문이다.

이번 교육부의 상대평가 5등급 개편안은 한편으로는 교과 성적의 변별력을 위해서 상대평가를 유지하면서도 다른 한편으로는 등급을 축소해서 교과 성적 경쟁을 완화하는 것으로 지속 가능한 다원주의적 해법이라고 볼 수 있다. 다만, 개편안대로 1등급이 10% 이내로 확대된다면 변별력이 상당히 저하되는 문제가 발생한다. 대체로 2등급 대 학생들까지 지원 가능한 수도권 주요 대학 지원자들이 모두 1등급이 되므로 교과 성적의 변별력이 부족해지는 것은 사실이다.

대학에서는 수시 학생부교과에서 약화된 교과 성적 변별력을 보완하기 위해서 수능 최저를 적용하거나 서류평가와 면접을 추가하는 대학들이 늘어날 가능성이 높다. 그리고 일부 최상위권 대학과 학과의 경우는 상대평가 지표를 활용해서 교과 성적 반영 방법을 달리하면 변별력을 확보할 수 있을 것으로 보인다. 지금도 연세대는 학생부교과에서 원점수, 평균, 표준편차를 가지고 Z 점수로 환산해서 −3.0~3.0까지 차등적으로 반영하고 있다.

Z 점수	석차백분율	Z 점수	석차백분율	Z 점수	석차백분율	Z 점수	석차백분율
3.0	0.0013	1.5	0.0668	0.0	0.5000	-1.5	0.9332
2.9	0.0019	1.4	0.0808	-0.1	0.5398	-1.6	0.9452
2.8	0.0026	1.3	0.0968	-0.2	0.5793	-1.7	0.9554
2.7	0.0035	1.2	0.1151	-0.3	0.6179	-1.8	0.9641
2.6	0.0047	1.1	0.1357	-0.4	0.6554	-1.9	0.9713
2.5	0.0062	1.0	0.1587	-0.5	0.6915	-2.0	0.9772
2.4	0.0082	0.9	0.1841	-0.6	0.7257	-2.1	0.9821
2.3	0.0107	0.8	0.2119	-0.7	0.7580	-2.2	0.9861
2.2	0.0139	0.7	0.2420	-0.8	0.7881	-2.3	0.9893
2.1	0.0179	0.6	0.2743	-0.9	0.8159	-2.4	0.9918
2.0	0.0228	0.5	0.3085	-1.0	0.8413	-2.5	0.9938
1.9	0.0287	0.4	0.3446	-1.1	0.8643	-2.6	0.9953
1.8	0.0359	0.3	0.3821	-1.2	0.8849	-2.7	0.9965
1.7	0.0446	0.2	0.4207	-1.3	0.9032	-2.8	0.9974
1.6	0.0548	0.1	0.4602	-1.4	0.9192	-2.9	0.9981
						-3.0	0.9987

출처 : 연세대학교, 「2024학년도 수시모집 요강」, 2023.

나는 2028 대입 개편에서 사회와 과학 교과의 9개 융합선택과목을 절대평가로 실시하는 것이 더 큰 문제를 유발할 것으로 본다. 국가교육위원회(국교위)는 고교학점제에서의 학생 선택권을 확대하기 위해서는 최소한 융합선택 중에서 사회·과학 교과(9개 과목)만이라도 절대평가로 실시해야 한다고 의결했다.

그래서 교육부도 국교위의 의결대로 사회 교과의 융합선택인 여행지리, 역사로 탐구하는 현대 세계, 사회문제 탐구, 금융과 경제생활, 윤리문제 탐구, 기후변화와 지속 가능한 세계의 6개 과목과 과학 교과의 융합선택인 과학의 역사와 문화, 기후변화와 환경 생태, 융합과학 탐구의 3과목 총 9과목을 절대평가로 실시하겠다고 최종 발표했다. 그리고 그 이유로 국교위와 마찬가지로 고교학점제에서의 학생 선택권 확대와 '융합학습의 대표 교과인 사회·과학 융합선택 활성화를 통해 교과 융합 및 실생활과 연계한 탐구·문제 해결 중심 수업 내실화'를 제시했다.

이와 함께 교육부는 국교위 의결과 마찬가지로, 학생들이 비교적 좋은 등급을 받기 쉬운 사회·과학 융합선택 중심으로만 이수하지 않도록 장학 지도를 실시하고, 향후 교육과정 개정 시에 보완 방안을 강구하겠다고 밝혔다.

하지만 문제는 사회와 과학교과 가운데 좋은 등급을 받기 쉬운 융합선택을 놔두고 굳이 어려운 일반 선택과 진로 선택을 선택하도록 강제할 수 있는 방법이 없다는 사실이다. 특히 교과 성적 등급 평균이 당락을 좌우하는 수시 학생부전형을 준비하는 대다수 일반고 학생들 입장에서는 절대평가로 인해 좋은 등급 받기 쉬운 융합선택을 선택하는 것이 합리적이다.

더 큰 문제는 대학들이 교과 성적 부풀리기가 가능한 절대평가 방식의 융합선택을 수시 반영 과목에서 제외할 수도 있다는 것이다. 실제로 현행 수시 학생부전형에서는 3등급 절대평가라서 변별력이 거의 없는 진로선택과목을 아예 반영하지 않는 대학들이 적지 않다. 그래서 지금 일반고 3학년 진로선택 시간에는 입시에 반영되지 않는다고 그냥 자거나 다른 과목을 공부하는 학생들이 아주 많다. 앞으로 융합선택만 절대평가로 실시된다면 이런 일이 벌어지지 않으리라는 보장이 없다.

교육부와 국가교육위원회는 애초 교육부의 시안대로 융합선택과목도 다른 과목들과 마찬가지로 5등급 상대평가로 일원화하기를 기대한다. 융합선택만 절대평가로 실시하는 것은 학생 선택권을 확대하는 것이 결코 아니다. 반대로 융합선택이 무의미해지거나 아니면 이것만을 선택하도록 학생 선택권을 제한하는 결과를 가져올 뿐이다. 교과 성적 절대평가는 우리의 경쟁적 입시 현실에서 지속 가능하지 않다.

수능에서 심화 수학을 선택과목으로 추가

교육부는 2028 수능에서 현행 선택형 수학을 '공통 수학'으로 개편하겠다고 발표했다. 지금 공통과목(수학Ⅰ+수학Ⅱ)에다 선택과목(확률과 통계/미적분/기하) 중 하나를 선택해 응시하는 것에서 선택과목을 폐지하고 공통 수학(대수, 미적분Ⅰ, 확률과통계)만으로 개편하겠다는 것이다.

창의 융합 인재 양성을 위해서는 수학을 개편안처럼 통합형으로 개편할 필요가 있다. 그동안 수많은 연구자가 창의성을 위해서는 분과적 전문 지식보다는 다양한 분야의 폭넓은 지식이 중요하다고 강조해 왔다. 이미 루트번스타인 부부는 『생각의 탄생』(2007)에서 '상상력 풍부한 만능인(generalist)'을 기를 수 있는 통합 교육과정을 제시했다. 특히 그들이 '전인(全人)을 길러 내는 통합 교육'이라는 마지막 장에서 통합 교육의 지향점으로 제시한 기본 목표는 경청할 만하다.

"우리는 학생들이 각 과목의 지식을 획득하도록 하는 일 외에, 보편적인 창조의 과정을 가르치는 일에 중점을 두어야 한다.

한 과목에서 배운 것을 여러 분야에 응용할 수 있도록 해야 한다.

우리는 과목 간의 경계를 성공적으로 허문 사람들의 경험을 창조성의 본보기로 활용해야 한다.

정신의 영역을 최대한 확장시키기 위해서는 모든 과목에서 해당 개념들을 여러 형태로 발표하는 법을 가르쳐야 한다."

유발 하라리도 『21세기를 위한 21가지 제언』(2018)에서 2050년이면 '평생직장'이라는 생각까지 원시적이라고 간주될 것이라고 전망했다. 그리고 인간들에게 요구되는 역량이 급격히 변화되어 '자기 자신을 반복해서 재발명' 해야만 하는 미래 세계에서는 학교가 '종합적인 목적의 삶의 기술', 즉 변화에 대처하고, 새로운 것을 학습하며, 낯선 상황에서 정신적 균형을 유지하는 능력을 길러 주는 것이 무엇보다 중요하다고 강조했다.

사실 AI 혁명과 함께 도래하고 있는 평생 교육의 시대에 너무도 이른 시기인 고등학교 때부터 벌써 진로를 결정하고, 진로와 직접적으로 관계되는 과목만 협소하게 교육하는 맞춤형 선택 교육이 과연 고용 시장과 개인 직업의 변동성이 커지는 미래 사회에 대처할 수 있는 '강한 정신적 탄력성'과 '풍부한 감정적 균형감'을 길러 줄 수 있을지 의문이 아닐 수 없다. 그의 말대로 AI 혁명 시대에 대처할 수 있는 역량을 기르는 미래 학교를 만들기 위해서는 핵심 기초와 종합적인 삶의 기술을 학습할 수 있도록 다양한 과목을 폭넓게 가르치는 통합 교육이 절실히 요구된다.

이런 이유로 대학 입시에서도 지난 2022학년도부터 문이과 통합 수능이 실시되었다. 인문과 자연 계열이 통합되면서 수학 영역에 공통과목(수학Ⅰ+수학Ⅱ) + 선택과목(확률과 통계/미적분/기하) 체제가 처음으로 도입된 것이다.

하지만 선택형 수능으로 인해 정시 수능 전형에서 자연 계열 학생들이 인문 계열 학과로 지원하는 교차 지원이 커다란 사회적 문제로 제기되었다. 주로 수학에서 미적분을 응시해서 표준점수가 상대적으로 높은 자연계 학생들이 교차 지원을 통해 상위권 대학의 인문계 학과로 대거 몰려가고 있는 것이다.

사실 선택형 수능에서는 선택과목에 따라 표준점수 차이가 생기는 것 자체를 불공정하다고 보기는 어렵다. 그동안 인문계는 확률과 통계를 선택하고, 자연계는 미적분을 선택하는 학생들이 대부분이었다. 그래서 미적분을 선택한 학생들의 공통 점수가 높으므로 똑같은 원점수를 받았더라도 보정하는 과정에서 미적분 응시자들의 표준점수가 높아지게 된다.

만약 공통과목의 성적이 높은 학생들이 선택한 미적분의 원점수와 그렇지 않은 학생들이 선택한 확률과 통계의 원점수를 보정하지 않고 그대로 반영한다면 상대적으로 어려운 미적분을 선택한 학생들이 불리할 수밖에 없다. 만약 이런 보정 장치가 없다면 자연계 학생들도 상대적으로 점수 따기 쉬운 확률과 통계로 몰릴 수밖에 없으므로 미적분과 기하 등 어려운 과목들은 수능에서 퇴출당할 가능성이 높다.

그동안 나는 이과의 문과 침공을 예방할 뿐만 아니라, 창의성 신장을 위해 중요해지는 폭넓은 지식 교육을 위해서는 수능을 통합형으로 개편해야 한다고 주장해 왔다. 공통과목인 국어와 수학 교과를 군이 세분화해서 선택형으로 실시하는 것은 통합형 수능의 취지에 어긋나는 것은 물론이고 창의성을 위한 통합 교육의 방향에도 역행하기 때문이다.

21세기 교육은 선택 중심에서 통합 중심으로 패러다임이 이동하고 있다. 역대 정부는 수능에서 선택을 과도하게 확대해 왔는데, 2028 대입에서 수능을 통합형으로 개편한 것은 환영할 만하다.

2028 수능에서 미적분 I 과 확률과 통계를 모두 출제해도 현행에 비해서 인문계 학생들의 입시 부담이 늘어나는 것은 아니다. 과거에도 인문계 수학 나형은 미적분 I 과 확률과 통계를 모두 출제했었다. 오히려 자연계 학생들에게는 현행 미적분이 미적분 I 로 대폭 축소되므로 확률과 통계가 추가된다고 해도 수학의 부담을 줄여 주는 셈이 된다.

문제는 수능에서 심화 수학(미적분 II, 기하)이 제외됨으로써 이공계 대학을 중심으로 학력 저하 문제가 제기될 수밖에 없다는 것이다. 그래서 교육부는 심화 수학(미적분 II, 기하)을 제2외국어/한문과 함께 선택 과목으로 추가하는 시안을 제시했었다. 하지만 국가교육위원회(국교위)는 심화 수학을 제외하기로 의결했다. 국교위는 심화 수학이 디지털 시대 미래 역량을 함양하기 위해 매우 중요한 과목이라는 점에 대해서는 깊이 공감하면서도, 다음 세 가지 이유를 들어 제외하였다.

첫째, 국교위는 심화 수학의 신설이 공정하고 단순한 수능을 지향하는 통합형 수능의 취지에 맞지 않는다고 지적했다. 하지만 수학은 국어에 비해 문이과 공통으로 완전히 통합하기에 어려운 점이 있다. 국어는 영어와 마찬가지로 공통의 성격이 강해서 오래전부터 문이과 공통형으로 출제되어 왔다. 그래서 선택형을 다시 통합형으로 개편하는 것을 자연스럽게 느끼는 국민들이 대부분일 것이다.

그런데 창의성 교육을 위해 통합형 수능을 찬성하면서도 수학을 완전히 통합하는 것은 무리하다고 느끼는 국민들이 아주 많다. 수학은 오래전부터 인문계와 자연계로 구분되어 실시되어 왔기 때문이다. 2028 수능에서 수학을 문이과 공통인 통합형으로 개편하는 것은 처음으로 시도되는 파격적인 일이다. 그래서 통합을 내세워 너무 급격하게 바꾸다 보면 수학계는 물론이고 상식적인 국민들의 반발을 불러올 가능성이 높다. 사실 수학은 과목별 난이도 차이가 매우 커서 인문 계열 지원자는 공통 수학을, 자연 계열 지원자는 공통 수학과 심화 수학을 모두 응시하도록 설계하는 것이 합리적이다.

둘째, 국교위는 심화 수학이 학생의 학습 부담을 가중시킨다는 이유로 도입을 반대했다. 하지만 교육부의 시안대로 심화 수학이 5교시 선택과목의 하나로 실시된다면, 전체적으로 학생들의 입시 부담과 사교육비를 과도하게 늘리는 것이라고 보기도 어렵다. 이것은 미적분Ⅱ, 확률과 통계, 기하와 벡터를 모든 자연계 학생들이 응시해야 했던 과거 수학 가형과 비교해 보면 분명해진다. 과거에는 자연계 학생들 모두 미적분Ⅱ, 확률과 통계, 기하와 벡터를 응시해야 했지만, 이제는 일부 상위권 학생들만 심화 수학을 선택하면 되므로 자연계 학생들 대부분은 그때보다 입시 부담이 줄어드는 것이 사실이다.

셋째, 국교위는 학생들이 심화 수학 영역에 해당되는 교과목을 학교에서 학습할 수 있고 대학은 그 평가 결과를 확인할 수 있으므로 굳이 수능에서 5교시 선택으로 신설할 필요가 없다고 밝혔다. 물론 학교에서 배우는 교과 성적이 핵심인 수시 학생부전형에서는 수능에서 고난도 심화 수학을 제외해도 큰 문제가 없을 것이다. 학생부전형에서 심화 수학 성적을 반영하면 학생들이 소홀히 할 수 없기 때문이다.

하지만 수능 성적이 당락을 좌우하는 정시에서는 고난도 심화 수학의 제외로 인해 변별력 문제가 제기될 수밖에 없다. 상대적으로 쉬운 공통 수학 내용을 가지고 변별력을 확보하기 위해 어렵게 출제하다 보면 해마다 문항의 타당성과 신뢰성 비판에 직면하게 될 것이다. 현실적으로 학생들이 수능에 출제되지 않는 과목들을 심도 있게 공부하기는 어렵기 때문에 심화된 수학 역량이 필수적인 대학 학과에서는 학력 저하 문제를 지속적으로 제기할 것이 틀림없다.

그럼에도 불구하고 교육부는 국교위의 권고안대로 심화 수학을 수능에서 제외하겠다고 최종 발표했다. 이준석 국민의힘 전 대표가 기자회견 (2023.12.27.)에서 지적했듯이 심화 수학을 제외한 2028 통합 수능이 첨단 과학 시대에 해외 이공계 인재들과의 경쟁력을 저하하는 것은 아닌지 우려하는 사람들이 많다.

"킬러 문항을 없앤다고 하면서 자라나는 학생들에게 미적분과 기하마저 수능 시험 범위에서 제외한다면 학생들은 줄어든 평가 범위 속에서 소위 '매력적인 오답'을 통해 변별력을 갖춰야 하는 것입니까? 벡터와 미적분을 고등학교에서 제대로 배우고 평가받지 못한 학생들은 해외의 이공계 인재들과 어떻게 경쟁해야 하는 것입니까?"

더 큰 문제는 주요 대학 이공계열에서 변별력 확보를 위해 본고사 수준의 논술고사를 확대하고, 심층 면접인 구술고사를 신설할 가능성이 매우 높다는 사실이다. 지금도 서울의 주요 대학들은 본고사 수준의 논술고사를 실시하고 있는데, 앞으로 논술전형 모집인원을 대폭 확대할 가능성이 높다. 그리고 제시문 면접이라고 불리는 구술고사 또한 본고사 수준으로 난이도가 매우 높다. 현재는 SKY에서만 실시하고 있는데, 앞으로 의치한수약대는 물론이고 서울 주요 대학의 이공계 학과들 대부분이 수능의 변별력 약화를 이유로 본고사 수준으로 실시할 것이 예상된다.

입시 경쟁이 치열한 상황에서 수능이 약화되면 변별력 확보를 이유로 반드시 본고사가 부활하기 마련이라는 것을 우리 역사가 증언하고 있다. 결국 2028 대입부터는 이명박 정부 시절 학생부+수능+논술 면접 삼중고를 뜻하는 '죽음의 트라이앵글'이 다시 학생들을 덮칠지도 모른다. 당시에는 수능도 난이도가 매우 높았기 때문에 그때보다는 다소 완화된 대입제도라고 주장할 수도 있지만, 그때처럼 학생들이 삼중고를 겪어야 하는 것은 마찬가지다.

사교육비를 경감하기 위해서 수능을 축소해야 한다면, 심화 수학이 아니라 영어를 제외하는 것이 바람직하다. 교육부 설명대로 심화 수학을 수능에서 제외해도 고등학교에서 배우기 때문에 문제가 없다면, 영어를 수능에서 제외해도 고등학교에서 배우기 때문에 문제가 없을 것이다. 그런데 사교육 경감 효과 면에서 보면 유치원 때부터 시작하는 영어가 고등학교 상위권 학생들이 주로 배우는 심화 수학보다 훨씬 크다는 것을 쉽게 알 수 있다.

앞으로 통합형 수능이 지속 가능하려면 애초 교육부 개편 시안처럼 심화 수학을 5교시 선택과목에 포함시켜야 한다. 이것은 일부 심화된 수학 능력이 필수적인 학과에 지원하는 학생들에게만 선택적으로 입시 부담을 추가하는 것이므로 전체적인 입시 부담을 늘리지 않으면서도 공통 수학으로 인한 학력 저하 문제를 해결할 수 있는 매우 합리적이고 다원적인 방안이기 때문이다.

수능에서 통합사회와 통합과학을 선택과목으로

교육부는 2028 수능에서 탐구 영역도 공통 사회와 공통 과학으로 출제하겠다고 발표했다. 수능에서 사회 영역과 과학 영역의 선택과목을 모두 제외하고, 모든 학생이 두 영역을 필수적으로 응시하는 방식으로 개편하겠다는 것이다. 그동안 나는 국어와 수학은 선택형에서 통합형으로 개편하되, 탐구는 현행대로 유지하는 방안을 제안해 왔다. 그런데 교육부는 탐구까지 완전히 통합하는 파격적인 방안을 발표한 것이다.

물론 수능 탐구 영역도 창의성 신장을 위해 개편안대로 완전 통합형 수능으로 바꿀 필요가 있는 것은 사실이다. 하지만 입시 경쟁이 치열한 현실에서 당장 통합사회와 통합과학을 수능에서 출제한다면, 사실상 학생들이 수많은 사회와 과학의 모든 과목을 모두 준비해야 되는 결과를 초래할 가능성이 높다. 현행 통합사회나 통합과학은 하나의 단일한 교과가 아니라, 다양한 과목을 말 그대로 통합해 놓은 것이기 때문이다. 그래서 수능에서 통합사회와 통합과학이 출제된다면 세분화된 과목들 간의 이기주의로 인해 해당 과목들이 모두 수능에서 출제될 가능성이 높다.

만약 그렇게 된다면 학생들은 현행 선택 2과목보다 훨씬 많은 탐구과목들을 준비해야 되기 때문에 입시 부담이 상상을 초월할 수밖에 없다.

교육부는 「미래 사회를 대비하는 2028 대학 입시 제도 개편 확정안」(2023)에서 사회와 과학탐구도 공통 사회와 공통 과학 영역에서 사회와 과학의 기본 소양을 중심으로 평가하므로 수능 사회 · 과학에 대한 사교육 수요가 경감될 것으로 기대한다고 밝혔다. 2028 수능에서 공통 사회와 공통 과학은 1학년 공통 과목인 통합사회와 통합과학에서 기본 소양을 중심으로 쉽게 출제하겠다는 뜻으로 이해된다.

하지만 수능에서 통합사회와 통합과학을 중심으로 통합적으로 출제한다고 해도 학생들의 학습 부담은 사라지지 않는다. 말 그대로 다양한 과목을 통합한 문제를 풀려면 그만큼 다양한 과목에 대한 이해가 필수적이기 때문이다. 이것은 통합 문항으로 출제되고 있는 현행 수시 논술고사의 난이도가 상당히 높다는 것으로 쉽게 알 수 있다.

교육부 발표대로 실제로 1학년 통합사회와 통합과학 교과서 내에서 쉽게 쉽게 출제할 수 있을지도 미지수다. 탐구 영역이 너무 쉬워지면 결국 수능이 국영수 중심으로 실시되는 것이므로 입시 교육을 심화시킨다는 국민적 저항에 직면할 가능성이 높기 때문이다.

더 큰 문제는 수능이 사실상 국영수 중심으로 실시되면 고등학교 또한 국영수 중심의 입시 기관으로 급격히 재편될 가능성이 매우 크다는 것이다. 정시에 지원하는 학생들은 사회와 과학을 1학년의 통합사회와 통합과학 수준에서 멈추고, 수능에서 변별력이 있는 국영수 중심으로 공부하는 것이 합리적인 선택이 된다. 그러니 학교에서도 이에 맞춰서 교육과정을 최대한 국어, 수학, 영어 중심으로 편성해서 운영할 것이 틀림없다.

수능에서 사회와 과학탐구를 1학년 통합사회와 통합과학에서만 출제하는 것은 고교학점제의 취지에도 어긋난다. 고교학점제에서 사회와 과학에 개설되어 있는 수많은 일반선택, 진로선택, 융합선택 과목들이 사실상 수능에서 제외됨으로써 학생들에게 선택을 받기 어렵게 되기 때문이다. 현행 진로선택과목에서 입증되었듯이 아무리 선택과목이 다양해도 대학 입시에서 의미 있게 반영되지 않으면 학생들에게 외면당할 수밖에 없는 것이 우리의 엄연한 입시 현실이다. 고교학점제가 실시된다고 해도 1학년의 통합사회와 통합과학 수업이 끝나고 나면 사회와 과학 선택과목들은 무시되거나 사실상 자습 시간으로 무의해질지도 모른다.

더구나 수능에서 사회와 과학탐구를 너무 쉽게 출제하면, 심화 수학이 제외된 것과 맞물려서 수능의 변별력이 과도하게 약화된다. 그래서 서울의 주요 대학에서는 변별력 확보를 이유로 본고사 수준의 논술고사를 확대하고, 제시문 면접인 구술고사도 신설할 가능성이 매우 높다. 수학에서 고난도 심화 수학이 제외되었는데, 여기에 사회와 과학까지 고난도 선택과목들이 모두 제외되는 상황에서 대학들이 변별력 확보를 위해서 논술 면접을 본고사 수준으로 강화하는 것은 불가피한 일이다.

가장 큰 문제는 수능에서 사회와 과학탐구를 기본 소양 중심으로 평가하는 것은 창의성을 위해 폭넓은 사회와 과학 지식이 요구되는 미래 교육의 방향에 역행한다는 것이다. 창의성을 기르기 위해서는 수능에서 사회와 과학의 선택과목을 없앨 것이 아니라, 오히려 현행 2과목에서 4과목으로 더욱 늘릴 필요가 있다. 일반적으로 창의성 연구자들은 좋아하는 일부 과목만 배우는 선택 교육보다는 다양한 과목을 배우는 통합 교육을 중시하기 때문이다.

루트번스타인 부부가 『생각의 탄생』(2007)에서 제시한 '전인(全人)을 길러 내는 통합 교육'이나 유발 하라리가 『21세기를 위한 21가지 제언』(2018)에서 제시한 '종합적인 목적의 삶의 기술'을 위한 교육은 모두 미래 교육의 방향으로 통합 교육을 강조하고 있다.

미래 수능에서 탐구 선택을 4과목으로 늘리는 것은 고교학점제가 지속 가능할 수 있도록 돕는 길이기도 하다. 현재 고등학교 3학년 진로선택과목 시간에 여실히 드러나고 있듯이 아무리 선택과목이 다양해도 교과 성적에 의미 있게 반영되지 않거나 수능에 출제되지 않으면 내실 있게 운영되기 어려운 것이 우리 학교의 엄연한 현실이다. 따라서 수능에서 선택과목의 폐지가 아니라 확대가 지속 가능한 고교학점제를 위한 기본 조건이라고 할 수 있다.

현실적으로 수능에서 선택과목을 4과목으로 확대하기 위해서는 과도해지는 학습 부담을 경감하기 위해 영어를 수능에서 제외할 필요가 있다. 이것은 다양한 융합적 지식이 요구되는 4차 산업혁명 시대의 미래 교육에 부합하는 방향이라고 할 수 있다. 하루가 다르게 과학 기술이 발전하고 있는 시대에는 AI가 어느 정도 해결해 줄 수 있는 영어 능력보다는 사회나 과학의 다양한 지식과 기술을 교육하는 것이 갈수록 중요해질 수밖에 없기 때문이다.

이상에서 살펴본 것처럼 수능에서 통합사회와 통합과학을 신설하고 선택과목을 모두 제외하는 것은 수능을 국영수 중심으로 변질시킴으로써 학교도 국영수 중심의 입시 학원으로 만들 가능성이 높을 뿐만 아니라 창의성을 위한 미래 교육의 방향에도 어긋난다. 교육부는 2028 수능에서 통합 교육을 내세워 선택과목을 제외할 것이 아니라 오히려 선택과목을 늘리는 방안을 마련하길 바란다. 그래야 2028 수능이 창의성을 요구하는 미래 교육에서도 지속 가능할 수 있을 것이다.

사교육비 경감을 위해 수능에서 영어 제외

    최근에 삼성에서 실시간으로 통역해 주는 인공지능 기능을 탑재한 갤럭시 신제품을 발표했다. 영어나 일본어 등 13개 언어를 기기 자체 내에서 구동되는 '온디바이스 AI'를 기반으로 실시간으로 통역해 준다는 것이다. 그래서 문자나 메시지를 주고받을 때에도 실시간 번역이 이루어지고, 전화 통화는 물론이고 해외여행에서 들른 시장 같은 곳에서도 통역기로 활용이 가능하다고 한다.

    이미 구글이나 파파고 등 번역이나 통역을 해 주는 프로그램들이 하루가 다르게 급속히 발전하고 있다. 특히 챗GPT가 나오면서 보다 정확하고 매끄러운 번역과 통역은 물론이고 문장력이 뛰어난 번역과 통역도 가능해졌다. 이제 스마트폰 하나만 있으면 번역과 통역이 쉽게 될 수 있는 상황에서 영어 전공자가 아닌 모든 학생에게 대학 수학 능력으로서 영어 소통 능력을 필수적으로 요구하는 것이 얼마나 의미가 있는지 진지하게 논의해 볼 때가 되었다. 나는 지식 기반 사회에서는 수능에서 영어를 제외하는 대신 사회와 과학 탐구를 늘리는 것이 미래 교육에 부합하는 방향이라고 본다.

내가 수능에서 영어를 제외하자고 제안하는 또 다른 이유는 저출산 문제를 해결하는 유력한 대책의 하나인 사교육비를 경감하기 위해서이다. 나는 입시 경쟁을 상수로 둔 상태에서 그나마 실효성 있는 사교육 경감 대책은 수능 시험에서 영어를 제외하는 것이 거의 유일하다고 본다. 현실적으로 사교육을 완전히 없애는 것은 가능하지 않을 뿐만 아니라 바람직하지도 않다. 과거 전두환 정부의 과외 금지 조치처럼 지금 사교육 자체를 금지할 수는 없는 일이기 때문이다. 물론 교육과정 외에서 출제되어 사교육을 유발하는 킬러 문항을 수능에서 제외하는 것도 필요하기는 하다. 하지만 수능이 선발 도구로서의 변별력을 갖추기 위해서는 난이도를 무작정 낮출 수가 없기 때문에 사교육 경감 효과가 크지 않다.

이번에 교육부가 2028학년도 수능에서 심화 수학을 제외한 것은 실질적인 사교육비 경감 효과를 기대할 수 있다. 문제는 첨단 과학 기술의 바탕이 되는 심화 수학을 수능에서 제외한 것이 미래 교육의 방향에 부합하는가에 대해 의문을 가지는 국민들이 적지 않다는 것이다. 그래서 사교육비를 실질적으로 경감하면서도 미래 교육을 보장하기 위해서는 수능에서 심화 수학이 아니라 영어를 제외하는 것이 바람직하다. 교육부 설명대로 심화 수학을 수능에서 제외해도 고등학교에서 배우므로 문제가 없다면, 마찬가지로 영어를 수능에서 제외해도 고등학교에서 배우므로 문제가 없을 것이다. 그런데 사교육 경감 효과 면에서 보면 유치원 때부터 시작하는 영어가 고등학교 상위권 학생들이 주로 배우는 심화 수학보다 훨씬 크다는 것은 분명하다.

우리나라에서 사교육은 초등학교부터 시작해서 중학교까지 이어져 오다가 오히려 대학 입시를 준비하는 고등학교에서 줄어드는 양상을 보이고 있다. 통계청 국가통계포털에 있는 〈학교급별 사교육비 총액〉 자료에 의하면, 2022년 총 사교육비는 25조 9,538억 원으로 나타났다. 총 사교육비 가운데 초등학교가 11조 9,055억으로 가장 많고, 다음으로 중학교가 7조 832억인데, 고등학교는 6조 9,651억으로 가장 적다. 그리고 사교육비가 지출된 과목으로는 영어가 7조 7,493억으로 가장 많고, 수학이 7조 3,246억으로 그 뒤를 잇는다. 국어는 2조 1,577억으로 국영수 가운데 가장 적다.

특성별	2022 전체 (억원)	초등학교 (억원)	중학교 (억원)	고등학교 (억원)	일반고 (억원)
전체	259,538	119,055	70,832	69,651	66,886
대도시	116,380	52,300	31,291	32,789	31,218
서울	57,709	25,316	14,905	17,489	16,657
광역시	58,671	26,985	16,386	15,301	14,561
대도시 이외	143,158	66,755	39,541	36,861	35,668
중소시	113,730	51,538	31,987	30,205	29,311
읍면지역	29,427	15,217	7,554	6,656	6,357
과목: 일반교과 사교육	195,936	74,849	61,946	59,141	57,629
국어	21,577	7,082	4,682	9,813	9,636
영어	77,943	34,525	24,689	18,729	18,184
수학	73,246	22,585	26,357	24,304	23,750
사회, 과학	11,360	2,989	3,504	4,867	4,811
논술	8,236	5,398	1,996	842	782

출처 : 국가통계포털, 〈학교급별 사교육비 총액〉, 2023.

사교육비가 가장 많이 지출되는 영어는 초등학교 단계에서 3조 4,525억으로 가장 많다. 한국에서 사교육비 경감 대책은 초등학교 단계에서 영어 사교육을 줄이는 데에 초점을 맞춰야 한다는 것을 통계 수치가 증언하고 있다. 더구나 교육부 발표에 따르면, 유아 영어학원이 2023년 현재 전국 총 847개에 달하며, 평균 월 175만 원을 학원비로 받고 있다. 따라서 영어유치원까지 계산에 넣는다면 국민들이 초등학교 이전부터 지출하는 영어 사교육비는 훨씬 막대할 것이다.

현행 수능에서 영어는 사교육비 절감 등을 이유로 이미 절대평가로 실시되고 있다. 하지만 대학 입시에서 전국적으로 절대 다수를 차지하는 수시에서 영어 등급이 수능 최저로 활용되고 있기 때문에 영어 사교육이 절대적으로 줄어든 것은 아니다. 사교육비 경감 등을 이유로 수능에서 영어가 절대평가로 바뀌었는데도 여전히 영어 사교육비가 가장 높게 나타나고 있으니 말이다. 수시를 준비하는 학생들 입장에서 수능 최저를 맞추려면 절대평가라서 상대적으로 좋은 등급을 받기가 쉬운 영어에 집중하는 것이 합리적인 선택이다. 그러니 수능에서 영어를 제외하고 교과 성적에만 반영한다면 고등학교는 물론이고 초등학교 단계에서부터 영어 사교육을 대폭 줄일 수 있을 것으로 기대된다.

수능에서 영어를 제외한다고 해서 대학에서 영문과가 사라지는 결과를 초래할 리도 없다. 아무리 AI 기술이 발달한다고 해도 고도의 영어 능력이 필요한 사람들을 대학의 영문과 등에서 전문적으로 길러 낼 필요성이 사라지는 것은 아니기 때문이다. 그리고 수능에서 영어를 제외하더라도 영어 전공 학과나 영어 능력이 필수적인 학과의 경우는 대학별 면접을 통해서 영어 능력을 별도로 평가하면 될 것이다.

물론 수능 시험에서 영어가 제외된다면 관련 사교육업계는 물론이고 학교와 대학 등 영어 교육계 전체에서 거세게 반발할 것이 불을 보듯 뻔하다. 그래서 정부가 국민들의 막대한 사교육 부담을 줄여 주겠다는 확고한 의지와 각오를 가지고 있는지가 관건이다. 정부는 갈수록 심각해지고 있는 저출산 문제를 해결하기 위해서 수능 킬러 문항 제외에 그치지 말고, AI 과학 기술의 발달로 인해 갈수록 필요성이 줄어들고 있는 영어를 제외하는 등 실질적인 사교육 경감 방안을 마련하길 바란다. 국민들의 생활에 심대한 영향을 주는 대학 입시를 공론화 과정도 거치지 않고 교육부와 국교위에서 일방적으로 결정하고 끝낼 수는 없는 일이다.

의대 정원 확대, 규모는 신중하게 결정

최근 보건복지부는 「의과대학 입학정원 확대 방안」(2024)에서 2025학년도부터 의과대학 정원을 2,000명 증원해서 현재 3,058명을 5,058명으로 확대하겠다고 발표했다. 보건복지부는 급속한 고령화 등으로 늘어나는 의료 수요를 감안할 경우 2035년에 1만 명 수준의 의사가 부족할 것으로 전망하면서, 이를 위해 2025학년도부터 2,000명이 추가로 입학할 필요가 있다고 밝혔다.

그동안 응급실 뺑뺑이 문제나 소아과 의사 부족 사태, 전체적인 지역 의료 인력 부족 등 현재 의사의 수가 절대적으로 부족하다는 지적은 오래전부터 있어 왔다. 대부분의 국민들이 의대 정원 확대에 찬성하고 있다는 것은 다양한 여론조사 결과로 나타나고 있다. 의대 정원이 2006년부터 19년 동안이나 3,058명을 그대로 유지해 온 것도 사실이다.

지금 K-대학 입시에서 해마다 의대 입시 경쟁이 수시와 정시 모두 매우 치열하다. SKY 이공계 합격자들 가운데 재수를 해서라도 의대에 진학하려는 학생들도 적지 않다. 전체적으로 의사 수가 부족한데, 의사가 되려는 학생들이 많다면 당연히 의대 정원을 늘리는 것이 합리적인 선택이다.

이와 함께, 보건복지부는 비수도권 의과대학에 입학 시 지역인재전형으로 60% 이상이 증원되도록 추진할 계획이라고 발표했다. 정부가 의대 증원 인원을 비수도권 의과대학을 중심으로 집중 배정하겠다고 밝힌 것도 특히 문제가 되고 있는 지역 의료 강화에 도움이 될 것으로 보인다.

특히 지방 학생들 입장에서 중학교부터 지역에서 공부한 학생들에게만 지원 자격이 주어지는 의대 지역인재전형이 대폭 늘어나는 것은 환영할 만한 일이 아닐 수 없다. 지역의 우수한 인재들이 수도권 대학으로 빠져나가지 않고 지역대학으로 진학하도록 유도하는 것은 지역 균형 발전이라는 측면에서도 의미가 있는 정책이다.

물론 의대 정원을 늘리면 더 많은 이공계 학생들이 의대로 빠져나갈 우려가 있는 것은 사실이다. 하지만 이것은 의대 정원 문제가 아니라 이공계 학생들이 사회에 진출했을 때의 처우 개선으로 해결할 필요가 있다. 이미 학생들이 이공계보다 의대를 선호하는 상황에서 의대 정원을 동결하는 것은 해결책이 아니라 유지책에 불과하다.

한국은 이미 반도체나 컴퓨터, 자동차 등 첨단 산업 분야에서 세계를 선도하고 있다. 이를 더욱 발전시키기 위해서는 학생들이 의대보다 이공계를 선호하도록 제반 여건을 획기적으로 개선하는 것이 당면 과제이다. 한국의 미래를 위해서는 의대를 아무리 늘려도 우수한 학생들이 이공계를 지원할 수 있는 사회 조건을 만드는 것이 중요하다는 말이다.

문제는 학생들이 의대보다 이공계를 선호할 수 있는 사회적 여건이 전혀 갖추어지지 않은 상황에서 의대 정원을 한꺼번에 2,000명이나 늘렸다는 것이다. 사회적으로 의대를 선호하는 분위기에서 의대 정원을 이렇게 대폭적으로 확대했으니 의대가 이공계 최우수 인재들을 모두 빨아 이는 블랙홀로 작용할 가능성이 매우 높다.

더구나 이준석 개혁신당 대표도 지적했듯이 2030년이 되면 대학 신입생 수가 30만 명대로 떨어질 것으로 예측된다. 그런데 이공계 학생 비율이 60%라고 가정해도 18만 명 중에 5,000명이 의대로 진학한다면, 그만큼 과학 기술 분야에는 최상위권 인재들이 부족할 수밖에 없다.

현재 의료현장에서 발생하고 있는 당면 문제를 해결하기 위해 의대 정원을 확대할 필요가 있다. 하지만 당장 2,000명이나 과도하게 늘릴 것이 아니라, 증원의 규모와 속도 문제를 신중하게 결정해야 한다. 정부는 정원을 매년 5,000명 수준으로 고정할 것이 아니라 상황에 맞게 정기적으로 재조정해 나갈 필요도 있다. 의료현장 상황과 대학 입시에서 이공계 지원 현황, 최첨단 과학 기술 분야의 최우수 인재 수급 상황 등을 면밀하게 파악하면서 지속 가능한 수준으로 조정해 나가길 바란다.

양성평등을 위해 여자대학을 남녀공학으로

　최근 중앙일보에서 발표한 대학평가종합순위를 보면, 영원히 변하지 않을 것 같았던 대학 순위가 서연고, 서성한이, 중경외시, 건동홍……에서 서연성, 한고경이, 동시건중서……로 서서히 바뀌고 있다. 이번 발표에서 이화여대는 작년 6위와 비슷한 7위로 나타났다. 한국처럼 입시 경쟁이 치열한 나라에서 여학생들만 진학할 수 있는 상위권 여자대학이 있다는 것은 사실 놀라운 일이다.

　교육 통계 서비스에 의하면, 2023년 서울 지역 대학의 경우 재적 학생 수 911,932명 가운데 남학생은 412,419명인 데 비해 여학생은 499,513명으로 여학생이 남학생보다 8만 명 이상 많다. 이것은 서울에 여학생들만 진학할 수 있는 여자대학이 덕성여대, 동덕여대, 서울여대, 성신여대, 숙명여대, 이화여대 등 적지 않기 때문일 것이다.

　입시 경쟁이 가장 치열한 서울 지역에 남성들만 진학할 수 있는 대학은 하나도 없는데, 여성들만 진학할 수 있는 여자대학이 적지 않다는 사실이 과연 현대 남녀평등 시대에 부합하는 것인지 하는 의문이 든다. 고등학교에는 남고와 여고가 있는데, 대학에는 남대는 없고 여대만 있다. 물론 남고나 여고는 학생들이 선택할 수 있기 때문에 별문제가 없다. 하지만 남학생들만 입학할 수 있는 남대는 없는데, 여학생들만 입학할 수 있는 여대가 존재한다는 것은 남학생들의 선택권을 제한하는 면이 있다.

이미 로스쿨이나 의대, 약대 등 학생들이 매우 선호하는 학과들을 중심으로 여자대학이 성적 차별이라고 느끼는 남학생들의 항의가 표출되고 있다. 특히 문제가 되었던 약대의 경우 서울에서 약대가 있는 8개 대학 가운데 여자대학이 4개나 된다. 약대 총 모집원의 20% 정도를 이화여대, 숙명여대, 동덕여대, 덕성여대가 차지하고 있다. 따라서 약대 모집인원 5명 중 1명을 반드시 여학생으로 선발해야 되는 필연적인 이유가 있는지, 혹시 남학생들에게 과도한 불이익을 주는 것은 아닌지 사회적으로 검토해 볼 필요가 있다.

지난 대선에서 국민의힘 이준석 대표의 전략이 2030 남성의 결집을 통한 젠더 갈라치기였고, 그래서 2030 여성을 안티층으로 만들었다고 보는 사람들이 적지 않다. 하지만 이준석 대표가 군대와 입시 문제 등으로 표출되기 시작한 2030 남성들의 현실적인 불평등 문제를 대변한 것이라고 볼 수도 있다.

과거 19세기에 교육을 제대로 받지 못하는 여학생들을 위해 설립되었던 여자대학이, 현재 여학생들도 남학생들만큼 차별 없이 교육을 받는 21세기에도 그대로 유지되는 것은 시대착오적이다. 현대 민주주의 시대에는 단지 생물학적 여성이라는 이유로 진학할 수 없는 대학이 있어서는 안 되듯이 단지 생물학적 남성이라는 이유로 진학할 수 없는 대학이 있어서도 안 된다.

지금 젊은 세대는 기성세대와는 생활 조건이 매우 다르다. 특히 초등학교 이후 엄격한 남녀 분리 교육을 받았던 기성세대와 초등학교부터 남녀공학은 물론이고 남녀 합반으로 함께 생활하고 있는 2030 세대의 생각은 하늘과 땅 차이일 수밖에 없다.

지금 젊은 세대들은 항상 남녀를 엄격하게 구분하고, 언제나 여성을 우선적으로 배려해야 한다는 기성세대의 중세 기사도적인 관념을 이상하게 여길 수 있다. 그런데도 관념적인 도덕 감정에 근거한 극단적인 여성주의를 강요하는 기성세대 정치인들이 아주 많다. 그러니 구체적인 일상생활 속에서 남녀 간의 합리적인 평등을 찾아 가는 젊은 세대를 설득하기 어려울 수밖에 없다.

만약 젊은 남성들이 과거 가부장적 남성주의로의 퇴행을 주장한다면 비판받아 마땅하다. 하지만 그들이 남녀평등이 제도화된 민주주의 시대에 과도한 여성주의에 반대하고 양성평등을 요구하는 것이라면 귀를 기울일 필요가 있다. 페미니즘의 목표도 일방적인 여성주의가 아니라 양성평등일 것이다. 그래서 젊은 남성들이 양성평등을 주장한다면 환영할 일이지, 남녀 갈라치기나 여성 혐오라고 비난할 일이 아니다. 만약 페미니즘이 언제나 남성보다 여성을 더 우대해야 된다는 극단적인 여성주의라면, 지금 능력주의 시대를 살고 있는 젊은 남녀 모두에게 과도한 주장으로 여겨질 가능성이 높다. 이것은 초등학교부터 고등학교까지 남녀공학인 학교에서 여학생들이 수업이든 동아리활동이든 학생회 활동이든 주도적으로 생활하고 있는 현실을 살펴보면 쉽게 알 수 있는 일이다.

이미 국가인권위원회도 여성 전용 시설이 남성을 배제할 만한 합리적 이유가 없다면 성차별이라는 판단을 여러 차례 내놓은 바 있다. 소수집단을 우대하는 적극적 우대 조치로 볼 만한 이유가 명확하지 않다면 여성이든 남성이든 특정 집단을 배제하는 것은 차별에 해당한다는 판단이다.

이제는 변화된 시대에 맞게 양성이 평등한 시스템을 찾아내는 것이 중요하다. 지난 성신여대 총장 선거에서 남녀공학으로 전환을 제안했던 김봉수 총장 후보의 입장에 적극 공감한다. 여자대학을 남녀공학으로 개편하는 것은 여성 혐오가 아니라 변화된 시대에 맞게 양성평등을 실현하는 것으로 볼 수 있다.

"우리 사회의 다른 분야에서는 모르겠지만, 학교는 남녀가 함께 경쟁하는 데 아무런 문제가 없는 곳이다. 나는 우리 대학 학생들이나 다른 여성들이 조금 더 자신감을 가지기를 바란다. 무엇이든 남성 이상으로 잘할 수 있다고 하면서 한편으로는 특별 대우를 요구하는 것은 모순이다. 따로 분리되어 보호받기를 원하는 한 여성은 약자로 취급되게 되고 진정한 남녀평등은 실현되지 않는다."

일방적인 남성주의(매스큘리즘)나 일방적인 여성주의(페미니즘)가 아니라, 말 그대로 남녀 양성을 모두 중시하는 양성평등주의가 시대정신이다. 물론 사립대학의 건학 이념은 존중되어야 한다. 다만, 대학 진학의 기회를 남성과 여성이 모두 차별 없이 평등하게 누릴 수 있도록 여자대학을 남녀공학으로 개편하는 사회적 논의가 본격적으로 시작되기를 기대한다. 이제는 능력주의 시대에 걸맞게 여자대학을 남녀공학으로 개편할 때도 되었다.

맺음말

: 지속 가능한 다원주의 교육을 위하여

한국 사회에서 너무도 오랫동안 적대적 진영전쟁이 계속되다 보니 급기야 정치인들이 대낮에 거리에서 테러를 당하는 참사까지 발생하고 말았다. 정치적 상대방을 공존해야 하는 경쟁자가 아니라 사멸시켜야 할 적으로 생각하는 극단주의자들이 적지 않으니 앞으로 정치 테러들이 계속되지 않을까 대단히 걱정스럽다.

우리는 미국에서 민주주의의 상징인 국회의사당 점거 사태가 발생했을 때 미국식 양당제가 수명을 거의 다했다고 보았다. 양당 체제에서는 서로 잘하기 경쟁이 아니라, 서로 악마로 만들어 욕하기 경쟁만 해도 집권할 수 있으니 민주주의를 파괴하는 폭력마저 서슴지 않고 저지르는 것이다.

이제는 시대착오적인 이념과 지역을 앞세워 국민들을 분열시키고, 극렬 훌리건과 스피커들을 앞세워 자기 진영은 무조건 지지만 하고, 적대 진영은 무조건 반대만 하는 비합리적인 양당 체제에서 벗어날 때가 되었다. 선악 이분법적인 진영 전쟁을 벌이면서 내부의 이견조차 내부 총질이라고 비난하면서 배신자로 몰아가는 비민주적인 정당 정치를 끝내고,

다양한 의견이 공존하는 민주적인 정치를 기대할 때도 되었다.

국민들은 적대적 공생 관계인 양당 체제에 혐오감을 느끼고 있는데도, 정치적 중립성을 지켜야 하는 교사 노조나 단체들이 진영 전쟁에 참전하여 누구보다 열심히 특정 진영을 옹호하면서 상대 진영을 무조건 공격하고 있으니 문제가 아닐 수 없다.

지난 뜨거웠던 여름에 전국의 교사들이 주말마다 서울의 거리에 모여서 편협한 진영주의에 빠져 있는 정치적 교사 노조와 단체를 철저히 배제하고 순수하게 탈정치 집회를 열었던 일을 기억해야 한다. 우리가 지속 가능한 다원주의 교육 연구 단체인 다원주의교육연구소(https://blog.naver.com/highschoolcompass)를 만든 것도 시대착오적인 진영 논리에서 벗어나 국민의 눈높이에서 합리적이고 지속 가능한 해법을 찾기 위함이다.

우리가 생각하는 다원주의는 진보와 보수 어느 한 극단에 치우쳐서 상대방을 무조건 배척하거나, 아니면 양자를 모두 부정하고 싸잡아 비판하면서 산술적 중립만 지키고 있는 것이 아니다. 다원주의자는 진보와 보수의 합리적 핵심을 모두 긍정하고, 시대적 상황에 따라 양극 사이를 무한히 순환하면서 지속 가능한 최선의 해법을 찾아 가는 합리적 실용주의이다.

21세기의 시대 정신은 닫힌 이념주의가 아니라 열린 다원주의이다. 우리는 경쟁을 거부하면서 평등만을 내세우는 극단적인 진보교육과 경쟁을 부추기면서 자유만을 내세우는 극단적인 보수교육 사이에서 지속 가능한 다원주의적 해법을 찾기 위해 노력할 것이다.

〈기본 자료〉

5개 대학 공동연구, 「학생부종합전형 공통 평가요소 및 평가항목」, 2022.

교육부, 「대입제도 공정성 강화 방안」, 2019.

_____, 「학교생활기록부 기재 요령」, 2023.

_____, 「2025학년도 대학수학능력시험 기본계획 주요 내용」, 2022.

_____, 「포용과 성장의 고교교육 구현을 위한 고교학점제 종합 추진계획」, 2021.

_____, 「2021학년도 수능 개편 시안」, 2017.

_____, 「미래 사회를 대비하는 2028 대학 입시제도 개편 확정안」, 2023.

국가교육위원회, 「국가교육위원회 제24차 회의 의결서」, 2023.

국가교육회의, 「대입제도 개편 공론화 결과 발표」, 2018.

보건복지부, 「의과대학 입학정원 확대 방안」, 2024.

연세대학교, 「2024학년도 수시모집 요강」, 2023.

이민경, 「정시 확대를 둘러싼 대학 입시 담론에 대한 비판적 분석」, 2020.

한국교육과정평가원, 「2024학년도 대학수학능력시험 시행세부계획 공고」,
2023.

_____, 「2024학년도 대학수학능력시험 채점 결과」, 2023.

_____ 「OECD 국제 학업성취도 평가 연구: PISA 2018 상위국 성
취 특성 및 교육 맥락 변인과의 관계 분석」, 2020.

한국대학교육협의회, 「2025학년도 대입전형 시행계획」, 2023

_____, 「2025학년도 대입정보 119」, 2023.

<단행본>

강창동, 『한국의 대학 입시문화사』, 박영스토리, 2020.

신평, 『공정 사회를 향하여』, 수류화개, 2021.

이주호 외, 『AI 교육 혁명』, 시원북스, 2021.

이준석, 『공정한 경쟁』, 나무옆의자, 2021.

이현 외, 『우리 아이의 입시는 공정한가』, 지식의날개, 2023.

이혜정 외, 『IB를 말한다』, 창비교육, 2019.

임명묵, 『K-를 생각한다』, 사이드웨이, 2021.

최인훈, 『광장/구운몽』, 문학과지성사, 2014.

로버트 루트번스타인 외 / 박종성 역, 『생각의 탄생』, 에코의 서재, 2007.

마이클 샌델/함규진 역, 『공정하다는 착각』, 와이즈베리, 2020.

윌리엄 제임스/김혜련 역, 『다원주의자의 우주』, 아카넷, 2018.

유발 하라리/전병근 역, 『21세기를 위한 21가지 제언』, 김영사, 2018.